Peter Romijn
Der lange Krieg der Niederlande

Vorträge und Kolloquien
Band 19

Jena Center
Geschichte des 20. Jahrhunderts
20th Century History

Peter Romijn

Der lange Krieg der Niederlande

Besatzung, Gewalt und Neuorientierung in den vierziger Jahren

Wallstein Verlag

Bibliografische Information der Deutschen Nationalbibliothek
Die Deutsche Nationalbibliothek verzeichnet diese Publikation in der Deutschen Nationalbibliografie; detaillierte bibliografische Daten sind im Internet über http://dnb.d-nb.de abrufbar.

Vom Verlag gesetzt aus der Sabon und der Univers
Umschlaggestaltung: werkraum.media, Weimar
Foto: Chris Brehmer Photography
Druck und Verarbeitung: Hubert & Co, Göttingen
ISBN 978-3-8353-1813-7

Inhalt

I.

II.

Vorwort

Wenn Niederländer über »den Krieg« sprechen, dann geht es in vielen Fällen auch heute noch um den Zweiten Weltkrieg.[1] Die Erfahrung grenzenloser Unterdrückung und maßloser Gewalt wird bis heute über den nationalen Gedenkkalender weitergegeben: Totengedenken am 4. Mai, Befreiungstag am 5. Mai, Gedenken an das Kriegsende in Asien am 15. August und Holocaust-Gedenktag am 27. Januar. Die schmerzhaften Folgeerscheinungen des Krieges stehen nach wie vor im Mittelpunkt des Interesses: Die Entschädigung der jüdischen Niederländer und anderer Verfolgungsopfer ist immer noch nicht vollständig abgeschlossen. Andere Gruppen – ehemalige Zwangsarbeiter, Zivilisten und Soldaten aus den ehemaligen Kolonien oder Kinder nationalsozialistischer Eltern – kämpfen weiterhin um die Anerkennung ihres erlittenen Unrechts. Auch die gesellschaftliche Debatte über die niederländischen Kriegsverbrechen während des indonesischen Unabhängigkeitskrieges dauert an.

Der Zweite Weltkrieg bestand aus einer Reihe geopolitischer, ideologischer, sozialer und ethnischer Konflikte.[2] Für die Niederlande stand nicht nur die Existenz des kleinen Nationalstaates auf dem Spiel, sondern auch das niederländische Kolonialreich in Asien. Die niederländische Kriegserfahrung zur Mitte des 20. Jahrhunderts wurde nicht nur durch die deutsche Besetzung der Niederlande von 1940 bis 1945 geprägt, sondern auch durch die japanische Besetzung Niederländisch-Indiens zwischen 1942 und 1945 und den niederländisch-indonesischen Dekolonisierungskrieg von 1945 bis 1949. Somit erlebten die Niederländer eine zusammenhängende Periode aufeinanderfolgender und sich überlappender Gewaltkonflikte. Ich bezeichne diese Periode als den langen Krieg der vierziger Jahre.

Der Indonesienkrieg ist in der niederländischen Historiographie lange als eine Folgeerscheinung des Zweiten Weltkriegs interpretiert worden. Im Unterschied dazu möchte ich in diesem Buch die Kontinuitäten und Zusammenhänge zwischen den beiden Kampfschauplätzen aufzeigen und darlegen, wie sich die Welt zwischen 1940 und 1950 auch für die Niederlande einschneidend veränderte.

Wie eng die Kriegserfahrungen der Niederländer und ihrer kolonialen Untertanen miteinander verknüpft waren, davon zeugen viele Beispiele: ein 18-Jähriger, der 1943 zur Zwangsarbeit nach Deutschland geschickt und 1946 als Wehrpflichtiger für den Kampf in Indonesien eingezogen wurde; seine Familienmitglieder und seine Verlobte, die mit der Ungewissheit und im Bangen um sein Schicksal leben mussten; ein Spitzenbeamter, der die Wirtschaftspolitik in den besetzten Niederlanden koordinierte und später für die Durchführung des Marshallplans in den Niederlanden und in Indonesien zuständig war; oder auch ein Journalist, der Widerstand gegen die Nationalsozialisten geleistet hatte und sich nach der Befreiung für das Selbstbestimmungsrecht der Indonesier einsetzte.

In diesem Buch zeige ich, wie die Kriegserfahrungen das Leben der Niederländer bestimmt und verändert haben. Auf dieses Thema lässt sich das bekannte Begriffspaar von Reinhart Koselleck anwenden: Erfahrungsraum und Erwartungshorizont.[3] Dabei gehe ich davon aus, dass die damaligen Akteure einerseits auf Erfahrungswerte der jüngsten Vergangenheit aufbauen und andererseits ihr Handeln an teils recht konkreten, teils eher vagen Zukunftserwartungen ausrichten wollten. Hinzufügen möchte ich noch einen dritten Aspekt, nämlich den der Sinnstiftung: Wie erklären Menschen – individuell, als Gruppe oder als Teil einer Institution – sich und einander, welchen spezifischen politischen und moralischen Sinn sie ihrem Handeln geben?

Auf die Zerrüttung oder gar den Untergang ihrer Lebenswelt infolge der Kriegserfahrungen konnten sich die Menschen theoretisch vielleicht vorbereiten, lernen konnten sie aber nur aus der Praxis. In dieser Praxis kam es jedoch zu einer umfassenden Polarisierung: erst zwischen Kollaboration und Widerstand, dann zwischen Kolonialismus und Antikolonialismus. Das Denken in »Freund/Feind«- und »gut/böse«-Kategorien basierte auf den Entscheidungen, die die Menschen jeweils trafen, und ließ keine Einsicht in die »Lernfähigkeit« zu. Die Verbindungen, welche die Niederländer im Jahrzehnt des »langen Krieges« zwischen ihren vergangenen Erfahrungen, ihren Zukunftserwartungen und ihrer moralischen Sinnstiftung in der Gegenwart herstellten, sind Thema dieses Buches.

Seinen Ausgangspunkt bildete der öffentliche Vortrag, den ich am 22. Oktober 2014 als Gastprofessor am *Jena Center Geschichte des 20. Jahrhunderts* hielt: »Die Verbrechen der Anderen. Die Niederlande, der Zweite Weltkrieg und die Kontinuitäten der Gewalt«. Es ist üblich, dass Gastprofessoren ihren Vortrag – ergänzt um weitere Texte – in der Reihe *Vorträge und Kolloquien* des *Jena Center* veröffentlichen. Als ich mit Norbert Frei darüber sprach, wie ich meinen Band gestalten könnte, schlug er vor, den Vortrag zu einer kleinen Monographie auszubauen – auch auf der Grundlage von Aufsätzen, die bisher nur auf Niederländisch oder Englisch vorliegen. Ich habe dies gerne getan, da es mich reizte, die niederländischen Erfahrungen in einen breiteren internationalen Kontext einzubetten und für ein deutschsprachiges Publikum aufzubereiten. Das dritte Kapitel über die besetzten Niederlande und die Judenverfolgung ist eine überarbeitete Fassung meines Beitrags *De Oorlog, 1940-1945* in dem von Hans Blom, David Wertheim, Hetty Berg und Bart Wallet herausgegebenen Buch *Geschiedenis van de Joden in Nederland* (Amsterdam 2017). Die anderen Kapitel basieren teilweise auf früheren Veröffentlichungen, sind aber neu geschrieben worden.

Ich bin Norbert Frei sehr dankbar dafür, dass ich nach Jena kommen und an der intellektuellen Sphäre, die er dort geschaffen hat, teilhaben konnte. Für Gastfreundschaft und Unterstützung danke ich ihm und Kristina Meyer, der

Geschäftsführerin des *Jena Center*; ihr bin ich außerdem zu Dank für ihr sorgfältiges Lektorat meines Buches verpflichtet. Mit den Kollegen am *Jena Center* habe ich viele interessante Gespräche geführt; ich möchte hier insbesondere diejenige nennen, die die Verbindung zwischen Jena und Amsterdam so vorbildlich aufrechterhält: Christina Morina. Es hat mir zudem große Freude bereitet, intensiv mit den Mitgliedern der Doktorandenschule (Jahrgang 2014-2015) zu arbeiten, und ich danke ihnen für ihr inspirierendes Feedback. Zu guter Letzt: Christine Kausch schulde ich großen Dank für ihre Geduld, ihre Gewissenhaftigkeit und ihren Einfallsreichtum. Ihre Übersetzung ist die Brücke zwischen dem Autor und seinen deutschen Lesern.

Amsterdam, im August 2017 — Peter Romijn

_1 [Nationaal Comité 4 en 5 Mei] Nationaal Vrijheidsonderzoek 2013, Amsterdam 2013, S. 6. _2 James McMillan, War, in: Donald Bloxham/Robert Gerwarth (Hg.), Political Violence in Twentieth Century Europe, Cambridge 2011, S. 68. _3 Reinhart Koselleck, Fiktion und geschichtliche Wirklichkeit, in: ders., Vom Sinn und Unsinn der Geschichte, Berlin 2010, S. 84.

1. Eine tugendhafte Nation

In den frühen Morgenstunden des 10. Mai 1940, einem Freitag, wurden viele Niederländer entlang der Grenze zu Deutschland und wenig später auch im Landesinneren vom Lärm großer Flugzeugverbände geweckt. Die Luftangriffe leiteten den deutschen Einmarsch in die Niederlande sowie in Luxemburg, Belgien und Frankreich ein. Später am Morgen wurde eine von der niederländischen Königin unterzeichnete Proklamation im Radio verlesen. Darin beteuerte Wilhelmina nicht nur, dass die Niederlande ihre Neutralität immer strikt eingehalten hätten, sondern sie erinnerte auch an das feierliche Versprechen Hitlers, diese Neutralität zu respektieren. Der deutsche Angriff wurde als eine »beispiellose Verletzung des guten Glaubens und eine Beschädigung dessen bezeichnet, was sich zwischen zivilisierten Staaten geziemt«.[1] Die Königin und ihre Regierung versprachen, ihrer Pflicht nachzukommen, und riefen alle Niederländer dazu auf, dies ebenfalls zu tun – und zwar »mit äußerster Wachsamkeit und mit der inneren Ruhe und Hingabe, zu der ein reines Gewissen Sie befähigt«.[2]

Grundlage dieses »flammenden Protestes« war eine Moral, die »guten Glauben« und zivilisiertes Verhalten zur Norm im Umgang zwischen Staaten erhob. Beim Verfassen der Proklamation war der Geist des Völkerrechts offensichtlich prägender gewesen als der Gedanke an die jüngsten deutschen Überfälle auf Polen, Dänemark und Norwegen. Natürlich war es in diesem Moment des Überraschungsangriffs mehr als angemessen, sich auf das Ideal jener friedvollen Nation zu berufen, die als die Wiege des internationalen Rechts galt. Die Niederländer sollten sich durch ihr »reines Gewissen« bestärkt fühlen. Auffällig ist jedoch, dass die Proklamation nicht zum Kampf gegen das Unrecht aufrief. Das Staatsoberhaupt appellierte in erster Linie an das Pflichtbewusstsein und das Verantwortungsgefühl der Niederländer. Die Königin und ihre

Regierung forderten die Menschen dazu auf, an den ihnen vertrauten Werten festzuhalten: Diese könnten – auch wenn der Feind siegen sollte – Halt bieten und dabei helfen, die neue Realität der deutschen Besatzung erträglicher zu machen.

Am 15. Mai war der Krieg für die Niederlande verloren, Königin und Regierung befanden sich im englischen Exil. Zur höchsten Autorität des besetzten Landes wurde nun, nach dem kurzen Intermezzo einer deutschen Militärverwaltung, ein von Adolf Hitler ernannter Zivilverwalter: Am 29. Mai trat Arthur Seyß-Inquart sein Amt als Reichskommissar für die besetzten niederländischen Gebiete an. Als Anführer der österreichischen Nationalsozialisten hatte er den »Anschluss« seines Vaterlandes an das Dritte Reich politisch und administrativ vorbereitet. In den Niederlanden erwartete ihn nun eine ähnliche Aufgabe. Angesichts der neuen geopolitischen Realität, die im Sommer 1940 herrschte, mussten die Niederländer nun lernen, mit einem radikal veränderten internationalen Status und völlig neuen innenpolitischen Verhältnissen zu leben.

Wie war dies mit dem geläufigen Selbstbild einer friedlichen Nation und eines vorbildhaften Weltreichs in Einklang zu bringen? Der konservative Politiker Hendrikus Colijn, Ministerpräsident in fünf Vorkriegsregierungen, schrieb in einer aufsehenerregenden Broschüre, das Land befinde sich nun »auf der Grenze zweier Welten«.[3] Die alte Welt mit ihrer demokratisch-liberalen Gesellschaftsordnung sei untergegangen, und deshalb müssten sich Staat und Gesellschaft in die neue Ordnung fügen, die derzeit unter deutscher Führung in Europa geschaffen werde. Die Niederlande könnten – durch eine realistische politische Einstellung – einen konstruktiven Beitrag dazu leisten. Wie so viele hoffte Colijn, die Niederlande könnten sich auf diese Weise unter deutscher Herrschaft eine gewisse nationale Selbstständigkeit bewahren und auch ihren kolonialen Besitz erhalten.[4]

In den Maitagen des Jahres 1940 wurde die Lebenswelt der Niederländer durch die deutsche Invasion auf den Kopf gestellt. Den Zweiten Weltkrieg erlebten sie vor allem passiv: im Mutterland als Opfer des nationalsozialistischen Expansionsdrangs und in den Kolonien als Opfer der japanischen »großostasiatischen Wohlstandssphäre«. Diese Erfahrung der Schwäche kollidierte mit dem tradierten starken Selbstbild der Niederländer und ihrer Überzeugung von der eigenen moralischen Überlegenheit. Das hatte Auswirkungen auf die innenpolitischen Verhältnisse und auf die internationalen Beziehungen. In den ersten Jahrzehnten des 20. Jahrhunderts hatten die Niederländer versucht, ihre Stärke aus der spezifischen Organisationsform ihrer Gesellschaft zu ziehen, die sowohl integrierend war (»Einheit in Verschiedenheit«) als auch einen exklusiven Unterton hatte (den Glauben an die Überlegenheit der eigenen Nation und Gesellschaft). Gemeinsames Handeln auf Grundlage nationaler Einigkeit erforderte klare Spielregeln und harte Arbeit.

Den politischen und gesellschaftlichen Führungseliten gelang es, das Land ohne allzu große gesellschaftliche Erschütterungen zu modernisieren und zugleich an traditionellen Werten festzuhalten. Ihr Welt- und Selbstbild wurde vom Ideal einer friedlichen und tugendhaften Nation dominiert. Machtpolitisch gesehen spielten die Niederlande nur eine bescheidene Rolle, aber trotzdem glaubten die Eliten des Landes, durch eine Vorbildfunktion Einfluss auf das Weltgeschehen nehmen zu können. Hatte dieses Denken auch im Angesicht des nationalsozialistischen Besatzungsregimes und der globalen Konflikte des »langen Zweiten Weltkriegs« weiterhin Bestand?

Das Selbstbild einer friedlichen Nation

Der deutsche Überfall auf die Niederlande im Mai 1940 markierte einen Wendepunkt in der weltpolitischen Positionsbestimmung des Landes und das Ende eines Zeitalters. In den internationalen Beziehungen wie auch innergesellschaftlich hatten die Niederlande zuvor nach einer Aussöhnung der

Gegensätze gestrebt – insbesondere durch ihr Eintreten für eine internationale Rechtsordnung und ihre Ablehnung des Krieges als Mittel zur Konfliktlösung. 1896 und 1898 war das Land Gastgeber der beiden Haager Friedenskonferenzen gewesen. Die Errichtung des Friedenspalastes und des Ständigen Schiedshofes in Den Haag galten als Ausdruck internationaler Anerkennung für dieses Engagement. Auch als kleine Macht mussten die Niederlande ihre internationale Stellung daher nicht zwangsläufig als eine Position der Schwäche deuten. Sie versuchten vielmehr, moralische Kraft auszustrahlen. Seine internationale Bedeutung bezog das Land aber auch aus den Reichsgebieten in Übersee, insbesondere aus der Kolonie Niederländisch-Indien, dem heutigen Indonesien.

In den ersten Jahrzehnten des 20. Jahrhunderts wurde die niederländische Kolonialpolitik neu formuliert – als eine zivilisatorische Mission, die den Indonesiern durch den »Import« der westlichen Moderne zugutekommen sollte. Pluralistisches Denken war auch in der Kolonialpolitik wichtig, allerdings gab es bei der praktischen Umsetzung einen fundamentalen Unterschied zum Mutterland: Die niederländische Obrigkeit betrachtete die Bevölkerung des indonesischen Archipels als eine Ansammlung rassisch unterschiedlicher Gruppen und Völker, die in der kolonialen Welt mithin auch unterschiedliche Positionen einnahmen. Anders als in den Niederlanden implizierte das keine institutionalisierte Teilung der Macht, sondern eine starre Hierarchie und prinzipielle Ungleichheit.

Am 1. Juli 1914 hatte die niederländische Regierung Heer und Marine mobilisiert, um die Neutralität des Landes zu verteidigen. Diese frühe und rasche Mobilmachung stärkte das nationale Selbstvertrauen und trug möglicherweise dazu bei, dass die deutschen Truppen – dicht entlang der südlichen Landesgrenze – durch Belgien nach Nordfrankreich zogen. Es erwies sich jedoch als nahezu unmöglich, die niederländische Neutralität während des Ersten Weltkriegs in Gänze zu wahren. Die britische Blockade Deutschlands und die ständige Gefahr einer deutschen Invasion zwangen die niederländische Diplomatie zu einem komplizierten Balanceakt.

Um einen Ausweg zu finden, machte die niederländische Regierung beiden Parteien abwechselnd Zugeständnisse, womit es ihr geradeso gelang, das Land aus dem Krieg herauszuhalten.[5] Das unter der Blockade leidende Deutsche Reich konnte – dank seines Nachbarlandes – an der Nordsee ein wenig Luft holen. Für die Briten waren die Niederlande eine neutrale Enklave auf dem von Deutschland beherrschten Kontinent. Sowohl die britischen als auch die deutschen Befehlshaber gingen davon aus, dass es letztlich mehr Nach- als Vorteile mit sich bringen würde, wenn sie versuchten, die Niederlande auf ihre jeweilige Seite und in den Krieg hineinzuziehen.

Die niederländische Presse und Politik betrachteten das Ergebnis dieser pragmatischen Kosten-Nutzen-Analyse lieber als Triumph der Niederlande – als vermeintlich moralisches Vorbild. Die böse Außenwelt gestattete es den Niederländern jedoch nicht, sich komplett herauszuhalten, was wiederum deren Selbstmitleid verstärkte. Nachdem die Vereinigten Staaten 1917 beschlossen hatten, in den Krieg einzutreten, verhängte die US-Regierung eine Auslaufsperre für alle niederländischen Handelsschiffe in amerikanischen Häfen. Ein niederländischer Kommentator konstatierte daraufhin verbittert, die kleinen Nationen sollten nun offensichtlich »doch zusammen [...] verrecken«,[6] all den schönen internationalen Abkommen zum Trotz.

An den Friedensverhandlungen in Versailles waren die Niederlande nicht direkt beteiligt. Wachsamkeit war dennoch geboten, vor allem als Belgien – auf Kosten der Niederlande – eine territoriale Entschädigung für erlittene Verluste forderte. Zudem waren die Alliierten darüber verärgert, dass die Niederlande dem deutschen Kaiser Asyl gewährt hatten. Außenminister Herman van Karnebeek beschloss daher, eine aktivere Außenpolitik zu betreiben. Dabei spielte die Situation Deutschlands eine wichtige Rolle: Handel, Industrie und

Finanzsektor der Niederlande waren von einer Erholung der deutschen Wirtschaft abhängig. Schon während der Verhandlungen in Versailles machte sich in den Niederlanden eine Stimmung breit, wonach das Nachbarland zu Unrecht derart hart von den Alliierten behandelt werde. Zwar hielt sich die niederländische Diplomatie noch im Hintergrund, das Außenministerium war aber dennoch damit einverstanden, dass führende Bankiers und Unternehmer nach Möglichkeiten suchten, eine wirtschaftliche Erholung Deutschlands – etwa mit Hilfe niederländischer Kredite – zu unterstützen.[7] Aus ökonomischer Sicht war es in der Zwischenkriegszeit außerdem enorm wichtig, die wirtschaftlichen Beziehungen zu Niederländisch-Indien zu konsolidieren und auszubauen.

Um ihre Interessen zu wahren, mussten die Niederlande vor allem darum bemüht sein, sich als Verfechter der kollektiven Sicherheit und des Völkerrechts zu profilieren. Echte Machtpolitik konnte das Land mangels Einflussmöglichkeiten überhaupt nicht betreiben. Debatten über die Außenpolitik wurden stets von innenpolitischen Erwägungen dominiert: 1926 etwa lehnte das Parlament einen Gesetzentwurf ab, mit dem die Beziehungen zu Belgien verbessert werden sollten. Es ging um den Bau eines Kanals, durch den der Hafen von Antwerpen für die internationale Schifffahrt besser zugänglich gemacht werden sollte. Eine gemeinsame Initiative von Rotterdamer »Hafenbaronen« und radikalen Nationalisten sorgte jedoch dafür, dass das Gesetz abgelehnt wurde und der Außenminister zurücktrat.[8] Der spätere Anführer der niederländischen Nationalsozialisten, Anton Mussert, spielte dabei eine wichtige Rolle. Trotz einer gewissen Neigung zur Absonderung der Niederlande von der internationalen Politik bildete die Förderung der internationalen Rechtsordnung und Zusammenarbeit weiterhin den Kern der niederländischen Außenpolitik. Dahinter stand nach Ansicht der Historikerin Ismee Tames die Vorstellung, dass die Niederlande mit ihrer innerstaatlichen Befriedungspolitik gleichsam als Vorbild für die internationale Gemeinschaft dienen könnten.[9]

Die internationalen Beziehungen verschlechterten sich in den dreißiger Jahren rasant. Die Idee kollektiver Sicherheit unter der Schirmherrschaft des Völkerbundes, wie sie im Vertrag von Locarno festgehalten worden war, verlor durch die japanische Invasion in China 1931, das italienische Abenteuer in Afrika 1935 und die deutsche Wiederaufrüstung seit 1933 rasch an Kraft. Die Niederlande betonten daher ihre Neutralität, sowohl in Europa als auch in Asien.[10] Vor allem die japanischen Expansionsbemühungen ließen die Sorge um Niederländisch-Indien wachsen. Das Außenministerium argumentierte jedoch, dass es für die Großmächte, allen voran für Großbritannien, von strategischem Interesse sei, den Status quo im Südpazifik aufrechtzuerhalten.[11] Um ihren kolonialen Einfluss in Niederländisch-Indien zu wahren, entschloss sich die Regierung in Den Haag wie bereits im Ersten Weltkrieg für eine Politik der Neutralität – und versteckte sich dabei hinter der britischen Außenpolitik und Admiralität.

Im September 1939 reagierten die Niederlande auf die Kriegserklärungen zwischen den europäischen Großmächten mit der Mobilmachung ihrer eigenen Armee. Zur Motivation der Truppe wurde ein Buch verteilt, in dem vier Wissenschaftler die aktuelle Lage erklärten und die vielen guten Eigenschaften des niederländischen Volkes hervorhoben: »Können, Besonnenheit und Unerschrockenheit« hätten zu großen Leistungen in der Seefahrt und im Straßen- und Wasserbau geführt. Das Land wurde von den Autoren zudem als »Wiege des internationalen Rechts«, als »guter Kolonisator« und als ein »Symbol der Befreiung« bezeichnet – als »das Volk schlechthin, das keine Fremdherrschaft dulden kann«.[12]

So hegten und pflegten die Niederlande der Vorkriegszeit das Selbstbild einer friedlichen und fleißigen Nation, die zu klein war, um an den machtpolitischen Spielen der Großmächte teilzunehmen, aber doch genug »auf dem Kasten« hatte, um ein Leuchtturm des Friedens, der Gerechtigkeit und der Rechtschaffenheit in einer bösen Welt zu sein. Mit

Blick auf die innere Verfasstheit des Landes basierte die von den Eliten angestrebte Vorbildfunktion auf einer pluralistischen Idee: einem sorgfältigen Management der vielen verschiedenen nebeneinander existierenden politischen und weltanschaulichen Fragen und Anschauungen. Die Bevölkerung war in religiöser, sozialer und politischer Hinsicht sehr heterogen, und um des inneren Friedens willen kultivierten die Führungspersönlichkeiten das Prinzip »Einheit in Verschiedenheit« als nationale Tugend.

Das niederländische Selbstbild entstand aus der Notwendigkeit, kreativ mit gewissen Einschränkungen umgehen zu müssen, die für eine kleine Macht charakteristisch sind. Enorm wichtig war es daher, so der Historiker Piet de Rooy, interne Meinungsverschiedenheiten zu überwinden und nationale Anspruchshaltungen im Zaum zu halten. Deshalb entwickelte die Vorkriegsgesellschaft eine starke innere Disziplin und Selbstkontrolle. Was einer kleinen Nation wie den Niederlanden blieb, war das Streben nach möglichst viel Wohlstand und die Eindämmung von Ansprüchen, die zu Konflikten mit der Außenwelt führen konnten.[13] Um sich dennoch auf der Weltbühne profilieren zu können, kultivierten die Niederlande ihre Vorbildfunktion als Hüter des Friedens, des Rechts sowie der wirtschaftlichen und sozialen Entwicklung. Das Land wollte sich durch Internationalismus, durch eine Förderung des Weltfriedens und durch eine gute Kolonialverwaltung hervortun und Anerkennung erlangen.[14]

In Ermangelung »harter« Machtmittel dominierte diese Denkweise die Außenpolitik. Als sich die internationalen Spannungen Ende der dreißiger Jahre verschärften, war es jedoch sehr fraglich, inwieweit diese Prinzipien den Niederländern nützen würden. Der britische Gesandte in Den Haag, Sir Neville Bland, berichtete Ende Januar 1940 ebenso kritisch wie besorgt, dass die Niederländer vom langanhaltenden Frieden, in dem sie gelebt hatten, und dem ständigen Bedürfnis, ihren materiellen Interessen zu dienen, verblendet seien. Deshalb würden sie ihre Augen vor unangenehmen

Wahrheiten verschließen – »and whenever the spectre of war appears to get nearer, it is always the neutrality drug which is taken out of the cupboard to give confidence and lull the nation into a sense of security«.[15]

Viele Politiker, leitende Angestellte und Militärangehörige waren sich allerdings längst darüber im Klaren, dass sich das Land nicht aus eigener Kraft aus dem Krieg heraushalten oder einem Feind standhalten konnte. Die Gefahr einer deutschen Invasion wurde nach Ausbruch des europäischen Krieges im September 1939 durchaus sehr ernst genommen. Die eigene militärische Schwäche machte es jedoch unmöglich, die Neutralität überzeugend zu wahren und den Feind fernzuhalten.[16] Als Seyß-Inquart die Macht übernahm, mussten sich die Niederländer zu dieser neuen Realität verhalten. Sollten sie Abschied von den Vorstellungen nehmen, die ihr Selbstbild bestimmten? Waren sie gezwungen, ihre Vorbildfunktion, ihren Freiheitssinn, ihr Rechtsgefühl aufzugeben? Wie viel Raum würden ihnen die neuen Machthaber noch für diese Werte lassen? Schließlich hatten die Nationalsozialisten in ihrem Land ein repressives Regime errichtet, das im diametralen Widerspruch zu diesen Werten stand.

Andererseits konnte die Tatsache, dass die Niederlande nun in einen weltweiten Konflikt verwickelt waren, auch die Möglichkeit bieten, radikal mit dem alten System zu brechen. Kriege und politische Umwälzungen müssen ja nicht nur zu Untergangsfantasien führen. Sie können auch Anlass sein, politische und soziale Ziele radikal neu zu formulieren und mentale Ketten zu sprengen. In den vierziger Jahren wurde die internationale Ordnung mindestens zwei Mal auf den Kopf gestellt: Erst durch den vorübergehenden, aber destruktiven Triumph der Achsenmächte Deutschland, Japan und Italien, danach durch den endgültigen Sieg der Alliierten und die neue Weltordnung unter Vorherrschaft der Supermächte USA und Sowjetunion.

Gesellschaft, Politik und Weltanschauung

Die rasche und unvermeidliche Niederlage des Jahres 1940 veranlasste zahlreiche führende Persönlichkeiten der niederländischen Gesellschaft dazu, über die dafür verantwortlichen Ursachen zu theoretisieren. Einer der damals meistgenannten Gründe war die mangelnde nationale Einheit beziehungsweise die Annahme, dass das Ideal der »Einheit in Verschiedenheit« – in aller Konsequenz umgesetzt – die Unterschiede verstärkt und dadurch die nationale Stärke untergraben habe. Dem niederländischen »Schubladendenken« wurde die Schuld dafür gegeben, dass man nicht in der Lage gewesen war, die Folgen der Weltwirtschaftskrise wirksam zu bekämpfen, der politischen Radikalisierung entschlossen entgegenzutreten und genügend militärische Stärke zu demonstrieren.

Kritiker beanstandeten ein gesellschaftliches Zusammenleben, dem jeglicher Gemeinschaftssinn fehle, da katholische Familien Brot beim katholischen Bäcker kauften und nicht den sozialistischen Rundfunk hören durften, reformierte Niederländer Mitglied einer reformierten Gewerkschaft waren und den öffentlichen (»heidnischen«!) Schulen fernblieben, Sozialisten in sozialistischen Chören das Arbeiterkampflied *Morgenrood* und die *Internationale* sangen, aber nicht gegen katholische oder reformierte Vereine Fußball spielten. Diese Vereine trafen ohnehin nie aufeinander, denn die einen spielten am Sonntag und die anderen am Samstag. Auch den Liberalen, die sich dies alles bekümmert anschauten, gelang es nicht, durch die Gründung »neutraler« Vereinigungen für Rundfunk, Tourismus und andere kulturelle Angebote einen wirklich nationalen Rahmen zu schaffen.[17]

Dieses besonders ausgeklügelte pluralistische System hatte seine Wurzeln in der zweiten Hälfte des 19. Jahrhunderts und entfaltete sich erst in den ersten Jahrzehnten des 20. Jahrhunderts zur vollen Blüte. Die Weltanschauung – und die Diversität der Glaubensrichtungen und politischen Ideologien – war die jeweils bindende Kraft zwischen dem sozialen

Vereinsleben und den politischen Parteien. Die niederländische Gesellschaft war hinsichtlich ihrer Religiosität von jeher tief gespalten. Von den rund 8,5 Millionen Einwohnern, die 1936 im Land lebten, waren 36,4 Prozent römisch-katholisch, 34,5 Prozent niederländisch-reformiert und 9,4 Prozent reformiert (calvinistisch); 5,3 Prozent gehörten einer anderen Religion – darunter 1,5 Prozent der jüdischen – an. Die übrigen 14,4 Prozent gaben bei der 1936 durchgeführten Volkszählung an, keiner Glaubensgemeinschaft anzugehören.[18] Sowohl die Katholiken als auch die Calvinisten hatten sich während der zweiten Hälfte des 19. Jahrhunderts als soziale und politische Emanzipationsbewegungen entwickelt, die sich gegen den staatstragenden Liberalismus und Protestantismus auflehnten.

Zwar standen sich beide Strömungen in theologischer Hinsicht diametral gegenüber, wichtiger war jedoch ihre gemeinsame Überzeugung, dass Religion eine Privatangelegenheit sei, in die sich der Staat nicht einmischen dürfe. Sie gründeten Parteien, um ihre Interessen zu vertreten, und begannen eigene Lebenswelten innerhalb der Nation aufzubauen. Die erste moderne politische Partei war die *Anti-Revolutionaire Partij*, die 1879 von dem calvinistischen Theologen Abraham Kuyper (1837-1920) gegründet wurde. Diese lehnte, wie der Parteiname bereits suggeriert, nicht nur das – dem liberalen Gedankengut entstammende – Prinzip der Volkssouveränität ab, sondern auch eine Dominanz des Staates über die Gesellschaft. Stattdessen war Kuyper ein Verfechter des Subsidiaritätsprinzips: Der Staat hatte sich nicht in Aufgaben einzumischen, die von zivilgesellschaftlichen Organisationen wahrgenommen werden konnten. Die katholische Strömung stützte sich, auf Grundlage der päpstlichen Lehren, auf dasselbe Prinzip.[19]

Das wichtigste Ziel der konfessionellen Parteien war ursprünglich die Gleichstellung der religiösen Privatschulen und der weltanschaulich neutralen Staatsschulen. Dieses Ziel wurde 1917 durch eine Verfassungsänderung erreicht, mit der zugleich das allgemeine Männerwahlrecht eingeführt wurde – das Frauenwahlrecht wurde zwei Jahre später gesetzlich verankert. Die sogenannte »Pazifikation von 1917« legte den Grundstein für die Konsensdemokratie, in der in den folgenden Jahrzehnten die konfessionellen Parteien den Ton angeben sollten. Die Liberalen, die sich selbst als Träger des Fortschritts und als Hüter des Nationalgefühls betrachteten, büßten durch die Einführung des allgemeinen Wahlrechts ihre politische Machtposition ein und wurden zu einer Minderheit.

Politisches Ziel der dritten gesellschaftlichen Emanzipationsbewegung – der Sozialdemokraten – war es, die Arbeiterklasse zu organisieren und an die Macht zu bringen. Die niederländischen Sozialdemokraten hatten sich bereits vor dem Ersten Weltkrieg zu Reformismus und Parlamentarismus bekannt. Ihre Erwartung, dass die katholischen und reformierten Arbeiter ihre Klasseninteressen über ihre weltanschaulichen Bindungen stellen würden, sollte sich bei Einführung des allgemeinen Wahlrechts jedoch nicht erfüllen. Stattdessen entstanden auch in den konfessionellen Lebenswelten Gewerkschaftsorganisationen, die ihrerseits den Klassenkampf ablehnten und ihre Existenzberechtigung durch ein harmonisches Einvernehmen zwischen Arbeitgebern und Arbeitnehmern untermauern wollten.

Die Sozialdemokraten spielten in der Zwischenkriegszeit nur eine untergeordnete Rolle in der Politik. Während der deutschen Novemberrevolution von 1918 glaubte ihr politischer Anführer P.J. Troelstra kurzzeitig, dass auch in den Niederlanden eine Revolution möglich sein könnte. Die Sozialisten waren jedoch noch nicht so weit, als dass sie ihre Anhänger hätten mobilisieren und mit ihnen die Macht auf der Straße hätten übernehmen können. Im Gegenteil: Die rechten Parteien bildeten Freiwilligenmilizen, um – mit der Parole »Gegen die Revolution das Evangelium!« – solch einen Umsturz zu verhindern. So stärkten die Ereignisse vom November 1918 letztlich die Macht der etablierten Ordnung.

Die anderen großen politischen Blöcke misstrauten den Sozialisten noch lange Zeit – in der Annahme, dass die revolutionäre Stimmung nicht gewichen sei. Aber auch aus programmatischen Gründen wollten sie nicht mit ihnen zusammenarbeiten: Das sozialistische Konzept der Vergesellschaftung der Produktionsmittel kollidierte mit dem konfessionellen Subsidiaritätsprinzip, das eher in Richtung einer neokorporatistischen Ordnung des wirtschaftlichen Lebens zielte. Einer Zusammenarbeit in der Lokalpolitik stand dies jedoch nicht im Wege, und 1939, am Vorabend des Zweiten Weltkriegs, konnten die Sozialisten auch erstmals einer nationalen Regierung beitreten.

In der Zwischenkriegszeit wurden die Niederlande von einem politischen »Kartell« konfessionell-liberaler Prägung regiert. Dies förderte die Stabilität, konnte aber bei schwierigen Fragen schnell zu einer Stagnation führen. Das war etwa während der großen Wirtschaftskrise in den dreißiger Jahren der Fall, als starr an den klassischen ökonomischen Prinzipien festgehalten wurde, die keine Interventionen des Staates zuließen. In das Bild eines Kartells passte auch die Beschränkung der Konkurrenz. Die politischen Anführer verhandelten an der Spitze über Streitthemen und mobilisierten gleichzeitig ihre Leute, um Zustimmung an der Basis zu generieren. Wahlkämpfe dienten vor allem der demonstrativen Mobilisierung der eigenen Anhängerschaft und weniger der Überzeugung von Andersdenkenden. Die Interaktion zwischen den politischen Parteien und der Zivilgesellschaft war überaus intensiv. Da viele Vertreter gesellschaftlicher Institutionen politische Mandate innehatten, geriet das Primat der Politik jedoch auch unter Druck.[20] Statt von demokratischem Einfluss auf den politischen Prozess war vor allem von *»schikken en plooien«* (sich arrangieren und sich fügen) zwischen den politischen Anführern – als Vertreter der gesellschaftlichen Eliten – die Rede.[21]

In den dreißiger Jahren wuchs die Kritik am »Schubladendenken«, das Menschen verschiedener Weltanschauungen daran hinderte, gemeinsam ein neues Zusammengehörigkeitsgefühl zu entwickeln. Das politische System war ein geschlossenes, das Newcomern wenig Chancen und Einflussmöglichkeiten bot. Kommunisten, Faschisten und andere Outsider galten schnell als Gefahr für die öffentliche Ordnung. Nicht ohne Grund übte die extreme Rechte scharfe Kritik an den »Systempolitikern«, die das Sagen hätten und den Bürgern kaum Wahlmöglichkeiten ließen.

Welche Alternativen hatten die politischen Außenseiter zu bieten? Bereits vor dem Ersten Weltkrieg hatte sich eine revolutionäre Gruppe von der *Sociaal Democratische Arbeiders Partij* abgespalten: Die *Communistische Partij Holland* nahm trotz einer begrenzten Wählerschaft (zwischen 1,5 und 3,5 Prozent) einen nicht unbedeutenden Platz in der niederländischen Politik ein. Die Partei konnte eine recht große Anhängerschaft in Amsterdam, in den umliegenden Industriegebieten und unter den Landarbeitern aufbauen.

Während Sozialdemokraten allmählich auch in höhere Staatsämter gelangten, galt für Kommunisten faktisch ein Beamten-Berufsverbot. Sie galten als die niederländischen Bolschewisten, die – sobald sie dazu die Chance bekämen – die bestehende Ordnung beseitigen würden. Tatsächlich initiierten sie die großen Streiks, die in den zwanziger Jahren im Norden und Osten des Landes stattfanden, die Meuterei auf dem Marineschiff *De Zeven Provinciën*, die sich 1933 in niederländisch-indischen Gewässern ereignete, sowie einen größeren Aufstand im Amsterdamer Viertel De Jordaan. Aber auch die Rechten nutzten diese Ereignisse für ihre Propaganda und schrieben sie den Kommunisten zu. Das hatte zur Folge, dass die Obrigkeit in der extremen Linken mehr und mehr den Hauptfeind sah und ihre repressive Wachsamkeit verstärkte.

Im rechten Lager entstanden zur selben Zeit systemkritische Bauern- und Mittelstandsparteien. Als sich die Wirtschaftskrise verschärfte, wechselten viele ihre Anhänger zu den rechtsextremen und faschistischen Parteien, von denen die *Nationaal Socialistische Beweging* (NSB) die wichtigste war. Sie war 1931 vom Tiefbauingenieur Anton Mussert und elf weiteren Männern gegründet worden und erzielte schon nach wenigen Jahren aufsehenerregende Wahlerfolge. Die NSB präsentierte sich als »anständige« Version des europäischen Faschismus. Zu Beginn orientierte sich Mussert als politischer Anführer der Bewegung mehr an Mussolini als an Hitler. Zwar legte er seinem Parteiprogramm dasjenige der NSDAP zugrunde, ließ jedoch die antisemitischen Passagen weg. Gleichwohl radikalisierte sich die NSB im Laufe der dreißiger Jahre, als sich radikale Nationalsozialisten innerhalb der Partei ideologisch immer stärker profilierten und radikale Schlägertypen nicht nur auf den Straßen randalierten, sondern zunehmend auch in den Parteikader vordrangen.

Beeindruckt von Hitlers Erfolgen, orientierte sich Mussert bald immer mehr am deutschen Vorbild – auch um die Radikalen in den eigenen Reihen im Zaum zu halten. Nun nahm er auch antisemitische Forderungen in sein Programm auf und unterstützte ab 1935 die aggressive Außenpolitik Mussolinis und Hitlers. Die Radikalisierung der NSB und die wachsende Bedrohung, die von ihren deutschen und italienischen Vorbildern ausging, führten dazu, dass ein *Cordon sanitaire* um die Bewegung errichtet wurde. 1933 verkündete die Regierung, dass das Verbot für Staatsbedienstete, Mitglied politisch extremer Organisationen zu sein (bis dahin vor allem als »Schutz« vor den Linken gedacht), fortan auch für die NSB gelten sollte. Die katholischen und protestantischen Kirchen schlossen Nationalsozialisten daraufhin vom Gottesdienst und von den Sakramenten aus. Zudem entstanden parteiunabhängige Organisationen, die Propaganda gegen Faschismus und Nationalsozialismus machten – auch wenn die katholischen und die protestantischen Anführer diese Agitation vor allem dazu nutzten, ihre eigene Anhängerschaft zu mobilisieren.

Führungspersönlichkeiten

Die Niederlande sind seit 1814 ein Königreich, das vom Haus Oranien-Nassau regiert wird – entfernten Nachkommen Prinz Wilhelms von Oranien, der im 16. Jahrhundert als Statthalter den Unabhängigkeitskrieg gegen Spanien angeführt hatte. 1848 wurden die Niederlande, nachdem König Willem II. eine liberale Verfassung akzeptiert hatte, zu einer konstitutionellen Monarchie. 1898 bestieg die damals 18-jährige Wilhelmina den Thron. Sie sollte bis 1948 Königin bleiben und in ihren fünfzig Jahren als Staatsoberhaupt zwei Weltkriege mitmachen.

Ihre Thronbesteigung am Ende des 19. Jahrhunderts fiel mit dem wachsenden Wunsch der Niederlande zusammen, an der modernen Welt teilzuhaben – in Europa wie auch in den Kolonien. Bei den großen Volksfesten, die anlässlich der Krönung Wilhelminas stattfanden, wurde das Haus von Oranien-Nassau als Symbol für die Verheißungen der neuen Zeit dargestellt: gesellschaftliche Partizipation von Frauen und von Angehörigen der niederen Klassen, wachsender Gemeinschaftssinn, sozialer Wohnungsbau, ein besseres Bildungs- und Gesundheitswesen sowie Industrialisierung.[22]

Wilhelmina war eine starke Persönlichkeit mit festen und vorrangig konservativen Ansichten. Sie glaubte an ihren gottgegebenen Auftrag, Land und Volk zu führen, und betrachtete das parlamentarische System als ein vorübergehend unüberwindbares Hindernis für ihre Ideen. Sie war bereit, bei Dingen, die sie für wichtig hielt, Konflikten nicht aus dem Weg zu gehen. Jung wie sie war, geriet sie etwa während des Ersten Weltkriegs mit dem Befehlshaber der Streitkräfte wegen der Militärpolitik aneinander. Wilhelmina identifizierte sich zwar generell eher mit Militärangehörigen als mit Zivilpolitikern, aber Männer beider Gruppen konnten schnell in Ungnade fallen, wenn sie sich ihrer Ansicht nach zu stark profilierten oder in eine unerwünschte Richtung entwickelten.[23] Die Monarchie gewann in den dreißiger Jahren durch die immer bedrohlicher werdende internationale Lage an Popularität. Als Wilhelminas einziges Kind, Kronprinzessin Juliana, 1936 einen adeligen Deutschen, Prinz Bernhard zur Lippe-Biesterfeld, heiratete, wurde die Hochzeit im Land ausgelassen gefeiert: Die Aussicht auf ein Fortbestehen des Hauses von Oranien-Nassau schien auch die Kontinuität des niederländischen Staates zu garantieren.

Drei der großen politischen »Familien«, die Reformierten, die Katholiken und die Sozialdemokraten, wurden Ende des 19. Jahrhunderts von charismatischen Führungspersönlichkeiten geleitet. Diese zeigten ihren Anhängern, wie sie – durch Betonung ihrer jeweiligen Weltanschauung – politische und gesellschaftliche Macht entfalten konnten. Der reformierte Theologe und Politiker Abraham Kuyper (1837-1920) war hierfür wegweisend. »Abraham der Gewaltige« krönte seine politische Mission, als er 1901 Ministerpräsident einer Koalitionsregierung wurde, die er bis 1905 führte. Die Führungspersönlichkeiten der ersten Generation, zu denen auch der katholische Priester Hendrik Schaepman (1844-1903) und der sozialistische Anwalt Pieter Jelles Troelstra (1860-1930) gehörten, misstrauten dem liberalen Staat aus Prinzip, nutzten jedoch dessen Institutionen, um die Gleichberechtigung ihrer jeweiligen Strömung politisch durchzusetzen. Als sie zurücktraten, bestand Bedarf an einer neuen Art politischer Führungspersönlichkeiten, unter denen sich die Konsensdemokratie richtig entfalten konnte.

Die neuen Anführer setzten auf eine Politik der Machtteilung und der Kompromisse, um ihre Ziele so weit wie möglich erreichen zu können. Sie wandten sich daher vor allem der eigenen Anhängerschaft zu und konzentrierten sich dabei auf die Innenpolitik. Eine Ausnahme bildete der neue starke Mann der *Anti-Revolutionaire Partij*: Hendrikus Colijn (1869-1944) war, dank seiner umfassenden Erfahrungen in den Kolonien und im internationalen Geschäftsleben, die vielseitigste Führungspersönlichkeit seiner Generation. Der Bauernsohn war nach einer Offizierskarriere in der

Kolonialarmee zunächst Parlamentsmitglied und Kriegsminister geworden, später dann Generaldirektor der *Bataafse Petroleum Maatschappij*, des Vorläuferunternehmens von *Royal Dutch/Shell*. In den dreißiger Jahren war Colijn der starke Mann der niederländischen Politik und führte vier Koalitionskabinette an.

Colijn war ein Mann, den man entweder liebte oder hasste. Für das antirevolutionäre Wählervolk, das größtenteils aus denselben einfachen Verhältnissen stammte wie er selbst, war dieser Mann eine Quelle des Stolzes. Seine Person und Karriere verdeutlichten ihnen, was mit Hilfe von calvinistischem Gottvertrauen möglich war. Die Linken dagegen verabscheuten die Arroganz, mit der Colijn die Arbeiter darüber belehrte, dass die Wirtschaftskrise mit klassischen Rezepten auskuriert werden müsse, um ein neues ökonomisches Gleichgewicht zu erreichen. Colijn ging hart gegen soziale Unruhen vor, was ihm als Hüter von Recht und Ordnung wiederum die Unterstützung vieler Konservativer außerhalb des eigenen Milieus einbrachte. Auf diese Weise nahm er freilich den niederländischen Nationalsozialisten in den dreißiger Jahren den Wind aus den Segeln.

Colijn hatte in den anderen Parteien keinen Gegenspieler gleichen Formats. Bei den Katholiken war es der Anwalt und Professor für Arbeitsrecht Carl P. M. Romme (1896-1980), dessen Stimme in der zweiten Hälfte der dreißiger Jahre immer mehr Gewicht erlangte. Als Sozialminister unter Colijn unternahm Romme erste zaghafte Schritte auf dem Feld der Beschäftigungspolitik. Der wichtigste liberale Politiker der Zwischenkriegszeit war Pieter J. Oud (1886-1968), der zunächst Finanzminister unter Colijn und als solcher dessen Sparpolitik verpflichtet war. 1937 wurde er zum Bürgermeister von Rotterdam ernannt.

Der bedeutendste sozialistische Politiker der Zeit war der Selfmademan Willem Drees (1886-1988), dem es gelang, seine SDAP in das politische System zu integrieren. Als Mitglied des Haager Stadtrates und Beigeordneter für das Finanzwesen gewann Drees durch seinen Pragmatismus, seine Fähigkeiten und seinen Glauben an die Konsenspolitik das Vertrauen der anderen Parteien. Er ist ein Paradebeispiel für jene Generation politischer Anführer, die sich an der eigenen Weltanschauung (im Fall von Drees ein theoretischer Marxismus im Geiste Eduard Bernsteins und Karl Kautskys) orientierten und zugleich bereit waren, zu geben und zu nehmen, um möglichst gute Resultate für ihre Anhängerschaft zu erzielen.

Die prägende Rolle jener Führungspersönlichkeiten in der Politik bedeutete nicht, dass diese Männer in ihrer jeweiligen politischen Strömung als Alleinherrscher regiert hätten. Ihren Erfolg verdankten sie auch der Tatsache, dass es ihnen jeweils gelang, breite Bevölkerungsschichten in ihren Bewegungen zu vereinen: von einfachen Mitgliedern an der Basis über Parteiaktivisten, Schulleiter und Beigeordnete im mittleren Kader bis hin zu Funktionsträgern wie Bürgermeistern, Abgeordneten und Ministern an der Spitze. Dies erklärt, warum die Innenpolitik für die politischen Anführer der dreißiger Jahre Priorität besaß. Nur Colijn kannte das Ausland und die Kolonien aus eigener Erfahrung. Die anderen sahen die Welt so, wie sie auch die Niederlande sahen, und näherten sich ihr in derselben Art und Weise: mit einer Mischung aus Normativität und Pragmatismus. Mit diesem Gepäck mussten sie die Schwelle zum Zweiten Weltkrieg überschreiten. Colijn stand im Sommer 1940 ohne Amt im Abseits, wollte aber mit der Veröffentlichung seiner Broschüre *Op de grens van twee werelden* noch einmal – wenn auch vergeblich – versuchen, die politische Marschrichtung des besetzten Landes vorzugeben. Ein Jahr später wurde er von den deutschen Besatzern verhaftet und anschließend im thüringischen Ilmenau interniert, wo er 1944 starb.

Willem Drees hingegen entwickelte sich im Laufe der Besatzungszeit zu dem Mann, der – an der Spitze des politischen Widerstands stehend – den politischen Übergang nach der Befreiung und die Gestaltung der Niederlande in der Nachkriegszeit vorbereiten sollte. Carl P. M. Romme nahm während der Besatzung seine Tätigkeit als Anwalt wieder auf und war in einen Fall von Wirtschaftskollaboration verwickelt. Nach der Befreiung wurde er Vorsitzender der mächtigsten Partei der Mitte, der modernisierten katholischen Volkspartei. Pieter J. Oud erlebte als Bürgermeister von Rotterdam die verheerende Bombardierung der Stadt am 14. Mai 1940. Er wurde von den Deutschen aus seinem Amt entlassen und hielt sich während der restlichen Besatzungszeit im Hintergrund. Nach der Befreiung kehrte er ins Parlament zurück und wurde zu einer der wichtigsten Führungspersönlichkeiten der neugestalteten liberalen Partei. Romme und Oud profilierten sich schnell als Gegner der von der Regierung Drees betriebenen Indonesienpolitik und erhielten dabei Unterstützung von Colijns Nachfolgern.

Gehemmte Modernisierung

Glaubt man dem historiographischen Klischee, dann handelte es sich bei den Niederlanden der Vorkriegszeit um ein »konservatives Land«[24] mit einer Gesellschaft, der durch Religiosität und Weltanschauung restriktive Normen auferlegt waren.[25] Allerdings darf man die Dynamik dieser Periode nicht unterschätzen. Zwischen 1890 und 1914 erlebten die Niederlande eine rasche wirtschaftliche Expansion, die dafür sorgte, dass Rückstände gegenüber den Nachbarländern Belgien und Deutschland aufgeholt werden konnten. Trotz der großen Wirtschaftskrise der dreißiger Jahre wurden die Niederlande in der Zwischenkriegszeit keineswegs nur als konservativ und unbeweglich wahrgenommen.[26] Der katholische Philosoph Ferdinand Sassen etwa schrieb 1936, dass die moderne Zeit die Bedeutung der alten weltanschaulichen Trennlinien mehr und mehr verblassen lasse: »Je schneller das Weltgeschehen verlief und je mehr einschneidende Veränderungen die Gesellschaft in kurzer Zeit erfuhr, desto mehr entfernten sich die aufeinanderfolgenden Generationen voneinander.«[27]

In der Zwischenkriegszeit erweiterte sich der Horizont der Menschen schnell: Straßen und Schienenwege wurden ausgebaut, und die Verbreitung von Radio und Telefon beschleunigte den Informations- und Ideenaustausch. Durch eine Verbesserung der Berufsausbildung und des höheren Schulsystems wurde der Bevölkerung mehr praktisches und theoretisches Wissen vermittelt, was wiederum die wirtschaftliche Entwicklung voranbrachte. Obwohl der Erste Weltkrieg den Handel schwer beeinträchtigt und der Wirtschaft geschadet hatte, konnten die Niederlande danach rasch von der internationalen Erholung der Wirtschaft profitieren. Neue Industrien suchten eine weltweite Basis: Royal Dutch/Shell, Philips, Unilever, ENKA, KLM, Hoogovens und Heineken.[28] Der Agrarsektor machte sich durch eine Intensivierung der Produktion für den Binnen- und Exportmarkt fit, wobei der Schwerpunkt auf Milchprodukten und Gartenbauerzeugnissen lag. Diese Innovationen wurden zudem durch einen aufstrebenden Dienstleistungssektor unterstützt, vor allem im Banken-, Versicherungs- und Transportwesen.[29] Niederländische Bankiers und *captains of industry* nahmen zentrale Positionen in internationalen Wirtschaftsnetzwerken ein und glaubten als »Männer der Tat« an ihre Fähigkeit, die Welt neu gestalten zu können.[30]

Hochqualifizierte Ingenieure und Ökonomen setzten nun gemeinsam einige wegweisende Entwicklungsprojekte um, wie etwa die Besiedlung von neu erschlossenem Polderland. Die Trockenlegung von Teilen der *Zuiderzee* (des heutigen IJsselmeeres) machte den Bau großer wasserbautechnischer Anlagen (Enddeichen), die Anwendung neuer landwirtschaftlicher Techniken und eine sorgfältige Auswahl von Neusiedlern erforderlich. Die Ingenieure erlangten nun immer mehr Einfluss, ob im Wirtschaftsleben oder in der Politik, und schufen durch ihre technokratische Herangehensweise Platz für neue, von ideologischem Ballast befreite Ideen.[31]

Ihr Wissen war auch für die Entwicklung in den Kolonien von Bedeutung. Eine *Tour of Duty* nach Niederländisch-Indien galt bald als Selbstverständlichkeit innerhalb der Karriereplanung von Ingenieuren, Bankiers oder Unternehmern. Am Beispiel des Ingenieurs Johan Ringers wird deutlich, wie vielfältig einsetzbar diese Träger der Moderne waren: Vor dem Krieg war Ringers sowohl an den Einpolderungen in den Niederlanden als auch am Aufbau der Wasserwirtschaft in den Kolonien beteiligt gewesen; während der deutschen Besatzung spielte er eine wichtige Rolle bei der Koordinierung des Widerstands, nach der Befreiung wurde er Minister für Wiederaufbau und war an der Dekolonisierung Indonesiens beteiligt.[32]

Verwaltungsleiter, Beamte und Politiker gestalteten aktiv die Modernisierung der Niederlande, mussten dabei aber Rücksicht auf das Spannungsverhältnis von Tradition und Innovation nehmen. So war die Einpolderung von Teilen der *Zuiderzee* an sich ein sehr innovatives Projekt, das national und international die Fantasien beflügelte. Gleichwohl wurde das Projekt mit den notwendigen *Checks and Balances* ausgestattet, um allzu radikale Neuerungen zu vermeiden und eine praktikable Verbindung von Tradition und Innovation zu gewährleisten.[33] Unter diesen Rahmenbedingungen entstanden auch neue Ideen zur Gestaltung der Gesellschaft. Nach Ansicht des Historikers Hans Righart wäre es verfehlt, das versäulte System der Niederlande allein über den Gegensatz »traditionell vs. modern« zu definieren. Er verweist vielmehr auf eine Symbiose von Altem und Neuem, von Tradition und Moderne, die in verschiedenen Lebensbereichen nebeneinander existieren konnten.[34]

In der Tat begrüßten in der Zwischenkriegszeit viele Niederländer die neuen Entwicklungen mit Begeisterung, während andere sie scharf ablehnten. Nicht alle Menschen folgten dem Innovations- und Modernisierungsdrang der politischen Eliten einschränkungslos. Viele verhielten sich eher ambivalent, pragmatisch und eklektisch gegenüber dem

Zug der neuen Zeit, während die politische Klasse an einer sukzessiven und kontrollierten Weiterentwicklung des Landes arbeitete und mögliche Unruhen und Konflikte einzudämmen versuchte.

Dieses politische Management der Gegensätze wurde in den dreißiger Jahren durch die Weltwirtschaftskrise, die auch die offene Volkswirtschaft der kleinen Niederlande hart traf, schwer auf die Probe gestellt.[35] In den zwanziger Jahren hatte das Land noch Hochkonjunktur und Wohlstand gekannt: Zwischen 1919 und 1929 war das Nationaleinkommen stetig und schneller als in den meisten vergleichbaren Ländern gestiegen. Das Jahr 1930, in dem das Nationaleinkommen auf den Stand von 1926 zurückfiel, markierte einen Wendepunkt; 1934 erreichte es mit dem Stand von 1921 seinen Tiefpunkt in der Vorkriegszeit.

Ende der zwanziger Jahre hatte es in den Niederlanden kaum Arbeitslosigkeit gegeben; 1933 waren schon 9,7 Prozent der erwerbsfähigen Bevölkerung ohne Arbeit.[36] Der Tiefpunkt der Krise wurde 1935 erreicht, als 19,4 Prozent arbeitslos waren. Bei einer Gesamtbevölkerung von 8,5 Millionen Menschen bedeutete dies, dass mehr als 600 000 Menschen von Arbeitslosigkeit betroffen waren.[37] Erst gegen Ende der dreißiger Jahre gab es wieder etwas Aussicht auf Erholung, nicht zuletzt aufgrund der bedrohlichen internationalen Lage und der damit einhergehenden Rüstungsanstrengungen. Was die Statistiken – jenseits der Indexzahlen und absoluten Zahlen – nicht zeigen, ist der traumatisierende Effekt, den die lang andauernde Krise mit sich brachte: Viele Menschen hatten jahrelang keine Arbeit und mussten sich mit spärlicher staatlicher Unterstützung über Wasser halten, wobei allein schon die Notwendigkeit, diese in Anspruch zu nehmen, als soziale Degradierung empfunden wurde.

Die Wirtschaftskrise brachte Hunderttausenden von Niederländern und ihren Familien sozialen Abstieg und Elend. Das Land verarmte. Am meisten verarmten die Arbeitslosen, was wiederum deren zunehmende Demoralisierung zur Folge hatte. Lokale Behörden legten Arbeitsbeschaffungsprogramme im öffentlichen Sektor auf, die jedoch nur einigen Zehntausenden vorübergehend zu körperlich schwerer und unbezahlter Arbeit verhalfen. Die Perspektivlosigkeit vieler Menschen brachte Unzufriedenheit, soziale Unruhen und eine politische Radikalisierung am linken und rechten Rand des politischen Spektrums hervor. Zugleich wirkte diese Politisierung und Radikalisierung auch als stabilisierender Faktor innerhalb der Milieus, da die christlichen Gewerkschaften und die politischen Parteien weiterhin erfolgreich die Loyalität ihrer Anhänger einfordern konnten. Die Gewerkschaftsbewegung verlor durch die Krise insgesamt an Schlagkraft: In den zwanziger Jahren hatten Streiks und Tarifkonflikte noch rund 3,2 Millionen Arbeitstage gekostet; in den dreißiger Jahren halbierte sich diese Zahl und nahm im Laufe der Zeit immer weiter ab. Auch die Mitgliederzahlen der Gewerkschaften gingen zurück.[38]

Das soziale Leben der Niederlande wurde von einem »bürgerlichen Wertesystem« dominiert. Dies implizierte unter anderem, dass der Mann als Alleinverdiener prinzipiell das Familienoberhaupt darstellte.[39] Die Familie galt als Eckpfeiler einer Gesellschaftsordnung, in der Respekt vor nationalen Symbolen, Recht und Ordnung sowie Religiosität propagiert wurden. Fleiß, Bescheidenheit und Selbstbeherrschung galten als Tugenden, die einen wertvollen Beitrag zur Stärkung der Gesellschaft leisteten. Der Einzelne durfte seine Talente entwickeln, aber nur innerhalb der Grenzen der bestehenden sozialen Ordnung. Formeln wie »Respektiere deinen Vorgesetzten!« oder »Kenne deinen Platz!« bildeten Normen, die in diesem System hochgehalten wurden und breite Anerkennung erfuhren.[40]

Folglich blieb in Gesellschaft und Politik jenes »Schubladendenken« bestehen, das als mitverantwortlich für das Unvermögen der Niederländer galt, die Wirtschaftskrise wirksam zu bekämpfen. Deshalb plädierten progressive Christen, Liberale und Sozialisten dafür, im Sinne einer echten nationalen Gemeinschaft zu denken.[41] Der angesehene Theologe Hendrik Kraemer war einer derjenigen, die den religiösen Konformismus jener Zeit ablehnten. Er plädierte dafür, die *Nederlands Hervormde Kerk* (Niederländisch-reformierte Kirche) durch eine radikal-apostolische Botschaft zu erneuern, um die »Nöte unserer Welt« beseitigen zu können. Kraemer, der als Missionspfarrer in Niederländisch-Indien gearbeitet hatte, ging auch in den vierziger Jahren energisch gegen religiöse Engstirnigkeit, Nationalsozialismus und (Neo-)Kolonialismus vor.[42] Als Fundament für ein neues nationales Gemeinschaftsdenken war aus seiner Sicht eine neue, religiös inspirierte Weltoffenheit vonnöten.

Koloniales Selbstbewusstsein

1941 wurde in den von Deutschland besetzten Niederlanden ein Buch mit dem Titel *Daar wèrd wat groots verricht* (Dort wurde etwas Großes vollbracht) veröffentlicht, das demonstrieren sollte, welch große Leistungen die Kolonialverwaltung in Niederländisch-Indien erbracht hatte.[43] Zu diesem Zeitpunkt war der überseeische Besitz vom Mutterland zwar nicht mehr erreichbar, aber dennoch intakt. Binnen eines Jahres jedoch besetzte Japan den indonesischen Archipel und riss die Verwaltungsmacht an sich.

In der Zwischenkriegszeit hatten die Niederländer das Image gutwilliger Kolonisatoren gepflegt, welche – angetrieben von Sachverstand, Unternehmergeist und Zivilisationsdrang – die Kolonie und deren Bevölkerung kulturell und sittlich »erheben« wollten. Indonesien war bis zur napoleonischen Zeit im Besitz der privaten *Verenigde Oost-Indische Compagnie* (Niederländische Ostindien-Kompanie) gewesen und erst 1816 zu einem Überseegebiet des neugegründeten Königreichs der Niederlande geworden.

Gegen Ende des 19. Jahrhunderts fanden die Niederlande Anschluss an den modernen Imperialismus und begannen mit dem Aufbau eines modernen Kolonialreiches in

Niederländisch-Indien. Durch die gewaltsame Unterwerfung der letzten noch selbstständigen einheimischen Fürstentümer, von denen Aceh das wichtigste war, nahm dieses Projekt Gestalt an. Die Kolonialkriege wurden in den Niederlanden von nationalistischem Getöse begleitet, das dem britischen Jingoismus und der Agitation vor den deutschen »Hottentottenwahlen« von 1907 durchaus ähnlich war. Nach Wolfgang J. Mommsen sollte damals mit der Errichtung eines Überseereiches vor allem demonstriert werden, dass die jeweilige Nation über genug Größe verfügte, um vollwertig in der internationalen Politik mitspielen zu können. Auch wegen des Verlustes dieser internationalen Stellung schauten die Niederländer 1941 mit wehmütiger Selbstzufriedenheit auf ihre kolonialen Leistungen zurück.

Die künftigen Beziehungen zur Kolonie sollten durch Verlauf und Ausgang des Zweiten Weltkriegs bestimmt werden. Die Veröffentlichung des Buches *Daar wèrd wat groots verricht* war Teil eines Reflexionsprozesses über die kolonialen Verhältnisse, in dem es um das Spannungsverhältnis zwischen einer Wiederherstellung der niederländischen Herrschaft und einer Modernisierung der administrativen und politischen Bande zwischen Kolonie und Mutterland ging.[44] Trotz eines euphemistischen Selbstbildes war die niederländische Position in Asien grundsätzlich eine schwache. Während des Ersten Weltkriegs war die Kolonie ebenso wie das Mutterland unter niederländischer Herrschaft geblieben, weil die Großmächte in einer Besetzung mehr Nach- als Vorteile gesehen hatten. Auch nach Ende des »Großen Krieges« hielten die Sieger eine Veränderung des Status quo in Indonesien für weniger erstrebenswert.[45]

In der Zwischenkriegszeit wurde die niederländische Obrigkeit in der Kolonie mit einer erstarkenden nationalistischen Bewegung konfrontiert, die sich aus verschiedenen Quellen speiste: Zunächst war weltweit ein politischer Islam entstanden, der dem wachsenden Selbstbestimmungsdenken in vielen kolonisierten Gesellschaften eine religiöse Grundlage bot. Die junge Sowjetunion war wiederum eine Inspirationsquelle für internationalistisch und sozialistisch gesinnte Nationalisten, und Japan machte mit dem Slogan »Asien für die Asiaten« Werbung für seine imperialistischen Ambitionen. Darüber hinaus begannen die einheimischen Eliten Indonesiens sich verstärkt mit einem aus den USA importierten modernen Lebensgefühl zu identifizieren, das – viel stärker als die bevormundenden Niederländer – ihre Tatkraft und Entwicklungsmöglichkeiten betonte.

Trotz dieser neuen Einflüsse kultivierten die niederländischen Machthaber und Unternehmer in der Kolonie weiterhin ihr Überlegenheitsgefühl und hielten an der Überzeugung fest, dass Land und Volk ohne ihre Präsenz unterentwickelt bleiben würden. In den optimistischen zwanziger Jahren dachten relativ progressive Kolonialverwalter durchaus über eine mögliche Gleichstellung und – längerfristig – sogar über eine Selbstbestimmung der Kolonie nach, wobei auch ein größerer Einfluss der einheimischen Eliten und Anführer diskutiert wurde. In den dreißiger Jahren verhärtete sich das Klima in Niederländisch-Indien jedoch: durch die externen Bedrohungen, aber mehr noch durch das Aufkommen des politischen Nationalismus.

Die koloniale Gesellschaft war auf einem rechtlichen und sozialen Kategoriensystem aufgebaut, das sich nach ethnischen Zugehörigkeiten richtete. An der Spitze standen die Europäer, darunter die Eurasier, Chinesen, Araber und die indonesischen Völker. Lediglich Mitglieder der einheimischen Eliten erhielten Zugang zur höheren Verwaltung. Die Kolonie wurde als eine plurale Gesellschaft separater Gruppen verstanden. Die Analogie zum segmentierten System des Mutterlandes ging jedoch nicht auf. Was in den Niederlanden die Gleichstellung und politische Machtteilung beförderte, führte in den Kolonien viel eher zu einer Fixierung der gesellschaftlichen, politischen und rechtlichen Verhältnisse. Die Vorstellung bleibender ethnisch bestimmter Unterschiede zwischen Bevölkerungsgruppen implizierte, dass die kolonialen Verhältnisse vorerst unveränderlich bleiben würden. Auch aufgeklärtes westliches Denken, das auf Respekt vor der einheimischen Kultur und Gesellschaft basierte und sich für deren Weiterentwicklung und kulturell-sittliche »Erhebung« einsetzen wollte, trug daher zur Verfestigung der untergeordneten Stellung der großen Masse der Indonesier bei.[46]

Der indonesische Nationalismus entstand im Kontext eines umfassenderen »Erwachens Asiens«, das mit dem japanischen Sieg über Russland im Jahr 1905, der chinesischen Revolution von 1912 und dem Erfolg der Jungtürkenbewegung nach dem Ersten Weltkrieg einherging. Ein islamisches *Revival* stärkte, in Reaktion auf die Dominanz der Westmächte, das Selbstbewusstsein der Einheimischen und ihren Glauben, eigene soziale, edukative, kulturelle und politische Institutionen aufbauen zu können.[47] 1916 entstand mit *Sarekat Islam* die erste politische Organisation, der es gelang, eine Massenbasis aufzubauen. Indonesische Parteien beteiligten sich in größeren Städten an der Lokalpolitik und waren im *Volksraad* vertreten, dem beratenden Gremium des Generalgouverneurs. Auch wenn dieser politische Beitrag nur von einer kleinen einheimischen Elite geleistet wurde, trug er doch dazu bei, dass die Indonesier begannen, mehr politische Partizipation einzufordern. Nach dem Ersten Weltkrieg entstanden neue Massenparteien: 1924 die *Partai Komunis Indonesia* (PKI) und 1927 die *Partai Nasional Indonesia* (PNI).

Die Niederlande reagierten ambivalent auf die Entstehung der nationalistischen Bewegung. Einige Kolonialverwalter wussten den Wunsch der einheimischen Eliten, Mitverantwortung für die Verwaltung zu übernehmen, durchaus zu schätzen. Andererseits galt es zu verhindern, dass dies den Auftakt zu einem antikolonialen Aufstand bilden würde. Weder die Machthaber in der kolonialen Hauptstadt Batavia noch die Regierenden im Mutterland waren bereit, in Kategorien einer raschen Selbstbestimmung zu denken. Dies führte in den zwanziger Jahren zu Auseinandersetzungen mit den neuen, nationalistischen Parteien. Nach einer Welle politischer Unruhen und Streikbewegungen entschlossen sich die indonesischen Kommunisten zu bewaffneten Aufständen auf Java (1926) und Sumatra (1927). Die Kolonialverwaltung griff schnell und hart durch: Die Aufstände wurden niedergeschlagen, die Anführer zum Tode verurteilt, verbannt oder ins Gefängnis gesperrt.

Die Verwaltung modernisierte nun die Kolonialpolizei und erteilte ihr Sonderbefugnisse zur Aufrechterhaltung der öffentlichen Ordnung. Nationalismus und Kommunismus wurden als subversive Strömungen mehr oder weniger über einen Kamm geschoren; ein Dialog der Kolonialverwaltung mit diesen Kräften galt als sinnlos oder sogar gefährlich.[48] In den dreißiger Jahren wurde das Vorgehen der Kolonialverwaltung – ähnlich wie die Politik im Mutterland – unter dem Einfluss der Weltwirtschaftskrise und der internationalen Konfrontationen immer repressiver. Eine neue Generation nationalistischer Anführer nahm nun den Kampf mit den niederländischen Herrschern auf. Der prominenteste von ihnen war der charismatische Sukarno (1901-1970). Er wurde an einer technischen Hochschule ausgebildet und entwickelte sich zu einem Aktivisten mit einer politischen Philosophie, die nationalistische, islamistische und marxistische Konzepte in sich vereinte. Auf dem Gründungskongress seiner Partei PNI in Surabaya 1928 formulierte er vor einer begeisterten Menschenmenge das große Ziel der neuen Partei: Indonesien zu einer großen und unteilbaren, freien und unabhängigen Nation zu machen – *Indonesia merdeka!*[49]

Sukarno rief am 17. August 1945 zusammen mit Mohammed Hatta die unabhängige *Republik Indonesia* aus und wurde ihr erster Präsident. Hatta hatte in den zwanziger Jahren in den Niederlanden studiert und sich einem europäischen Netzwerk junger Nationalisten aus Asien angeschlossen – unter ihnen auch Jawaharlal Nehru aus Britisch-Indien und Ho Chi Minh aus Französisch-Indochina. Hatta und sein Landsmann Sutan Syahrir kamen auch mit linken

Niederländern in Kontakt, die sich mit der Idee der Dekolonisierung beschäftigten. Syahrir freundete sich mit Willem Schermerhorn an; beide wurden nach dem Krieg Ministerpräsident ihres Landes.

So weit war es in den dreißiger Jahren noch längst nicht. Die Kolonialherren hatten Sukarno und weitere indonesische Anführer bereits 1929 verhaftet; Hatta und Syahrir, die in die Kolonie zurückgekehrt waren, wurden 1934 verhaftet und nach Neuguinea verbannt.[50] Eine mögliche Unabhängigkeit schien ferner denn je. Die niederländische Obrigkeit – ob daheim oder in Übersee – postulierte, dass allein die Kolonialverwaltung ein so großes und vielfältiges Gebiet wie den indonesischen Archipel zusammenhalten könne. Sie hob die eigene Expertise und Überlegenheit hervor und betonte die ethnischen, sprachlichen, kulturellen und religiösen Trennlinien. Dass das Streben nach Selbstbestimmung eine breitere Basis in der indonesischen Bevölkerung haben könnte, wollten die niederländischen Machthaber nicht wahrhaben, geschweige denn akzeptieren. Ihre Alternative zum indonesischen Nationalismus bestand im weiteren Ausbau eines modernen Kolonialstaates, der ein gewisses Identitäts- und Geborgenheitsgefühl bieten können sollte, auch für die indoeuropäische Minorität: die »indische Identität«.[51]

Ministerpräsident Colijn brachte zum Ausdruck, dass die »Reichseinheit« zwischen den Niederlanden und ihren Kolonien um jeden Preis aufrechterhalten werden müsse. Eine Unabhängigkeit Indonesiens blieb auf diese Weise »außerhalb des geistigen Horizonts« der kolonial denkenden Niederländer.[52] Dahinter steckte die Vorstellung, dass die niederländische Kolonialverwaltung einzigartig sei – uneigennützig und konstruktiv – und ihr Fortbestand daher im gemeinsamen Interesse von Niederländern und Indonesiern liege. Eine Rolle spielte dabei auch, dass die Niederlande selbst eine relativ moderate Variante des Nationalismus vertraten, der auf dem Diktum der »Einheit in Verschiedenheit« beruhte – oder wie es der katholische Parlamentsabgeordnete Max van Poll ausdrückte: Da der moderne Nationalismus eine potenzielle Gefahr für die internationale Stabilität bedeutete, wären »ungesunde nationalistische Bestrebungen« in der niederländischen Kolonialpolitik das Rezept für eine hausgemachte Katastrophe.[53]

Zwischen 1900 und 1940 veränderte sich der Platz der Niederlande in der Welt zwar nicht, aber gleichwohl mussten sich die Niederländer intensiver mit der internationalen Politik beschäftigen. Neutralität schien während des Ersten Weltkriegs noch zu funktionieren; in der Zwischenkriegszeit mussten sich die Niederlande der Welt jedoch zunehmend öffnen. Das Streben nach einer neuen internationalen Ordnung und nach kollektiver Sicherheit in den zwanziger Jahren stand für ein Idealbild friedlicher Zusammenarbeit, das in den dreißiger Jahren durch das Aufkommen aggressiver und autoritärer Mächte zunehmend zu bröckeln begann. Für die Niederlande stellte sich nun die Frage, wie sie sich gegen die neuen inneren und äußeren Bedrohungen wappnen sollten.

Der Glaube an eine Rückkehr zum Neutralismus war ebenso attraktiv wie aussichtslos. Die Niederländer waren es gewohnt, innere Konflikte durch eine Kombination aus pluralistischer Machtteilung und legalistischer Machterhaltung zu lösen. Mit diesen Mitteln bekämpfte die herrschende Elite diejenigen Bewegungen, von denen sie sich bedroht fühlte: den Links- und Rechtsextremismus im Inland, die nationalistische Bewegung in Indonesien. Wer politisch aus dem Rahmen fiel, galt als schlechter oder gescheiterter Bürger oder gar als Extremist, dem man nicht zuhören musste – Verurteilung und Ausgrenzung genügten. In den internationalen Beziehungen funktionierte dies allerdings nicht.

Im März 1936 beschloss Hitler, deutsche Truppen ins entmilitarisierte Rheinland zu schicken. Ministerpräsident Colijn wandte sich daraufhin am 11. März über das Radio an die niederländische Bevölkerung, um ihr mitzuteilen, dass noch kein Krieg bevorstehe. Er riet den Zuhörern, an diesem

Abend »genauso ruhig schlafen zu gehen, wie Sie das auch in anderen Nächten tun. Es gibt augenblicklich keinen Grund, beunruhigt zu sein.«[54] Nichtsdestoweniger beherrschte die Furcht vor einem bevorstehenden Krieg zunehmend den Alltag der Niederländer. Die Frau eines Arztes aus Java riet ihrer Mutter im Frühjahr 1938, besser nach Niederländisch-Indien zu kommen: »Wir glauben, dass wir die nächsten Jahre hier sicherer sein werden. Denn den vier Herren in Europa könnte es irgendwann in den Sinn kommen, Holland aufzuteilen. Wenn nur kein Krieg kommt. [...] Und bis die Japaner so waghalsig sind, hier ihre Bomben abzuwerfen, wird es eine Weile dauern.«[55] In der Tat fielen die deutschen Bomben auf Rotterdam 22 Monate früher als die japanischen auf Batavia. Die Hoffnungen einer tugendhaften Nation gingen mit den Gewalterfahrungen des Zweiten Weltkriegs verloren.

2. Krieg und Besatzung

Am 10. Mai 1940 konnten die deutschen Infanteristen und Panzertruppen der Heeresgruppe B schnell durch die kaum verteidigten nördlichen und östlichen Provinzen der Niederlande Richtung Westen vorrücken, zur sogenannten »Festung Holland«, einer flutbaren Verteidigungslinie zum Schutz der dortigen (Groß-)Städte. In den südlichen Grenzprovinzen Limburg und Noord-Brabant forcierten die deutschen Einheiten am selben Tag einen Durchbruch Richtung Belgien und Nordfrankreich. Dort lag das strategische Hauptziel der deutschen Offensive, die am 22. Juni schließlich zur Kapitulation Frankreichs führen sollte. Zum Scheitern verurteilt war indes ein deutscher Überraschungsangriff mit Luftlandetruppen auf das Regierungsviertel in Den Haag, der in den ersten Tagen des Überfalls auf die Niederlande stattfand. Allerdings gelang es diesen Einheiten, die Moerdijk-Brücken südlich von Rotterdam zu erobern, wodurch der südliche Zugang zur »Festung Holland« frei wurde.

Am 14. Mai verwüstete die deutsche Luftwaffe das Stadtzentrum Rotterdams, wobei mehr als 800 Menschen getötet und Zehntausende in die Flucht getrieben wurden. Von diesem Angriff erschüttert, konstatierte die niederländische Heeresleitung noch am selben Tag, die »Festung Holland« sei nicht mehr zu verteidigen. Der niederländische Oberbefehlshaber, Generalleutnant Henri G. Winkelman, beschloss zu kapitulieren: Nach kurzen Verhandlungen unterzeichnete er am 15. Mai, einem Mittwoch, die Kapitulationsurkunde. Die Niederlande waren nun ein besetztes Land, das durch die Kriegshandlungen fast 2200 militärische und 2559 zivile Opfer zu beklagen hatte.[1]

Trotz allen Durcheinanders und aller Zerstörung gelang es der niederländischen Verwaltung, ihren Betrieb auch während des kurzen Krieges aufrechtzuerhalten. Durch den blitzschnellen Vormarsch der Deutschen hatte die in Den Haag ansässige Zentralverwaltung jedoch den Kontakt zu vielen Provinz- und Kommunalverwaltungen verloren. Die unteren Behörden mussten während und nach den Kampfhandlungen selbstständig mit der Katastrophenbekämpfung beginnen, Kontakte zu den Besatzungstruppen knüpfen und versuchen, das gesellschaftliche Leben wieder ans Laufen zu bringen. Sie trafen Notmaßnahmen wie die Ausgabe von Notgeld und die Verteilung lebenswichtiger Bedarfsgüter. Eine Sonderbehörde hatte für diejenigen Gebiete, in denen Kämpfe erwartet wurden, großflächige Evakuierungen der Zivilbevölkerung vorbereitet. Bereits am ersten Kriegstag wurden mehr als 120000 Menschen plangemäß an Orte gebracht, die als sicher galten; später sollten nochmals Zehntausende folgen. Dabei ging durchaus das ein oder andere schief, und die vorgesehenen Zielorte wurden durch den schnellen Vormarsch der Deutschen nicht immer erreicht. Ein Teil der Einwohner von Breda landete durch seltsame Zufälle nach einiger Zeit sogar in Südfrankreich.[2]

Nicht alle Teile der Niederlande waren im Mai 1940 gleichermaßen vom Krieg betroffen. In der östlichen Grenzregion, wo kaum gekämpft wurde, stellten die Bewohner ihre Stühle nach draußen, um in der Frühlingssonne die deutschen Kolonnen vorbeiziehen zu sehen. Die Bevölkerung von Breda wurde hingegen evakuiert; Grund dafür war ein Missverständnis zwischen der Gemeindeverwaltung und dem Kommandanten der französischen Truppen, die via Belgien bis Breda vorgerückt waren. Die Bombardierung Rotterdams mit ihren katastrophalen Folgen führte wiederum zu einer chaotischen Flucht Zehntausender Einwohner in die umliegenden Städte und Dörfer.

Bürgermeister, Polizeichefs und Provinzverwalter im ganzen Land übernahmen, auch wenn sie nicht über die Grenzen ihres eigenen Amtsgebietes hinausschauen konnten, vor Ort die Verantwortung. Aus dieser Bewährungsprobe konnten sie zu Beginn der Besatzung das dringend benötigte berufliche Selbstvertrauen ziehen. Denn auch wenn die Armee den

Krieg verloren hatte, war eines offensichtlich: Trotz all des Durcheinanders und Scheiterns, trotz all der Misserfolge, die zu einem Kriegszustand gehören, hatte sich die öffentliche Verwaltung als Rückgrat der Gesellschaft bewährt.[3]

Von der Besetzung zur Besatzung

Nach Unterzeichnung der Kapitulation wurde es notwendig, auf der Verwaltungsebene Beziehungen zwischen den deutschen Machthabern und den niederländischen Behörden aufzubauen. Ausgangsbasis dafür bildete das Besatzungsrecht, wie es im Haager Abkommen von 1907, der sogenannten »Landkriegsordnung«, und in den Verordnungen von 1937 festgelegt worden war.[4] Vor ihrer Abreise nach England hatte die niederländische Regierung den Oberbefehlshaber der Land- und Seestreitkräfte, Generalleutnant Winkelman, mit der Ausübung der Regierungsgewalt betraut. Gemäß dem Kriegsrecht von 1899 besaß er damit die Befugnis, Maßnahmen mit Gesetzeskraft zu erlassen und diese von der öffentlichen Verwaltung ausführen zu lassen. In der Kapitulationsvereinbarung wurde festgelegt, dass die niederländische Verwaltung rasch die notwendigen Maßnahmen zur Wiederherstellung der Infrastruktur, der Transport- und Telekommunikationsverbindungen und des wirtschaftlichen Lebens ergreifen sollte. Die Besatzer setzten eine Militärverwaltung ein, der Winkelman unterstellt war.[5] Im Heeresverordnungsblatt ordnete der Oberbefehlshaber der Wehrmacht Generaloberst Walther von Brauchitsch an, dass die niederländischen Verwaltungsbeamten, sofern sie mit den deutschen Militärbehörden bereitwillig zusammenarbeiteten, auf ihren Posten verbleiben könnten.[6]

Unmittelbar nach der Kapitulation begannen die Provinz- und Gemeindeverwaltungen damit, die Kriegsschäden zu beseitigen und das Alltagsleben wieder ans Laufen zu bringen. Sie riefen die Bürger zu Selbstdisziplin und Fleiß auf. Die Bevölkerung sollte wissen, dass das Besatzungsrecht nicht nur Rechte mit sich brachte, wie etwa die Versorgung mit lebenswichtigen Bedarfsgütern und den Schutz vor willkürlichen Repressionen, sondern auch die Pflicht zur Kooperation mit der Besatzungsmacht. In diesem Sinne ist die Aussage des Bürgermeisters von Haarlem zu verstehen, der seinen Gemeinderat wissen ließ, dass »Pflichterfüllung und der Gemeinschaft dienen […] heutzutage mehr denn je die Devise« sei: »Dazu gehört auch, sich in Worten oder Taten allem zu enthalten, was Anstoß erregen kann.«[7]

So riefen die Verwaltungseliten direkt nach der Niederlage dazu auf, diese zu akzeptieren und die Kriegsschäden rasch zu beseitigen. In Gebieten, die durch Kampfhandlungen verwüstet worden waren – darunter Rotterdam, Middelburg oder die Gegend rund um den Grebbeberg –, wurden umgehend Pläne für den Wiederaufbau geschmiedet. Provinz- und Gemeindeverwalter ergriffen nach der Flucht der Regierung als Erste die Initiative. Sie verkörperten die vertraute Obrigkeit und waren darauf bedacht, sowohl von der niederländischen Bevölkerung als auch von den Besatzern als verantwortungsbewusste Kraft wahrgenommen zu werden. Sie hofften dadurch auch den Respekt der Sieger zu erlangen und so nach der Niederlage die »Ehre der Nation« zu retten.

Als Oberbefehlshaber übte Winkelman zwar die Regierungsgewalt aus, stand aber nach der Zersplitterung des Landes verwaltungstechnisch im Nebel. Um ihn zu lichten, suchte er nach Mitteln und Wegen, die öffentliche Verwaltung von Den Haag aus wieder in vertraute Bahnen zu lenken. Er übernahm die Leitung des *College van Secretarissen-Generaal* (Kollegium der Generalsekretäre), des Beratungsorgans der Verwaltungschefs der Haager Ministerien. So entstand an der Spitze eine »Beamtenregierung«, die Winkelman durch die Ernennung einiger für Wiederaufbau und Wirtschaftsbeziehungen zuständiger Regierungskommissare personell noch weiter verstärkte.[8] Damit durchkreuzte er auch die Pläne einer Interessengruppe konservativer und reaktionärer Politiker, die eine Übergangsregierung bilden wollten: Als Leiter eines solchen Gremiums war bereits der ehemalige Ministerpräsident Colijn im Gespräch.[9]

Während Winkelman damit beschäftigt war, die Landesverwaltung auf technokratischer Grundlage neu zu formieren, traf Hitler eine ebenso unerwartete wie wegweisende Entscheidung. Er entschloss sich, die Niederlande unter eine Zivilverwaltung zu stellen, und übertrug deren Leitung an Arthur Seyß-Inquart. Als letzter österreichischer Regierungschef hatte Seyß-Inquart den »Anschluss« seines Landes an das Deutsche Reich umgesetzt und war dann unter Generalgouverneur Hans Frank zum zweiten Mann der deutschen Besatzungsverwaltung in Polen aufgestiegen.[10] Mit einem »Führererlass« vom 29. Mai 1940 wurde das Reichskommissariat für die besetzten niederländischen Gebiete errichtet, und eine neue Zivilverwaltungsordnung trat in Kraft, die das Mandat der Militärverwaltung beendete.[11]

Hitler hat niemals begründet, warum er einer Zivilverwaltung den Vorzug gab. Vielleicht war es eine Reaktion auf die Flucht von Königin und Regierung. Aber auch andere Gründe sprachen eher für einen politischen als für einen militärischen Weg: die Möglichkeit, nach dem niederländischen Kolonialbesitz zu greifen, die Absicht, die Niederlande nach Nazifizierung und Gleichschaltung letztlich ins Deutsche Reich zu integrieren, und schließlich auch die Interessen der deutschen Kriegswirtschaft. Wie auch immer: Die Bezeichnung »Reichskommissariat« implizierte, dass es sich um eine temporäre Verwaltungsstruktur handelte, welche die Voraussetzungen für eine weitreichende Politisierung der deutschen Verwaltung in den besetzten Niederlanden schaffen sollte. Bezeichnend dafür ist, dass sowohl Martin Bormann als NSDAP-Reichsleiter als auch Heinrich Himmler als Reichsführer SS im Hauptquartier in der Eifel dabei waren, als Hitler Seyß-Inquart seine Anweisungen gab.[12]

Am 29. Mai 1940 begingen die neuen Machthaber im Haager Rittersaal, dem jahrhundertealten Symbol des politischen Lebens in den Niederlanden, einen feierlichen Staatsakt. Neben den deutschen Militärs und Verwaltungsbeamten nahmen auch die niederländischen Generalsekretäre daran teil. Winkelman, der nicht eingeladen worden war, hatte den hohen Beamten zur Teilnahme geraten, sofern die Besatzer weder die Königin angreifen noch der niederländischen Regierung eine Verletzung der Neutralität vorwerfen würden – zwei sehr sensible Themen für die Niederlande. Seyß-Inquart hielt eine nach dem ersten Eindruck gemäßigte Rede, die zum gegenseitigen Respekt und – im beiderseitigen Interesse – zur Zusammenarbeit aufzurufen schien. Seine Ansprache wurde zusammen mit dem Führererlass im neuen deutschen *Verordnungsblatt für die besetzten niederländischen Gebiete* veröffentlicht.[13]

Indem der neue Reichskommissar an historischem Ort seine vermeintlich guten Absichten demonstrierte, erweckte er den Eindruck, administrative Kontinuität und Normalität für wichtig zu halten. Noch am selben Tag bat Seyß-Inquart die niederländischen Generalsekretäre zu sich. Er wollte wissen, ob sie bereit waren, unter seiner Aufsicht weiterhin ihrer Ämter zu walten. Erneut überging er dabei Winkelman, der den Spitzenbeamten allerdings riet, weiterzumachen – unter Berücksichtigung der Regierungsanweisungen: »Es gibt nur eine Lösung: dass Sie mit Seyß-Inquart den Laden am Laufen halten; ich bin raus.«[14] Den Generalsekretären wurde mitgeteilt, dass fortan der Reichskommissar auf Befehl Adolf Hitlers das Sagen über Legislative, Exekutive und Judikative in den Niederlanden habe. Damit war Winkelman in der Tat »raus« aus der Verwaltung.

Gemäß der Ersten Verordnung des Reichskommissars für die besetzten niederländischen Gebiete sollte das in den Niederlanden geltende Recht weiterhin angewandt werden, insoweit es mit der Besatzung vereinbar war und nicht im Widerspruch zum Führererlass stand. Die Gesetzgebungsbefugnisse des Reichskommissars waren explizit zur Sicherstellung der Interessen des Deutschen Reiches und der öffentlichen Ordnung gedacht. Was die Umsetzung seiner

Maßnahmen betraf, konnte sich Seyß-Inquart gegenüber den niederländischen Beamten auf das Weisungsrecht berufen.[15] Durch die Verordnung wurden die niederländischen Generalsekretäre zu Vollstreckern deutscher Maßnahmen. Sie erhielten nur so viel eigenen Handlungsspielraum, wie es den Besatzern beliebte. Die Spitzenbeamten selbst glaubten zu diesem Zeitpunkt noch, sie könnten einen gewissen Einfluss auf die deutschen Maßnahmen nehmen, wenn ihnen diese nicht mit den Interessen des niederländischen Volkes vereinbar schienen. Schließlich hatte man ihnen versprochen, sie könnten in einem solchen Fall zurücktreten, ohne negative Folgen fürchten zu müssen.

Es zeigte sich allerdings sehr rasch, dass Seyß-Inquart das in der niederländischen Verwaltungspraxis gängige Konzept einer Kollegialverwaltung nicht anzuerkennen gewillt war – selbst wenn diese Verwaltung unter seiner Leitung stand. Seine Position war klar: Jeder Generalsekretär war ausschließlich für sein eigenes Ministerium zuständig und zudem der Aufsicht des Reichskommissars unterworfen. Seyß-Inquart weigerte sich, das *College van Secretarissen-Generaal* als Beratungspartner anzuerkennen: Er wollte verhindern, dass das Kollegium als Schattenkabinett fungierte. Das Reichskommissariat wurde von Seyß-Inquart so organisiert, dass er die Aufsicht über die verschiedenen Ministerien aufteilen konnte.

Er ernannte vier Generalkommissare für die wichtigsten Politikbereiche: Friedrich Wimmer war zuständig für Verwaltung und Justiz, Hanns Albin Rauter für das Sicherheitswesen (als Höherer SS- und Polizeiführer unterstand dieser zugleich auch Heinrich Himmler) und Hans Fischböck für Finanzen und Wirtschaft. Fritz Schmidt wurde zum Generalkommissar »zur besonderen Verwendung« ernannt und war in dieser Funktion mit der Entwicklung einer Strategie zur Nazifizierung der einheimischen Bevölkerung und Gesellschaft beauftragt. Schmidt war ein NSDAP-Funktionär aus Westfalen; die drei anderen stammten aus dem vormaligen

Österreich und hatten ebenso wie Seyß-Inquart SS-Ehrenränge inne – abgesehen von Rauter, der ein »echter« Obergruppenführer war. Darüber hinaus setzte der Generalkommissar in den elf Provinzen und den drei größten Städten des Landes »Beauftragte« ein, die als seine persönlichen Vertreter die Leitung der unteren Verwaltungsorgane übernahmen.

Auch wenn der Reichskommissar in diesem System die allgemeine Richtung vorgab, musste er in zunehmendem Maße die Wünsche und Forderungen der verschiedenen Berliner Machtzentren berücksichtigen: Dazu zählten unter anderen Himmler und seine SS, Bormann und die NSDAP, Hermann Göring und sein Vierjahresplan, Fritz Sauckel und der Arbeitseinsatz sowie Albert Speer und die Rüstungsindustrie. Außerdem musste Seyß-Inquart Rücksicht auf die Strategie des Befehlshabers der Wehrmacht in den Niederlanden, General der Flieger Friedrich Christiansen, nehmen. Auch wenn die Besatzungsverwaltung vom Wesen her zivil war, fielen die Beziehungen Zivile/Militär in den Aufgabenbereich Christiansens. Dazu gehörte auch, den Widerstand und größere Unruhen mit Hilfe von Militärgerichtsverfahren und durch den Einsatz der ihm unterstehenden Besatzungstruppen zu bekämpfen.

Die Entscheidung der Generalsekretäre zum Verbleib in ihren Ämtern basierte auf dem Glauben, weiterhin genügend Handlungsspielraum zur Wahrung der niederländischen Interessen zu besitzen. Sie gingen davon aus, dass die deutschen und die niederländischen Autoritäten ähnliche Interessen verfolgten: die Aufrechterhaltung von Ruhe und Ordnung, die Wiederherstellung des öffentlichen Lebens, des Verkehrs und der Infrastruktur sowie die Bereitstellung von Arbeitsmöglichkeiten und Lebensmitteln. So kam es Ende Mai 1940 zu einem Verwaltungsarrangement, das die gesamte Besatzungszeit über Bestand haben sollte. Die niederländischen Beamten auf allen Ebenen wurden *de facto* Teil der deutschen Besatzungsverwaltung. Sie fügten sich den neuen Verhältnissen nicht nur, weil sie eingeschüchtert waren oder abwarten wollten. Ihre Haltung war aktiver: Sie orientierten sich an den – ihrer Ansicht nach – zentralen Bedürfnissen einer Gesellschaft, die sich von einer Niederlage erholen musste: ein allgemeines Chaos zu verhindern und das alltägliche Leben zu normalisieren.

Die niederländischen Beamten waren in erster Linie unpolitische Experten mit langjähriger Erfahrung. Das traf unter anderem auf die Generalsekretäre für Inneres und Wirtschaft zu: Karel J. Frederiks und Hans Max Hirschfeld. Auch diejenigen Beamten, die sich parteipolitisch engagierten, hatten keinen besonders großen Respekt vor den Vorkriegspolitikern. Ihrer Ansicht nach hatte gerade der Mai-Krieg verdeutlicht, wie tatkräftig sie selbst im Unterschied zu den machtlosen Politikern gehandelt hatten. Die leitenden Beamten vertrauten auf ihr Expertenwissen, auf das die deutschen Besatzer ihrer Ansicht nach angewiesen waren und das sie entsprechend würdigen würden. Auch das war eine Facette des Verwaltungsarrangements: jenes stille Einvernehmen, in dem sie sich – als Verwaltungsexperten »unter sich« – mit den Besatzern zu befinden glaubten.

In den ersten Wochen nach der Kapitulation gab es durchaus auch Konflikte, so etwa über die Fertigstellung niederländischer Kriegsschiffe für die deutsche Marine oder über Munitionslieferungen des niederländischen Staatsunternehmens *De Artillerieeinrichtingen* an die Deutschen. Der Generalsekretär für Verteidigung, Cornelis Ringeling, musste seinen Posten räumen, nachdem er diese Rüstungsunterstützung für die Besatzer kritisiert hatte. General Winkelman, der ihm zur Seite gesprungen war, wurde als Kriegsgefangener deportiert.[16] Da es noch kein Friedensabkommen gab, waren militärische Lieferungen an den Feind eine Grundsatzfrage. Die anderen Generalsekretäre wollten den Konflikt jedoch nicht auf die Spitze treiben.[17] Eine pragmatische Zusammenarbeit hielten einige weiterhin für möglich – darunter auch der scharfsinnige Justiz-Generalsekretär Jan C. Tenkink, der noch bis kurz vor seiner Entlassung im März 1941 durch

HSSPF Rauter an seine rein »geschäftsmäßige« Zusammenarbeit mit den Besatzern glaubte.

Tenkink und seine Amtsgenossen glaubten auch daran, dass sie mit ihrem Verbleiben im Amt die niederländischen Nationalsozialisten vom Zentrum der Macht fernhalten würden. Die Eliten in Politik und Verwaltung fürchteten nichts so sehr wie eine Machtübernahme – wenn auch nur im administrativen Bereich – durch Musserts NSB. Als die deutschen Besatzer damit begannen, Spitzenposten des Justizapparates mit niederländischen Nationalsozialisten zu besetzen, erwogen die Generalsekretäre kurzzeitig einen kollektiven Rücktritt. Allerdings wäre ein solcher Schritt, wie es einer von ihnen ausdrückte, »eine Flucht vor der NSB« gewesen und hätte »auch einen psychologisch schlechten Einfluss auf das niederländische Volk haben« können.[18] Um dies zu verhindern, gaben sie den deutschen Besatzern, was diese wollten: »loyale« Vollstrecker der deutschen Politik. Zugleich hofften sie, sich trotz der deutschen Besatzungsverwaltung eine »authentisch niederländische« Obrigkeit bewahren zu können.

Neuorientierung im Exil

Um nicht in die Hände der Deutschen zu fallen, hatten Königin Wilhelmina und ihre Regierung am 13. Mai 1940 beschlossen, nach England zu fliehen. Die Königin wurde im Luftschutzkeller ihres Palastes *Noordeinde* in Den Haag abgeholt und in einem gepanzerten Goldtransporter der *Nederlandse Bank* nach Hoek van Holland gefahren. Von dort brachte sie der englische Zerstörer *Hereward* nach Harwich. Als Rotterdam bereits am ersten Kriegstag unter Beschuss deutscher Luftlandetruppen geriet, sagte der Bürgermeister der unglücklichen Stadt, Pieter Oud, mit einem gewissen Gefühl der Erleichterung zu seinen Beigeordneten: »Gott sei Dank, wir stehen auf der richtigen Seite.«[19] Er wollte damit ausdrücken, dass die weltpolitische Position der Niederlande nun eindeutig war.

Allerdings bedeutete die Flucht der Regierung nach London nicht automatisch, dass sich diese für ein Bündnis mit den Briten entschied. In den ersten Wochen nach der Flucht hofften einige Defätisten unter den Ministern noch, dass es zu einer Friedensregelung mit dem Deutschen Reich kommen könnte; Äußerungen aus Berlin deuteten ihrer Ansicht nach darauf hin, dass Hitler dazu bereit sein könnte. Sie plädierten dafür, den Regierungssitz nach Niederländisch-Indien zu verlegen und zumindest zum Anschein die Autonomie des Königreichs zu bekräftigen.[20] Erst die Entmachtung des Ministerpräsidenten der geflüchteten Regierung, Dirk-Jan de Geer, ermöglichte einen Sinneswandel: An die Stelle des zuvor dominanten Defätismus trat nun der Wille, den Krieg fortzusetzen.

De Geer wurde durch Pieter S. Gerbrandy ersetzt, der gemeinsam mit Außenminister Eelco N. van Kleffens eine Regierungspolitik verfolgte, die sich stark an den britischen und später auch amerikanischen Bündnispartnern orientierte. Diese klare Positionierung tangierte die Niederländer in der Heimat jedoch kaum noch – denn dort herrschte inzwischen eine andere Realität. Auch in den besetzten Niederlanden gab es Befürworter eines Kompromissfriedens: Sie hofften, dass ein möglicher Zugang zum niederländischen Kolonialbesitz in Asien für Deutschland Anreiz genug sein würde, um dem Nachbarland eine gewisse Unabhängigkeit zu lassen.[21] Tatsächlich gibt es Indizien dafür, dass Hitlers Entschluss zur Etablierung einer deutschen Zivilverwaltung mit von der Vorstellung geleitet wurde, die Rohstoffe aus Niederländisch-Indien könnten der deutschen Kriegswirtschaft zugutekommen.[22] Dieses Konzept erwies sich jedoch als Illusion, da Japan in Süd- und Südostasien die Initiative ergriff und Anfang 1942 Niederländisch-Indien besetzte.

Dass die Königin zusammen mit der Regierung das Land verlassen hatte, sorgte für große Empörung, auch bei den zurückgebliebenen Funktionsträgern. Der Bürgermeister von Zwolle, Arnoldus van Walsum, sagte während einer lokalen Radioansprache, es sei »verbrecherisch«, die Flucht zu ergreifen, »während Jungs noch für sie ins Gefecht ziehen«.[23] Mit Ehrfurcht wurde auf das Beispiel des belgischen Königs Leopold verwiesen, der erklärt hatte, gemeinsam mit seinen Soldaten in Kriegsgefangenschaft zu gehen. Der niederländische Verwaltungsapparat hatte derweil seine Arbeit fortgesetzt. Grundlage dafür waren Instruktionen, die die Regierung bereits 1937 für den Fall einer feindlichen Invasion erlassen hatte. Gemäß dem Völkerrecht sollte die Besatzungsmacht den bestehenden Verwaltungsapparat nutzen können, um die Aufrechterhaltung des gesellschaftlichen Lebens zu gewährleisten. Funktionsträger und Beamte sollten ihre Arbeit laut dieser Regierungsanweisung so lange fortsetzen, wie diese der eigenen Bevölkerung mehr nutzte als der Besatzungsmacht.[24]

»Nach dem Krieg«?

Im Sommer und Herbst 1940 nahmen die niederländischen Eliten die deutsche Vorherrschaft in Kontinentaleuropa als Faktum hin. Wie in anderen westeuropäischen Staaten war auch in den Niederlanden die Vorstellung verbreitet, dass der Krieg so gut wie vorbei sei und fortan eine neue, von Hitler erschaffene politische Wirklichkeit in Europa herrschen würde. Die demokratischen Politiker der Vorkriegszeit akzeptierten die daraus resultierenden Konsequenzen, so etwa den Entschluss der Besatzer, die Arbeit des niederländischen Parlaments »bis auf Weiteres« einzustellen. Die Technokraten sahen darin eine Chance, sich zu profilieren – nun, da sie keine Rücksicht mehr auf die Konkordanzdemokratie nehmen mussten. Der Generalsekretär für Inneres Frederiks stellte selbstgefällig fest, dass er nun die Rolle des Ministers und Gesetzgebers in einer Person vereine.[25]

Andere machten sich derweil auf die Suche nach neuen politischen Handlungsspielräumen, allen voran die niederländischen Nationalsozialisten. Mussert und seine NSB reagierten euphorisch auf die Niederlage des demokratischen Systems und hofften, mit Unterstützung ihrer deutschen Gesinnungsgenossen die Macht in den Niederlanden übernehmen zu können. Hinter der 1931 gegründeten Bewegung lagen zehn schwierige Jahre. Nach einem raschen Zuwachs von Mitgliedern und Wählern in der ersten Hälfte der dreißiger Jahre war sie aufgrund ihrer zunehmenden Radikalisierung in der Folgezeit politisch mehr und mehr ins Abseits geraten. Während des Mai-Krieges 1940 war bei vielen Niederländern Panik vor einer »fünften Kolonne« aufgekommen: Sie gaben der NSB und deren Verrat die Schuld an der schnellen Niederlage. Die NSB freute sich ihrerseits mit den deutschen Besatzern und glaubte, dass nun endlich ihre Zeit gekommen sei. Sie war bereit, aus der Isolation herauszutreten und zur Vorhut der »Neuen Ordnung« in den Niederlanden zu werden.

Aus Sicht der Mussert-Bewegung hatten die rasche Niederlage und die Flucht der Regierung bewiesen, dass das alte politische System marode war und ausgedient hatte. Die Staatsgewalt sei nun nicht mehr länger von »Geldmagnaten, kirchlichen Autoritäten und der Gunst des Volkes« abhängig.[26] Der enorme Zulauf neuer Mitglieder – Zehntausende traten im Sommer 1940 der NSB bei – schien der »Neuen Ordnung« auch in den Niederlanden eine große Zukunft zu verheißen. Seyß-Inquart hielt jedoch Abstand zur Bewegung: Für ihn hatte es Vorrang, die Loyalität der traditionellen Eliten des Landes zu gewinnen. Außerdem wollte er selbst die Agenda bestimmen und verhindern, dass ihm ein übereifriger Handlanger – wie Vidkun Quisling in Norwegen – in die Quere kam.[27] Daher hielt er Mussert auf Abstand und empfing ihn einstweilen nicht.

Die NSB erhielt kaum Gelegenheit, sich zu profilieren, und ihre politische Funktion innerhalb der »Neuen Ordnung« blieb vorerst vage. Nachdem Mussert dem »germanischen Führer« Adolf Hitler die Treue geschworen hatte, erklärte Seyß-Inquart die NSB erst Ende 1941 zur einzig erlaubten politischen Vereinigung in den Niederlanden. Regierungsmacht sollte die Partei gleichwohl nicht erhalten. Sie diente vor allem als Lieferantin politisch zuverlässigen Personals, das die Deutschen für die Gleichschaltung von Verwaltung, Polizei und sonstigen Institutionen benötigten. Nicht ohne Grund bezeichnete Seyß-Inquart die NSB Anfang 1943 als »die für die Gleichschaltung der niederländischen Verwaltung unentbehrliche und daher deutscherseits anerkannte« Bewegung.[28]

Nicht nur die NSB strebte im Spätsommer 1940 eine Bündelung der nationalen Kräfte an. Ungemein erfolgreich war die *Nederlandse Unie* (Niederländische Union) – gegründet von drei Männern, die für ihre Kritik an der Immobilität und am »Schubladendenken« der Vorkriegszeit bekannt waren: der Rotterdamer Polizeikommissar Louis Einthoven, der Königliche Kommissar in der Provinz Groningen, Jan Linthorst Homan, und Jan de Quay, Professor an der Tilburger Hochschule, der von Winkelman mit der Schaffung neuer Arbeitsplätze beauftragt worden war. Sie präsentierten sich als nationale – nicht nationalsozialistische – Anführer, deren Ziel es war, die Niederländer in einer gemeinsamen Kraftanstrengung mit den Besatzern zu einen und ihnen auf diese Weise eine wichtige Rolle im neuen Nachkriegseuropa zu sichern.[29]

Das Dreiergespann der *Nederlandse Unie* distanzierte sich zwar von der parlamentarischen Demokratie, nicht aber vom niederländischen Königshaus. Als überparteiliche und patriotische Organisation wollte sie eine Alternative zur NSB bieten – und war damit ausgesprochen erfolgreich: Hunderttausende Niederländer hofften nach der Niederlage auf einen politischen Neuanfang und schlossen sich der *Nederlandse Unie* an, die fast anderthalb Jahre existierte. Generalkommissar Fritz Schmidt hielt es mit Blick auf sein Projekt einer Nazifizierung der Niederländer für möglich, dass sich aus der Union »etwas Brauchbares« entwickeln würde, und unterstützte sie daher zunächst.[30] Deren Anführer realisierten schon bald, dass sie sich – indem sie etwa einer Forderung wie der nach dem Ausschluss jüdischer Mitglieder nachkamen – immer weiter auf den Weg der Kollaboration begeben würden. Mussert hingegen war gerne bereit, die deutschen Wünsche zu erfüllen und den gefährlichen Konkurrenten damit zugleich ins Abseits zu manövrieren. Den Schlägertrupps der NSB, die in aller Öffentlichkeit Anhänger und Geschäftsräume der Union angriffen, ließ die deutsche Polizei freie Hand.

Die erste Phase der Besatzung endete *de facto* mit dem Einmarsch der Deutschen in die Sowjetunion im Juni 1941. Die Devise Seyß-Inquarts und der anderen deutschen Machthaber lautete fortan: »Wer nicht für uns ist, ist gegen uns!« Der Reichskommissar forderte die Niederländer auf, gen Osten zu schauen und endlich Farbe zu bekennen.[31] Während die *Nederlandse Unie* daraufhin ins Wanken geriet, legte sich die NSB noch weiter ins Zeug. Daher entschloss sich der Reichskommissar im Dezember 1941, die Union zu verbieten und der NSB das politische Monopol zu verleihen. Unterdessen begannen die Besatzer, niederländische Freiwillige für die Ostfront anzuwerben – und wer konnte in diesem Moment schon wissen, ob nicht eines Tages auch die Niederländer zum Dienst in der Wehrmacht verpflichtet werden würden. Die Vorstellung, bereits in einer »Nachkriegsphase« zu leben, hatte sich im Laufe des Jahres 1941 vollends als Illusion entpuppt.

In der ersten Phase der Besatzung war es den deutschen Machthabern relativ leichtgefallen, den höchsten niederländischen Funktionsträgern ihre Ziele aufzuzwingen. Dies traf auch auf ganz grundsätzliche Rechtsfragen zu, so etwa auf antijüdische Maßnahmen wie die Entlassung jüdischer Staatsbediensteter.[32] Die Generalsekretäre glaubten sich der Mitverantwortung für solche Maßnahmen entziehen zu können, indem sie die formale Verantwortung dem Reichskommissariat zuschoben. Bei der Umsetzung und Ausführung durch niederländische Instanzen konnten sie sich darauf berufen, nun einmal dazu gezwungen worden zu sein. Diese

Strategie, die Mitverantwortung durch Verweis auf die Einschränkung eigener Kompetenzen zu leugnen, war juristisch spitzfindig, aber die kontinuierliche Radikalisierung der Besatzungspolitik sollte die Legitimität und die Einflussmöglichkeiten der »authentisch niederländischen« Beamtenregierung schnell und unumkehrbar untergraben.

Mit dem Angriff Japans in Südostasien und dem Kriegseintritt der Vereinigten Staaten Ende 1941 wurde aus dem Krieg ein Weltkrieg. Auch die Kolonie Niederländisch-Indien, die bislang unter der Herrschaft der niederländischen Exilregierung in London gestanden hatte, wurde nun binnen kurzer Zeit von japanischen Truppen erobert. Mit dem Kontrollverlust über die wichtigste Kolonie wuchs in den Niederlanden die Sorge um die Zukunft der Nation.[33] Zugleich herrschte im Mutterland ein Besatzungsregime, das gewaltsam die Gleichschaltung durchsetzte und alle Rechtsgrundsätze auf den Kopf stellte. Reichten unter diesen Bedingungen die herkömmlichen Werte eines weltanschaulichen Pluralismus und einer auf Recht beruhenden Welt noch als Richtschnur aus? Der Krieg erhielt den Charakter einer Besatzung, die das Leben der Niederländer politisierte und polarisierte.

Der »Krieg als Besatzung« konfrontierte die Bevölkerung und ihre Einrichtungen mit einschneidenden Herausforderungen und Veränderungen. An die Stelle des friedlichen Zusammenlebens, das den Habitus der Niederländer über Generationen geprägt hatte, trat eine Situation fundamentaler Unsicherheit, die von immer radikalerer Gewalt und wachsenden Gefahren gezeichnet war. Blickt man auf die Beziehung zwischen der Besatzungsverwaltung und der »besetzten« Gesellschaft, so lässt sich die Besatzungszeit in vier Phasen einteilen: Auf die bereits geschilderte erste Phase des Verwaltungsarrangements (1940/41) folgte die Phase der Nazifizierung (1942/43), die Phase der harten Konfrontation (1943/44) und die Phase der Katastrophengesellschaft (1944/45).

Verwaltungsarrangement

Die erste Phase, beginnend mit dem Verwaltungsarrangement vom 29. Mai 1940, dauerte *de facto* bis zum deutschen Einmarsch in die Sowjetunion und formell bis zum 1. September 1941. An diesem Tag trat eine Verordnung in Kraft, mit der Seyß-Inquart die parlamentarische Demokratie und die Kollegialverwaltung auf provinzialer und lokaler Ebene außer Kraft setzte.[34] Damit endete nicht nur die Phase des gegenseitigen »Abtastens« der jeweiligen Absichten, sondern auch die Bereitschaft zur Zusammenarbeit. Dieser Entwicklungsprozess war höchst asymmetrisch, denn wie genau das Verwaltungsarrangement erfüllt werden sollte, dies gaben der Reichskommissar und seine Mitarbeiter vor.

Anfang 1941 kam es auf Initiative der deutschen Machthaber zu einer Zusammenlegung der »versäulten« Rundfunkanstalten: Fortan gab es nur noch eine nationale Rundfunkanstalt unter nationalsozialistischer Kontrolle. Auch die Sportverbände wurden zur Fusion gezwungen, wodurch erstmals ein nationaler Fußballverband entstand. Die soziale und medizinische Versorgung wurde nach dem Vorbild der Nationalsozialistischen Volkswohlfahrt (NSV) in Deutschland umgestaltet und die zuvor breit gefächerten Wohltätigkeitsorganisationen zwangsweise in der *Winterhulp Nederland* zusammengefasst. Gleichschaltungen dieser Art erregten viel Unmut in der Bevölkerung und riefen durchaus auch offenen Protest hervor, vor allem vonseiten der Kirchen. Zu größeren Konfrontationen kam es jedoch nicht, da die Besatzer einer direkten Auseinandersetzung mit den Kirchen aus dem Weg gehen wollten. Prominente Funktionsträger wurden enorm unter Druck gesetzt, um sie zur Kooperation zu bewegen. Auch den Bürgermeistern wurde von den Provinzverwaltern »empfohlen«, im Interesse ihrer Bürger an diesem »wichtigen sozialen Vorhaben« mitzuarbeiten.[35]

Sehr bald ergriffen die deutschen Machthaber auch eine Reihe von Maßnahmen zur Registrierung, Diskriminierung,

Enteignung und Entrechtung der in den Niederlanden lebenden Juden. Die Entlassung aller Juden aus dem öffentlichen Dienst führte im November 1940 zu Protesten, insbesondere an den Universitäten von Leiden, Utrecht und Delft. Obgleich die Besatzungsverwaltung den Schein der Legalität aufrechtzuerhalten versuchte, wurde immer offensichtlicher, dass sie systematisch daran arbeitete, den niederländischen Juden das Leben unmöglich zu machen. Im Frühjahr 1941 kam es, angeführt von Mitgliedern der NSB, zu antijüdischen Ausschreitungen in Amsterdam, gegen die sich Juden gemeinsam mit nichtjüdischen Sympathisanten zur Wehr setzten. Als Vergeltungsmaßnahme wurden mehr als 400 Juden der Stadt verhaftet, in das Konzentrationslager Mauthausen deportiert und dort binnen kurzer Zeit ermordet. In Reaktion auf die deutschen Strafmaßnahmen brach in Amsterdam und Umgebung der sogenannte Februarstreik aus, mit dem die nichtjüdische Bevölkerung ihre Solidarität mit ihren diskriminierten Mitbürgern bekunden wollte. Im Zuge der Niederschlagung des Streiks erschoss die deutsche Polizei sieben Streikende und verhaftete mehr als 200 Personen. Drei kommunistische Streikteilnehmer wurden von einem deutschen Militärgericht zum Tode verurteilt und hingerichtet. Die vom Streik betroffenen Städte mussten hohe Bußgelder zahlen, und ihre Bürgermeister wurden auf Befehl Seyß-Inquarts entlassen und durch kommissarische Bürgermeister ersetzt.[36]

Die Nazifizierung der Verwaltung ging zwar etwas ruhiger, aber ebenso zielgerichtet vonstatten wie die Ausschaltung der Juden aus dem öffentlichen Leben. Schon in den ersten Monaten entließ der Reichskommissar drei Generalsekretäre und setzte auch die ersten Bürgermeister ab, darunter Ende Juni den von Den Haag: Salomon de Monchy wurde dafür bestraft, dass Einwohner seiner Stadt dem Prinzen Bernhard an dessen Geburtstag ihre Treue bekundet hatten. Auch andere Bürgermeister wurden nun aufgrund ihrer deutschfeindlichen Haltung des Amtes enthoben. Aber schon die in der Folge des Februarstreiks erfolgte Absetzung der Bürgermeister von Amsterdam, Haarlem, Zaandam und Hilversum hatte angedeutet, dass eine systematische, beschleunigte und finale Gleichschaltung des niederländischen Verwaltungsapparats im Gange war.

Seyß-Inquart und seine Mitarbeiter machten den Generalsekretären deutlich, dass es nun auch die Niederlande für den »Kampf um Leben und Tod« – vor allem gegen den Hauptfeind Bolschewismus – zu mobilisieren gelte. Auch die niederländische Verwaltung wurde nun nach dem Führerprinzip organisiert: Bürgermeister und Provinzkommissare trugen ab sofort die alleinige Verantwortung und hafteten somit auch persönlich dafür, dass die Anweisungen der Besatzer befolgt wurden. Mit der Abschaffung der Kollegialverwaltung und der kommunalen Selbstverwaltung wurde der niederländische Verwaltungsapparat seiner grundlegendsten Eigenschaften beraubt. Dass auch das Innenministerium an dieser autoritären Umstrukturierung mitgewirkt hatte, traf auf den Protest einiger prinzipientreuer Bürgermeister. In einer heimlich verbreiteten Broschüre riefen sie zur Wachsamkeit gegenüber den Rechtsverletzungen des neuen »Staatsabsolutismus« und zum Widerstand auf: »Wir müssen dieses falsche System mit der Wahrheit bekämpfen.«[37]

Nazifizierung

Im Verlauf des Jahres 1941 kam Seyß-Inquart zu der Erkenntnis, dass sich die Niederländer kaum freiwillig zu einem »gemeinsamen Weg mit dem Reich« bereiterklären würden. Spätestens mit Beginn des Krieges gegen die Sowjetunion trat Zwang an die Stelle abwartender Überzeugungsversuche. Unter dem Motto »V gleich *Victorie*, denn Deutschland siegt für Europa an allen Fronten!« startete ein von Generalkommissar Schmidt organisierter Propagandafeldzug mit Bannern, Radiosendungen und Pamphleten.[38] Die SS warb verstärkt um Freiwillige für den »Kampf gegen den Bolschewismus« und war dabei recht erfolgreich: Rund 22000

Niederländer meldeten sich während des Krieges zum Dienst in der Elitetruppe.

Seit Dezember 1941 besaß die NSB das alleinige Recht, den politischen Willen des niederländischen Volkes zu repräsentieren – ein Beschluss Seyß-Inquarts, der die mehr als 100 000 niederländischen Nationalsozialisten in Euphorie versetzt hatte. Mussert sah sich bereits als zukünftiger Führer einer nationalsozialistischen Regierung in den Niederlanden. Aber seine Hoffnungen wurden enttäuscht, obgleich Generalkommissar Schmidt seine Ambitionen unterstützte. Seyß-Inquart nämlich setzte kein großes Vertrauen in den Anführer der NSB: Schon 1940 hatte er Hitler wissen lassen, dass Mussert »seiner Prägung nach ein liberaler Nationalist mit dem Versuch faschistischer Methoden [ist], der letztlich vor dem Großdeutschen Reich Angst hat. Seine politischen Qualitäten dürften die eines durchschnittlichen Gauleiters im Reich nicht erreichen.«[39] Selbst wenn Mussert ihm als fähiger und fanatischer Nationalsozialist erschienen wäre, hätte der Reichskommissar nach wie vor allein die Richtung vorgeben wollen. Ein Austausch Musserts kam – trotz verschiedener personeller Alternativen – für Seyß-Inquart aber auch nicht in Frage, da dies zu einer Spaltung der Bewegung hätte führen können. Darüber hinaus brauchte er die NSB als Lieferantin politisch zuverlässigen Personals für öffentliche Ämter. All diese Erwägungen führten schließlich dazu, dass Mussert im Dezember 1942 auf Anweisung Hitlers zum »Führer des niederländischen Volkes« ernannt wurde.

Seyß-Inquart machte die Ernennung und Entlassung von Beamten und Funktionsträgern zur Sache des Reichskommissariats. Die »Abteilung niederländische Personalangelegenheiten« erhielt die Kontrolle über das gesamte niederländische Staatspersonal. Wer sich nicht konform und kooperationsbereit verhielt, musste Rechenschaft ablegen und wurde in der Regel entlassen. So fand ein kontinuierlicher politischer Säuberungsprozess statt – in Zusammenarbeit mit den Beauftragten in den Provinzen, den Außenstellen des SD und anderen Beteiligten, zu denen ab Ende 1941 auch die NSB gehörte. Das Reichskommissariat entließ nicht nur, sondern suchte und ernannte auch politisch geeignete Kandidaten für die freigewordenen Stellen. Diese systematische und tiefgreifende Nazifizierung des Staatspersonals umfasste sämtliche Ebenen der Verwaltung: von hohen Amtsträgern bis hin zu den Reinigungskräften an Schulen und Behörden.[40]

Ziel der Besatzer war es, die Niederlande auf nationalsozialistischer Grundlage zu reorganisieren und auf lange Sicht in einer noch näher zu bestimmenden Art und Weise ins Deutsche Reich einzugliedern. Eine Grundvoraussetzung dafür war die Zerschlagung des vielgestaltigen und weltanschaulich organisierten Verbandslebens. Sämtliche Gewerkschaften, nichtkommerziellen Vereine sowie Berufs- und Unternehmerverbände wurden entweder verboten oder zur Fusion gezwungen und unter die Kontrolle der Nationalsozialisten gestellt. Die Mitgliedschaft in den nun gleichgeschalteten Organisationen wurde zur Pflicht, wobei Juden ausdrücklich nicht zugelassen waren.

Nach deutschem Vorbild wurde außerdem eine niederländische Kulturkammer gegründet, die als verlängerter Arm des neuen Ministeriums für Volksaufklärung und Kultur fungierte – ebenfalls unter nationalsozialistischer Leitung. Die soziale Lage der Künstler war schlecht, und viele wurden nur widerwillig Mitglied der Kulturkammer, um sicherzustellen, dass sie weiterhin Aufträge und Stipendien erhielten. Die niederländischen Ärzte, die eine viel stärkere Verhandlungsposition hatten, weigerten sich hingegen fast kollektiv, dem nationalsozialistischen *Medisch Front* beizutreten. Auch Lehrkräfte versuchten sich den gleichgeschalteten Verbänden ihrer Berufsgruppe zu entziehen. Die zivilgesellschaftlichen Organisationen verloren nach und nach ihre Handlungsspielräume. Nur die Kirchen, die in einem interkonfessionellen Beratungsgremium zusammenarbeiteten, konnten sich eine gewisse Unabhängigkeit bewahren – auf Anordnung Hitlers sollten sich die Besatzungsverwaltungen in Westeuropa zunächst noch nicht völlig mit den Kirchen überwerfen. Die katholischen und die protestantischen Kirchen in den Niederlanden äußerten sich zwar regelmäßig zu Grundsatzfragen, mussten ihre Kritik aber sehr vorsichtig formulieren: In Einzelfällen griffen die deutschen Machthaber auch ein, um die Kirchenführer im Zaum zu halten.

Größere Gefahr drohte den Besatzern von der nun aufkommenden Widerstandsbewegung. In den ersten zwei Jahren der Besatzung war Widerstand noch eher die Ausnahme als die Regel. Meist waren es kleinere Gruppen, die aus Protest gegen die deutsche Besatzungspolitik und wegen ihrer politischen Gegnerschaft zum Nationalsozialismus aktiv wurden. Rasch entwickelte sich eine illegale Widerstandspresse, die schon bald genauso vielgestaltig war wie die Medienlandschaft der Vorkriegszeit. Einen organisierten Kampf im Untergrund betrieben vor allem die Anti-Revolutionären und die Kommunisten; Mitglieder anderer verbotener Parteien nutzten ihre politischen, sozialen und kirchlichen Netzwerke, um vertraute Mitstreiter für den Widerstand zu gewinnen.

Die Repressionen der neuen Machthaber nahmen derweil bedrohlich zu, vor allem nach der Gleichschaltung der niederländischen Polizei unter Leitung des Höheren SS- und Polizeiführers Rauter. Er fasste die niederländischen Polizeikorps in einem zentralen Staatspolizeiapparat zusammen, entzog sie sukzessive der Kontrolle niederländischer Behörden und unterstellte sie schließlich ganz der deutschen Sipo und dem SD. Die Führungsspitze des einheimischen Polizeiapparates besetzte Rauter systematisch mit prodeutschem und nationalsozialistischem Personal. Mit einem Schulungsprogramm ließ er auch das Personal auf den unteren Ebenen der Polizei politisch auf Linie bringen. Nach deutschem Vorbild schuf Rauter auf diese Weise politisch zuverlässige, kasernierte Polizeibataillone, die gezielt zur Aufrechterhaltung der Ordnung, bei Razzien und bei der Jagd auf Widerstandskämpfer eingesetzt werden konnten.[41]

Auch die Strafgerichtsbarkeit wurde in diesem repressiven Sinne ausgebaut und politisiert. Die niederländischen Gerichtsinstanzen blieben zwar bestehen, aber sämtliche Aktivitäten, die aus besatzungspolitischer Sicht strafrechtlich verfolgt werden sollten, fielen nun in den Zuständigkeitsbereich neu errichteter deutscher Zivil- und Militärgerichte. Neben einem deutschen Landesgericht und einem Obergericht, das auch als Sondergericht fungierte, nahmen deutsche Militärgerichte sowie ein SS- und Polizeigericht ihre Tätigkeit in den Niederlanden auf. Aber auch neue niederländische Instanzen wurden von den Besatzern errichtet, so etwa das Amt eines Wirtschaftsführers zur Bekämpfung des Schwarzhandels und anderer Wirtschaftsdelikte oder auch die sogenannten »Friedensrichter«, die für die Bestrafung von Beleidigungsdelikten gegenüber der NSB zuständig waren.[42]

Die Diskriminierung, Segregation, Plünderung und Verfolgung der in den Niederlanden lebenden Juden war ein Teilbereich der deutschen Besatzungspolitik. In dieser Phase wurden die Juden zwangsweise aus dem öffentlichen Leben ausgeschlossen und in den Durchgangslagern Westerbork und Vught konzentriert. Am 14. Juli 1942 fuhr der erste Deportationszug von Westerbork nach Auschwitz. Zu den anderen großen Prioritäten deutscher Besatzungspolitik zählte in den Jahren 1941 und 1942 die Integration der niederländischen Wirtschaft in die Kriegswirtschaft des Dritten Reiches.[43] Damit einher ging der massenhafte Einsatz niederländischer Zwangsarbeiter in Deutschland. Schon vor der Besetzung hatte die niederländische Regierung Arbeitslose dazu verpflichtet, Beschäftigungsangebote im Deutschen Reich anzunehmen. 1941 führte die Besatzungsverwaltung eine allgemeine Arbeitspflicht und ein neues System zur Arbeitsvermittlung ein. Dadurch erhielt sie kontrollierten Zugriff auf die gesamte arbeitende Bevölkerung: Auch wer in den Niederlanden eine Arbeit hatte, konnte nun auf Befehl der Besatzer zur Zwangsarbeit nach Deutschland verschickt werden. Im März 1942, als bereits 165 000 niederländische

Männer zwangsweise in Deutschland arbeiteten,[44] gab der Generalbevollmächtigte für den Arbeitseinsatz Fritz Sauckel bekannt, dass ab sofort alle Einwohner der besetzten Gebiete zum Arbeitseinsatz verpflichtet werden konnten. In einer großangelegten Operation durchkämmten seine Mitarbeiter sämtliche Privatunternehmen und Staatseinrichtungen nach entbehrlichen Arbeitskräften, um sie zur Zwangsarbeit nach Deutschland zu schicken. Auf diese Weise gelangten bis April 1943 weitere 163 600 niederländische Arbeitskräfte ins Deutsche Reich.

Nach der Niederlage der 6. Armee bei Stalingrad wurden erneut viele deutsche Männer zum Wehrdienst eingezogen, um die enormen Verluste zu kompensieren. Die dadurch freigewordenen Arbeitsplätze füllte das Regime mit Menschen aus den besetzten Gebieten auf. Ende April 1943 mussten sich alle männlichen Niederländer zwischen 18 und 35 Jahren für einen möglichen Arbeitseinsatz in Deutschland registrieren lassen – eine Zwangsmaßnahme, die für erhebliche Unruhe im Land sorgte. Die jüngsten militärischen Rückschläge der Deutschen – in Stalingrad, aber auch in Nordafrika – hatten bei vielen Niederländern erste Hoffnungen auf eine deutsche Niederlage aufkeimen lassen und ihren Widerstandswillen gestärkt. Umgekehrt wuchs bei den deutschen Besatzern der Wille, den Krieg zu gewinnen – koste es, was es wolle. In der Kombination führten diese Entwicklungen zu einer weiteren Eskalation des Konfliktes zwischen Besatzern und Besetzten in den Niederlanden.

Ob bei der Requirierung von Zwangsarbeitern oder bei der Registrierung, Internierung und Deportation der jüdischen Bevölkerung – die Deutschen nutzten dazu die Kapazitäten niederländischer Behörden: der Arbeitsämter, der Gemeindeverwaltungen und der Polizei. Die Vertrauenskrise zwischen Bürgern und Verwaltung vertiefte sich dadurch noch mehr. Im Februar 1943 verübte eine linke Widerstandsgruppe ein Attentat auf General Hendrik Alexander Seyffardt, der im Auftrag Musserts den Einsatz niederländischer Freiwilliger an der Ostfront organisierte. Die deutschen Machthaber schlugen hart zurück: Sie verhafteten 1200 junge Männer und schickten sie zur Zwangsarbeit ins Reich. Als Vergeltungsmaßnahme für einen weiteren Anschlag, diesmal auf den NSB-Bürgermeister von Haarlem, ließen sie zehn prominente Bürger der Stadt standrechtlich erschießen, darunter den Oberrabbiner Philip Frank.

In dieser angespannten Atmosphäre gab der Wehrmachtsbefehlshaber General Christiansen Ende April 1943 bekannt, dass sich die Soldaten der ehemaligen niederländischen Armee nun erneut als Kriegsgefangene zu melden hätten. Nach dem Mai-Krieg waren sie »dank des Großmuts des Führers« zunächst in die Zivilgesellschaft entlassen worden. Mit dieser Aktion reagierten die Besatzer nicht nur auf die zunehmende Aufsässigkeit der niederländischen Bevölkerung; sie erhielten auch Zugriff auf weitere 300 000 Arbeitskräfte und konnten zugleich zahlreiche potenzielle Widerstandskämpfer aus der Öffentlichkeit fernhalten und unter ihre Kontrolle bringen.[45] Die Bekanntmachung des Generals führte zu einer spontanen Streikbewegung, die sich rasch über das ganze Land ausbreitete und Hunderttausende von Menschen anzog. Hauptträger der Streiks waren Beschäftigte in der Landwirtschaft – Bauern weigerten sich, Milch bei den Molkereien abzuliefern –, in der Industrie und in öffentlichen Einrichtungen. In den Großstädten Amsterdam, Den Haag, Rotterdam und Utrecht kam es nur zu vereinzelten Streiks, ebenso wie bei der Eisenbahn.

Seyß-Inquart, der gerade in Deutschland weilte, kehrte unverzüglich in die Niederlande zurück, während Polizeichef Rauter bereits die Niederschlagung der Streikbewegung in Angriff nahm. Er verhängte das Polizeistandrecht und schickte Einheiten der Ordnungspolizei und der Waffen-SS zu den Streikorten. Die Truppen hatten die Anweisung, sofort scharf auf Streikende zu schießen: 95 Menschen wurden getötet, 400 verwundet. SS-Standgerichte fällten in der Folge 116 Todesurteile, von denen 80 unmittelbar vollstreckt wurden.

Unter dem Eindruck der brutalen Repressionen verlief die Streikbewegung innerhalb weniger Tage im Sande.[46] Unter Todesdrohung wurden die niederländischen Funktionsträger aus Polizei und Verwaltung von den deutschen Machthabern zur sofortigen Niederschlagung weiterer Streiks in ihren Zuständigkeitsbereichen gezwungen. An vielen Orten gelang ihnen das, oder sie schafften es, zumindest den Eindruck einer raschen Normalisierung der Lage zu erwecken. Die öffentliche Verwaltung konnte die Situation vor allem dadurch befrieden, dass sie die Menschen von der Notwendigkeit überzeugte, weiterhin ihre Arbeit zu verrichten.

Es handelte sich jedoch nur um einen Scheinerfolg, denn er war mit deutscher Gewalt erzwungen worden. Tatsächlich markierten die Streiks des Frühjahrs 1943 einen Wendepunkt im Verhältnis zwischen der einheimischen Verwaltung und der Bevölkerung. Je radikaler die Besatzungspolitik wurde und damit die Existenz einer wachsenden Zahl von Niederländern gefährdete, desto weniger waren diese bereit, die zurückhaltende Politik ihrer eigenen Verwaltungseliten zu akzeptieren. Widerstand wurde für immer mehr Menschen zu einer naheliegenden Option. Nicht mehr die Verwaltung steuerte die Bevölkerung auf einen vermeintlichen Weg der Ruhe und Ordnung – sie wurde nun zusehends von der Bevölkerung gesteuert, die sich zu Ungehorsam und Widerstand entschloss.[47] Aber auch in Verwaltungskreisen reifte allmählich die Bereitschaft zum Widerstand anstelle der bisherigen Folgsamkeit: Immer mehr Beamte sabotierten Maßnahmen der Besatzer oder fälschten Ausweispapiere. Ein Bürgermeister schrieb, »die Zeit der Arglosigkeit« sei nun definitiv vorbei – und notfalls müsse eben die eigene Verwaltung darunter leiden.[48]

Harte Konfrontation

Unter dem Eindruck der Streikbewegung und der mit ihr wachsenden Konflikte zwischen Bevölkerung und Verwaltung verlor auch das politische Projekt der Nazifizierung an Bedeutung: Den deutschen Besatzern ging es nun zuallererst um eine maximale Ausnutzung der Arbeitskraft der Niederländer sowie um die Verteidigung des deutschen Reichsgebietes gegen alliierte Truppen. Am 25. Juli 1944 ordnete Hitler die Mobilisierung aller verfügbaren Kräfte an, um eine Wende im Kriegsverlauf herbeizuführen. Die niederländische Verwaltung, deren Angestellte die Arbeit zunehmend sabotierten oder gar untertauchten, hatte kaum noch Einfluss auf das Geschehen. Das Besatzungsregime war fest entschlossen, den entscheidenden »Endkampf« zu gewinnen, und verfolgte eine immer radikalere Politik »bis zum bitteren Ende«. Das Schicksal der Bevölkerung und des besetzten Landes geriet vor diesem Hintergrund mehr denn je zur Nebensache.

Im ganzen Land erhielten Bürgermeister die Anweisung, Menschen zur Arbeit an den Verteidigungsanlagen der Wehrmacht – dazu gehörten etwa Bunker, Geschützstellungen und Schutzräume – zu verpflichten. Dieser sogenannte Gemeindeeinsatz stellte einen eklatanten Verstoß gegen das Völkerrecht und die Instruktionen der Regierung dar. Einige hundert Bürgermeister, die bereits vor dem Krieg ernannt und bislang nicht ausgetauscht worden waren, standen nun vor der Frage, ob sie weiterhin guten Gewissens im Amt bleiben konnten. Die meisten entschieden sich zum Rücktritt und mussten, um ihr Leben zu retten, sofort untertauchen. Deutschen Ortskommandanten gelang es dennoch, eine beträchtliche Anzahl an Niederländern vorübergehend zur Arbeit für militärische Zwecke einzusetzen, indem sie etwa mit zusätzlichen Lebensmitteln lockten oder mit Gewalt drohten.

Nach den Frühjahrstreiks 1943 nahm der bewaffnete Widerstand zu – zunächst allerdings nur in geringem Umfang, da in den Niederlanden nur wenige Waffen im Umlauf waren. Auch die Zahl der Untergetauchten stieg infolge des Arbeitseinsatzes und anderer repressiver Maßnahmen der Besatzer deutlich an. Seit Beginn der Deportationen der jüdischen Bevölkerung im Juli 1942 waren etwa 26000 Juden aus dem öffentlichen Leben verschwunden und hatten sich bei Privatpersonen versteckt. Ab 1943 tauchten weitere Hunderttausende Nichtjuden ab, um dem Zwangsarbeitseinsatz in Deutschland zu entgehen. Zur Unterstützung dieser Menschen entstand ein großes konspiratives Versorgungsnetz, das in der *Landelijke Organisatie voor Hulp aan Onderduikers* (LO, Landesweite Hilfsorganisation für Untergetauchte) ihre wichtigste organisatorische Plattform fand.

Für den Widerstand und zur Unterstützung der Untergetauchten wurden Bezugsscheine, Lebensmittelkarten und Ausweise benötigt. Dafür sorgten kleine, aber effektive und bewaffnete Widerstandsgruppen, die als *Knokploegen* (Schlägertrupps) bezeichnet wurden. Sie entwickelten sich zu einer landesweit agierenden Organisation, den *Landelijke Knokploegen* (LKP), die auch als Selbstschutzorganisation des Widerstands fungierten. Die *Knokploegen* überfielen nicht nur Ausgabestellen für Lebensmittelkarten und kommunale Meldeämter, sondern führten auch einige spektakuläre Aktionen zur Befreiung verhafteter Kameraden durch.

Viele Mitglieder der LO und LKP hatten einen religiösen (meist reformierten, im Süden katholischen) Hintergrund und waren konservativ orientiert. Der linke Widerstand trat ab 1942 vor allem durch Anschläge auf prominente Nationalsozialisten und Polizisten in Erscheinung. Er breitete sich 1943 und 1944 weiter aus und unternahm unter anderem auch Sabotageaktionen gegen die Besatzungstruppen. Nach der erfolgreichen Invasion der westlichen Alliierten in der Normandie im Juni 1944 hielt die niederländische Exilregierung die Zeit für gekommen, den bewaffneten Widerstand unter ihre Kontrolle zu bringen. Für die Alliierten war das eine wichtige Voraussetzung zur Unterstützung des niederländischen Widerstands mit Waffenlieferungen aus der Luft.

Am 30. Juli 1944 ordnete Hitler in einem Terror- und Sabotage-Erlass an, dass gefangen genommene Widerstandskämpfer nicht mehr länger vor Wehrmachtsgerichte gestellt, sondern bereits am Ort ihrer Festnahme kurzerhand exekutiert werden sollten. Bereits zuvor hatten die deutschen Besatzer mit der Bewaffnung von NSB-Funktionären begonnen, da diese immer öfter zum Ziel von Anschlägen der Widerstandsbewegung gerieten. Im November 1943 hatte Rauter die *Nederlandse Landwacht* gegründet, ein aus NSB-Mitgliedern zusammengesetztes paramilitärisches Hilfskorps. Diese Einheit wurde nicht nur zum Schutz der eigenen Leute eingesetzt, sondern auch zur Bewachung von Gebäuden, bei Personenkontrollen und Verhaftungen. Dementsprechend verhasst war die *Landwacht* bei der Zivilbevölkerung, und wie zu erwarten, kam es zu gewaltsamen Konfrontationen mit dem bewaffneten Widerstand. Durch den Einsatz der *Landwacht* erreichten die innergesellschaftlichen Konflikte im Laufe des Jahres 1944 eine neue Dimension der Gewalt.

Katastrophengesellschaft

Die letzte Phase der Besatzung war von Chaos, extremer Gewalt und einer humanitären Notlage gekennzeichnet – für die Niederländer eine Katastrophe bis dahin unbekannten Ausmaßes. Der sonst eher ironisch-zurückhaltende niederländische Historiker Ernst Kossmann, der selbst während des Krieges Zwangsarbeit im Elsass hatte leisten müssen, schrieb über diese letzte Phase: »Niemals in seiner Geschichte hat Holland so ernsthaft mit dem Untergang seiner Bevölkerung und der Zerstörung seiner Zivilisation rechnen müssen wie in den Monaten vor Mai 1945.«[49] So weit kam es zwar nicht, aber das Elend im Land war zweifellos groß. Nun wurden die Niederlande zum Frontgebiet: Nach dem Durchbruch in der Normandie rückten die alliierten Truppen via Belgien schnell Richtung Deutschland vor. Im Herbst 1944 eroberten sie – auf ihrem Weg ins Ruhrgebiet und später Richtung Berlin – nach einigen schweren Gefechten die südlichen Niederlande. Nach dem Scheitern der Luftlandeoperation bei Arnheim im September 1944 verzichteten sie jedoch auf weitere Operationen zur Befreiung der übrigen niederländischen Gebiete. Erst im April 1945 starteten sie eine Offensive Richtung Norden und Osten. Der dichtbesiedelte Westen des Landes wurde erst von den Besatzern befreit, nachdem die deutsche Wehrmacht Anfang Mai 1945 kapituliert hatte und der Zweite Weltkrieg in Europa beendet war.

Anders als im Mai 1940 führten die kriegerischen Auseinandersetzungen auf niederländischem Territorium diesmal zu enormen Kriegsschäden. So wurde beispielsweise die Stadt Arnheim größtenteils zerstört. Auch bahnte sich nun eine schwere humanitäre Krise an: Als die Kampfhandlungen niederländischen Boden erreichten, kämpfte die Bevölkerung bereits mit einem wachsenden Mangel an Primärgütern. Die Situation verschlimmerte sich weiter, nachdem die Exilregierung zur Unterstützung des alliierten Vormarsches die Eisenbahner zum Streik aufgerufen hatte. Als Vergeltungsmaßnahme unterband Seyß-Inquart die Lebensmittel- und Kohlenversorgung der westlichen Provinzen. Angesichts des bevorstehenden Winters entstand eine Lebensmittel- und Kohlenkrise, die in den ersten Monaten des Jahres 1945 mindestens 15 000 – einigen Schätzungen zufolge sogar 25 000 – Opfer forderte.[50]

In diesen letzten neun Kriegsmonaten wurden die Niederlande auseinandergerissen: in einen befreiten südlichen und in einen weiterhin besetzten nördlichen Landesteil, der sich jenseits der großen Flüsse befand. Im nach wie vor besetzten Landesteil brachen die öffentliche Verwaltung und die Verkehrsverbindungen zusammen, so dass die Menschen zunehmend auf »Inseln« lebten, deren Bewohner ganz auf sich allein gestellt waren. Eine zusätzliche Bedrohung für das Leben im besetzten Gebiet stellte die »kumulative Radikalisierung« des Besatzungsregimes dar.[51] Die deutschen Machthaber waren fest entschlossen, den »Endkampf« gegen die Alliierten zu gewinnen – und dies rechtfertigte aus ihrer Sicht eine Politik des entfesselten Terrors. Besatzungsmacht und Widerstand gerieten in eine Spirale der Gewalt, in der – ob geplant oder ungeplant – zahlreiche Hemmschwellen überschritten wurden.

Besatzungsmacht und niederländische Nationalsozialisten kämpften gemeinsam gegen den bewaffneten Widerstand, gegen Banden von Schwarzhändlern und andere autonome Gruppen. Dieser Kampf wurde derart gewalttätig, dass führende Köpfe der Widerstandsbewegung zwischenzeitlich zur Disziplin und Mäßigung aufriefen. Hinter den Kulissen verhandelten derweil niederländische Spitzenbeamte, unterstützt von der Exilregierung, mit Seyß-Inquart über einen Waffenstillstand, wobei es ihnen vor allem um Hilfsleistungen für die notleidende Bevölkerung und um einen geordneten Machtwechsel ging.

Die Bürgermeister, auch die NSBler unter ihnen, verspürten das Bedürfnis, ihre Einwohner vor Kriegsgewalt und repressiven Maßnahmen zu schützen. Ihre Handlungsspielräume waren jedoch sehr begrenzt; Verzweiflung, Ratlosigkeit und Angst beherrschten ihren Arbeitsalltag. Ihnen blieb nicht viel mehr übrig, als abzuwarten – in der Hoffnung, gemeinsam mit den Bürgern ihrer Gemeinden zu überleben. Noch im Oktober und November führten die Besatzer große Razzien zur Habhaftmachung potenzieller Zwangsarbeiter durch. Die größte Razzia, bei der 50000 Männer gefasst wurden, fand am 10. und 11. November in Rotterdam statt. Allein im letzten Kriegswinter wurden noch einmal 150000 Männer im Alter zwischen 16 und 60 Jahren nach Deutschland verschleppt.[52] Ziel war es dabei nicht nur, Arbeitskräfte zu »fangen«, sondern auch dem Widerstand potenzielle *Manpower* zu entziehen. Die Folge war, dass Frauen zunehmend das öffentliche Leben dominierten und bei Widerstandsaktivitäten nicht nur eine unterstützende Rolle spielten, sondern auch in vorderster Reihe kämpften.

Das Ende der deutschen Besatzung

Mit der Befreiung der gesamten Niederlande im Mai 1945 ging ein fünfjähriger Krieg zu Ende, dessen Folgen alles andere als überschaubar waren: Dem letzten »Hungerwinter«

waren Schätzungen zufolge zwischen 15 000 und 25 000 Menschen zum Opfer gefallen. Durch Kriegshandlungen, inklusive der Bombardierung niederländischer Städte, waren rund 30 000 Zivilisten ums Leben gekommen, die meisten von ihnen im letzten Kriegsjahr. Bei Kriegsende lebten 20 Prozent der Bevölkerung nicht mehr an ihren ursprünglichen Wohnorten: Sie befanden sich entweder im Ausland, waren im eigenen Land evakuiert oder heimatlos geworden. Wirtschaft und Infrastruktur hatten schwer unter den Kriegshandlungen, gezielten Flutungen, Zerstörungen und Plünderungen gelitten.

Bei allem öffentlichen Freudentaumel, der in den Tagen der Befreiung herrschte, gab es auch viel Anlass zur Trauer um persönliche Verluste. Die jüdische Gemeinschaft der Niederlande war weitgehend vernichtet. Von den 140 000 »Volljuden«, die 1941 registriert worden waren, lebten bei der Befreiung noch etwa 22 000.[53] Von den 245 nach Auschwitz deportierten Sinti hatten vermutlich nur 30 den Krieg überlebt. Des Weiteren starben 4400 nichtjüdische Niederländer in Konzentrationslagern und viele Hunderte in deutschen Gefängnissen und Zuchthäusern. Etwa 2000 Menschen waren von deutschen Besatzungstruppen und Polizeieinheiten im Zuge von Streikniederschlagungen, Vergeltungsmaßnahmen und Widerstandsbekämpfungen exekutiert worden. Schon im Mai 1940 waren rund 2900 Soldaten der Königlichen Marine, 2300 des Königlichen Heeres und 1600 der Handelsmarine gefallen. Wie viele niederländische Zwangsarbeiter in Deutschland ihr Leben ließen, ist nicht genau bekannt; Schätzungen gehen von etwa 8500 Personen aus.

Die meisten niederländischen Nationalsozialisten wurden bei Kriegsende verhaftet und interniert, um später vor Gericht gestellt zu werden. Zwischen 120 000 und 150 000 Menschen befanden sich im Sommer 1945 wegen Verdachts auf »Feindesunterstützung« in Gefangenschaft. Während ihres Kriegseinsatzes für Deutschland waren 4000 bis 6000 Freiwillige gefallen, die meisten von ihnen in den Einheiten der Waffen-SS.[54] Die deutschen Besatzer verschwanden bei Kriegsende ziemlich schnell von der Bildfläche. Einige führende Köpfe der Zivilverwaltung wurden vor Gericht gestellt, darunter Arthur Seyß-Inquart in Nürnberg. Hanns Rauter musste sich, ebenso wie einige Polizeichefs, vor einem niederländischen Richter verantworten. Viele andere hatten sich im Sommer 1945 über die Ostgrenze nach Deutschland abgesetzt. Wut und Verdruss der Bevölkerung über das zurückliegende Besatzungsunrecht richteten sich folglich vor allem gegen die niederländischen Nationalsozialisten, die sich zu Handlangern der Besatzer gemacht hatten. Deren Massenverhaftungen gingen häufig mit Misshandlungen einher. Auch in den Tagen der Befreiung wurde Gewalt als Mittel zur Konfliktlösung eingesetzt – die Eskalationen der letzten Besatzungsphase wirkten noch nach. Die Niederlande der Nachkriegszeit standen nun vor der schwierigen Aufgabe, in den »Friedensmodus« zurückzuschalten.

3. Die Judenverfolgung

Als Louis de Jong am 14. Mai 1940 erfuhr, dass Königin Wilhelmina und ihre Regierung nach England geflohen waren, geriet er wie so viele in Panik. Der junge jüdische Journalist des linken Wochenblatts *De Groene Amsterdammer* setzte sogleich alles daran, mit seiner Ehefrau und einigen Familienmitgliedern ebenfalls nach England zu entkommen. In einem gekaperten Taxi erreichten De Jong und seine Begleiter den Hafen von IJmuiden, wo sie mit viel Glück an Bord des letzten Schiffes Richtung Großbritannien gelangten. Bestellt worden war das Taxi eigentlich von einer anderen jüdischen Familie, die ebenfalls flüchten wollte. De Jong aber hatte den Vortritt für sich beansprucht, da er als antideutscher Journalist bekannt war. Da das Auto bei der Abfahrt zu voll war, überredete er seine Großeltern, ihre Plätze für Jüngere freizugeben.[1] Am Hafen verlor De Jong im Gedränge auch seine Eltern und seine Schwester – er sollte sie nach dem Krieg nicht mehr wiedersehen. In England arbeitete er als Redakteur bei *Radio Oranje*, dem Sender der Exilregierung; nach der Befreiung wurde er von der Regierung mit der Geschichtsschreibung über die Niederlande im Zweiten Weltkrieg beauftragt.

Wie De Jong versuchten viele niederländische Juden und Gegner des Nationalsozialismus während des deutschen Blitzangriffs zu flüchten – vor allem auf dem Seeweg, da die Südgrenze durch den feindlichen Vormarsch nicht mehr zu erreichen war. Etwa 3000 verzweifelten Menschen gelang die Flucht nach England, unter ihnen vermutlich einige hundert Juden.[2] Andere sahen im Selbstmord den einzigen Ausweg – vielleicht sogar als eine allerletzte Widerstandshandlung –, um nicht unter dem NS-Regime leben zu müssen. In den Maitagen 1940 nahmen sich in den Niederlanden – soweit bekannt – 188 Juden das Leben, davon allein 96 in Amsterdam.[3] Eine Evakuierung von Juden aus dem Flüchtlingslager

Westerbork nahe der deutschen Grenze scheiterte am schnellen Vormarsch der Wehrmacht.[4] Hunderte deutsch-jüdische Flüchtlinge wurden zudem auf Veranlassung der niederländischen Justiz als »feindliche Ausländer« interniert – übrigens gemeinsam mit prominenten niederländischen Nationalsozialisten.

In fünf Jahren unter deutscher Besatzung wurden mehr als 100000 Juden aus den Niederlanden deportiert und ermordet. Der Antisemitismus gehörte zum Kern der nationalsozialistischen Weltanschauung, die Massenvernichtung der europäischen Juden zu den Hauptzielen der daraus folgenden Politik.[5] Durch die Besetzung der Niederlande war es dem NS-Regime möglich, auch dort den Hass gegen Juden – der vermeintlichen Quelle allen gesellschaftlichen Übels – in konkrete Politik umzusetzen. Dies geschah schrittweise, so wie auch in Deutschland seit der Machtübernahme Adolf Hitlers – aber deutlich schneller. Zunächst isolierten die Besatzer die niederländischen Juden, indem sie sie ihrer Bürgerrechte, ihres Lebensunterhaltes und ihrer Besitztümer beraubten. Die Juden mussten in einer Zwangsgemeinschaft leben, die bis ins kleinste Detail segregiert wurde. Diese Segregation fand noch auf niederländischem Boden statt; vollendet wurde das Verbrechen jedoch durch systematische Deportationen und einen sorgfältig vorbereiteten – und bis zum Ende verschleierten – Massenmord in den Vernichtungslagern des Ostens. Nur zwei Jahre nach dem deutschen Überfall, am 15. Juli 1942, verließ der erste Deportationszug die Niederlande in Richtung Auschwitz. In dieser kurzen Zeit erlebten die niederländischen Juden ein Ausmaß an Schrecken und Gewalt, das für frühere Generationen undenkbar gewesen wäre.

Die jüdische Bevölkerung der Vorkriegszeit war weitgehend in die niederländische Gesellschaft integriert. Anders als etwa die in Belgien lebenden Juden besaßen sie bereits seit Generationen die niederländische Staatsbürgerschaft – die zuletzt aus Osteuropa eingewanderten und aus Deutschland geflohenen Juden einmal ausgenommen.[6] Dennoch bildeten die niederländischen Juden keine homogene Gemeinschaft, insbesondere was das Religions- und Gemeindeleben betraf: Die Mehrheit war auf dem Standesamt als »jüdisch« registriert, führte Hochzeiten und Beerdigungen nach religiösem Ritus durch und ließ ihre Söhne beschneiden. Dies passte ins niederländische System weltanschaulicher Pluriformität. Das religiöse Leben wurde in beiden jüdischen Glaubensgemeinschaften, der *Nederlands-Israëlietisch Kerkgenootschap* und der *Portugees-Israëlietisch Kerkgenootschap*, von der Orthodoxie dominiert. Die in Deutschland viel weiter verbreitete Reformbewegung spielte hier nur eine untergeordnete Rolle. Eine kleine, aber aktivistische Minderheit hatte sich dem Zionismus angeschlossen. Viele Juden, die nur selten oder nie die Synagoge besuchten, fanden in den säkular-politischen Vorstellungen des Liberalismus und Sozialismus eine weltanschauliche Heimat. Sie identifizierten sich nur bedingt mit »der jüdischen Bevölkerungsgruppe«.[7]

Wer in den Niederlanden fortan als Jude zu gelten hatte, dies bestimmten seit dem Mai 1940 allerdings die Nationalsozialisten – auf der Grundlage ihres rassisch begründeten Antisemitismus.[8] Gleichzeitig wurden die Juden nun systematisch aus jener Gesellschaft ausgeschlossen, zu der sie seit Generationen gehört hatten. Immer radikalere Maßnahmen zur Ausgrenzung folgten in kurzen Abständen, und für die niederländischen Juden war es ungeheuer schwierig zu verstehen oder gar abzusehen, wie die Verfolgung funktionierte, wohin sie führen würde und welche Formen der Gegenwehr sinnvoll sein könnten. Die Nationalsozialisten stellten die gesellschaftliche Normalität gezielt auf den Kopf.[9] Rechtssicherheit und Rechtsschutz wurden beseitigt und durch das genaue Gegenteil ersetzt: brutale Willkür. Wenn niederländische Juden sich in der Anfangszeit der Besatzung auf ihr tadelloses Verhalten, ihr Selbstverständnis als gute Staatsbürger oder auf ihre Rechte beriefen, durchschauten sie das Wesen des Regimes nicht und machten sich nur zusätzlich verwundbar. Umso schlimmer war es, dass die niederländische

Gesellschaft und ihre Institutionen der bedrohten Minderheit keinen ausreichenden Schutz mehr boten, als die deutschen Verfolger die Juden sukzessive in die Segregation zwangen und ihre Deportation und Ermordung vorbereiteten.

Es erscheint absurd, dass diese Ausgrenzung in einem Land, in dem die Akkulturation und Integration der Juden so weit fortgeschritten war, derart schnell, reibungs- und lückenlos funktionieren konnte – von der Registrierung und Segregation über die Enteignung und Entrechtung bis hin zur Deportation.[10] Ab Herbst 1940 setzten die deutschen Besatzer und ihre niederländischen Helfershelfer den Juden immer härter zu. 1941 wurden rund 160000 Menschen als »Voll- oder Halbjuden« registriert; die meisten von ihnen – 107000 Menschen – wurden zwischen dem 15. Juli 1942 und dem 17. September 1944 in den Osten deportiert. Von den Deportierten sollten nur etwa 5200 überleben. Fast 28000 Juden versuchten den Deportationen durch Flucht oder Untertauchen zu entgehen; gut 16000 von ihnen erlebten die Befreiung. Etwa 5000 Personen, die von den Deportationen freigestellt waren, sowie 10500 Juden, die in »Mischehen« lebten, konnten »legal« in den Niederlanden bleiben.[11]

Die Verfolgung der Juden führte zu einer Dehumanisierung der zwischenmenschlichen Beziehungen und zu einer tiefgehenden Entfremdung zwischen den Verfolgten und ihrer Außenwelt. Der Student David Koker, jüdischer Häftling im Konzentrationslager Vught, beschrieb am 28. Mai 1943 in seinem Tagebuch, wie seine Gruppe nach einem Arbeitseinsatz in das Lager zurückgetrieben wurde: »Ich hatte beinahe Tränen in meinen Augen, als ich durch das Dorf kam und Wohnzimmer sah. Wie groß ist doch der Abstand schon. Und auf dem Rückweg die Menschen. Viele Urlauber, die ein frommes Gesicht machen, als wir vorbeigehen, mit unseren Sternen und unserem SS-Mann hinter uns.«[12] Für Juden galten in der Verfolgungszeit zunehmend »andere Gesetze für ein anderes Dasein«.[13]

Zwangsgemeinschaft

Nach der Kapitulation stellte sich den Niederländern die Frage, welche Pläne die Besatzer verfolgten und ob es zu einer Diktatur nach deutschem Modell kommen würde. Viele nahmen eine abwartende Haltung ein, aber vor allem unter den Juden wuchs die Anspannung. Arthur Seyß-Inquart hoffte, das Vertrauen der Niederländer und damit ihre Unterstützung für das nationalsozialistische Deutschland zu gewinnen. Entsprechend hieß es vonseiten der Besatzer, es seien keine Maßnahmen gegen die niederländischen Juden vorgesehen – tatsächlich aber waren die Planungen zur Vorbereitung einer »Judenaktion« bereits im Gange.[14] Wie in anderen besetzten Ländern ging den Maßnahmen zur Judenverfolgung in den Niederlanden eine Phase interner Machtkämpfe voraus, bei denen es um die Verteilung von Aufgaben und Zuständigkeitsbereichen, aber auch noch um die Festlegung der Ziele ging. Hinzu kam, dass die Deutschen in der Frühphase der Besatzung noch nicht über das notwendige Personal und die Mittel zur Durchführung antijüdischer Maßnahmen verfügten und anfangs auch auf gewisse »politische Empfindlichkeiten« der Niederländer Rücksicht zu nehmen versuchten.[15]

Daher kam es 1940 noch nicht zu einer großangelegten Verfolgung der Juden, auch wenn erste Maßnahmen – wie etwa das Verbot des Schächtens – bereits andeuteten, dass Diskriminierungen bevorstanden.[16] Die niederländischen Nationalsozialisten fühlten sich bereits dazu ermächtigt, im ganzen Land Terror zu verbreiten: Ermuntert von Generalkommissar Schmidt, dem Vertreter der NSDAP in den Niederlanden, marschierten NSB-Milizen durch die Straßen, attackierten Juden und politische Gegner und demolierten Geschäfte und Synagogen.[17] Diese antisemitischen Aktionen waren das Werk einer kleinen, radikalen Minderheit und trafen bei den meisten nichtjüdischen Niederländern auf wenig Zuspruch. Dennoch erwies sich bald, dass auch Nicht-Nationalsozialisten – Menschen, die sich selbst niemals als Antisemiten bezeichnet hätten – bereit waren, diskriminierenden Maßnahmen der Besatzer zuzustimmen, sie zu übernehmen oder ihnen gar vorzugreifen. In der Wirtschaft, beim Rundfunk und im Zeitungswesen wurden jüdische Arbeitnehmer präventiv entlassen. Die Arbeitgeber rechtfertigten die Kündigungen mit dem Argument, dass sich Juden unter den neuen Umständen besser nicht zu sehr »in den Vordergrund« stellen sollten.[18]

Dem Straßenterror folgte die offizielle Diskriminierung: Im September 1940 wurde die niederländische Verwaltung von den deutschen Machthabern mit der Registrierung aller Juden in amtlichen und öffentlichen Funktionen beauftragt. Die Generalsekretäre veröffentlichten daraufhin – nach einem formellen Protest – die berüchtigte »Ariererklärung«:[19] Jeder Staatsbedienstete musste angeben, ob er oder sein Ehepartner jüdische Eltern oder Großeltern hatte oder nicht; dies galt auch für sämtliche Mitglieder und Mandatsträger von Parlaments- und Verwaltungsorganen. Die Generalsekretäre erkannten die Tragweite dieser antisemitischen Anordnung, befolgten sie aber trotzdem. Sie befürchteten, dass eine Verweigerung der Kooperationsbereitschaft den kompletten Verwaltungsapparat in die Hände der niederländischen Nationalsozialisten spielen würde. Eine Machtübernahme durch die NSB hielten sie für das »größere Übel« als die Befolgung der antijüdischen Maßnahme.[20]

Aus deutscher Sicht verlief die Registrierung reibungslos und nach Plan. Wer zögerte, sich registrieren zu lassen, suchte vergeblich Rat bei Vorgesetzten. »London« schwieg, und der *Hoge Raad*, der oberste Gerichtshof in den Niederlanden, beschloss – sehr zur Enttäuschung führender Juristen –, sich der Anordnung nicht zu widersetzen. Der jüdische Präsident des Gerichtshofs, Lodewijk Visser, hielt sich aus den Beratungen heraus, und seine Kollegen kamen schließlich mehrheitlich zu dem Ergebnis, dass die Besatzungsmacht in Anbetracht des Kriegszustands das Recht habe, derartige Maßnahmen zu treffen.[21] Die Gelegenheit zu einem kollektiven Protest ließ die niederländische Justiz ungenutzt. Wer auf seinen moralischen Prinzipien beharren wollte, stand alleine da: Nicht einmal zehn Niederländer widersetzten sich der Anordnung. Auf die »Ariererklärung« folgte am 4. November 1940 eine weitere Verordnung der Besatzer: Rund 2500 Juden wurden per Einschreiben über ihre sofortige Entlassung aus dem öffentlichen Dienst informiert, erhielten aber vorerst weiter ihr Gehalt.

Die Resignation, mit der die Niederländer auf diese Missachtung ihrer rechtsstaatlichen Prinzipien reagierten, entsprach einer Haltung, die im Herbst 1940 in allen von Deutschland okkupierten Gesellschaften Westeuropas dominierte. Nur wenige Niederländer brachten ihr Mitgefühl für die Betroffenen zum Ausdruck – wie etwa der Bürgermeister von Utrecht, der entlassene Beamte besuchte, um ihnen Mut zuzusprechen.[22] Die meisten Juden fanden sich mit dem Berufsverbot ab. Eine Ausnahme war der Groninger Philosophieprofessor Leo Polak, der sich weigerte, seine Entlassung zu akzeptieren, und daraufhin von der Sicherheitspolizei verhaftet wurde. Er starb im Dezember 1941 im Konzentrationslager Sachsenhausen.[23] Öffentlichen Protest gab es nur an Schulen und Hochschulen: Ein berühmtes Beispiel ist die Rede des Leidener Professors Rudolph Cleveringa am 26. November 1940 in der Aula seiner Universität. Anlässlich der Entlassung seines jüdischen Kollegen Eduard Meijers erklärte er, dass sich die Besatzer mit ihrer antisemitischen Anordnung völlig disqualifiziert hätten: »Das Einzige, was ich mir jetzt wünsche, ist, sie [die Besatzer] aus unserem Blickfeld zu verbannen und den Blick auf jene Anhöhe zu richten, auf der die leuchtende Gestalt desjenigen [Meijers] steht, dem unsere Anwesenheit hier gilt.«[24] Cleveringa wurde umgehend festgenommen.

Die Niederländer nahmen die Entlassung der jüdischen Beamten auch deshalb hin, weil sie hofften, dass damit die Ansprüche der Besatzer bezüglich antijüdischer Maßnahmen befriedigt sein würden. Damit lagen sie falsch: Bereits im

Oktober 1940 wurde die jüdische Bevölkerung aufgefordert, ihr wirtschaftliches Eigentum offenzulegen und registrieren zu lassen.[25] In einem nächsten Schritt wurden Juden im niederländischen Bevölkerungsregister als »Sonderkategorie« erfasst: Wer mindestens einen jüdischen Großelternteil hatte, musste sich melden und wurde in diese Kategorie aufgenommen. Den Hauptteil dieser Erfassungsaktion überließen die Besatzer der niederländischen *Rijksinspectie van de Bevolkingsregisters* (Staatliche Inspektion der Melderegister) und den ihr untergeordneten Gemeindeverwaltungen. Auf Vorschlag der *Rijksinspectie* wurde die Registrierung der Juden mit der Ausgabe von Personalausweisen verbunden, die damals alle Niederländer erhielten. Die Ausweise von Juden wurden zusätzlich mit einem großen schwarzen »J« gestempelt; in den Meldeämtern wurden ihre Personenkarten besonders gekennzeichnet, um ihre Auffindung in den Karteikästen zu erleichtern.

Bis zum 27. August 1941 gingen 160820 Meldungen bei den Behörden ein; gezählt wurden danach 140522 »Volljuden«, 14549 »Halbjuden« und 5719 »Vierteljuden«.[26] Durch ihre Registrierung wurden diese Menschen plötzlich als Juden »fassbar«: durch ihre Adressen, durch die namentliche Erfassung im Bevölkerungsregister und durch die nur sehr schwer zu fälschenden Ausweise. Zunächst ging von der Registrierung eine nur schwer zu bestimmende Bedrohung für die Juden aus.[27] Viele empörten sich über die Maßnahme, sahen sich aber dazu genötigt, dem Aufruf Folge zu leisten. Nur wenige – darunter der abgesetzte Präsident des *Hoge Raad*, Visser, – weigerten sich, den mit einem »J« gekennzeichneten Ausweis in Empfang zu nehmen. Andere legten später Berufung gegen ihre Registrierung ein, indem sie vorgaben, doch nicht jüdischer Herkunft zu sein. Das Risiko, sich nicht zu melden, nahmen jedoch nur wenige in Kauf – auch wenn manche so der Verfolgung entgehen konnten. Die große Mehrheit der Juden kam der Aufforderung zur Registrierung nach: Sie fügten sich – wie die meisten Niederländer in der ersten Phase der Besatzung – oder sahen, aus Angst vor Repressalien, keine Alternative.[28]

Im Februar 1941 folgte der entscheidende Schritt zur Segregation der Juden in den Niederlanden. Niederländische Nationalsozialisten hatten im jüdischen Viertel von Amsterdam Ausschreitungen angefacht, bei denen einer von ihnen ums Leben kam. Deutsche Polizeitruppen riegelten daraufhin das Viertel ab und durchsuchten die Gebäude systematisch nach Waffen. Hans Böhmcker, Seyß-Inquarts Beauftragter in der Hauptstadt, bestellte einige namhafte Juden ein und beauftragte sie mit der Gründung eines *Joodsche Raad voor Amsterdam* (Amsterdamer Judenrat), der bei der Wiederherstellung von Ruhe und Ordnung behilflich sein sollte.[29] Wie in anderen von Deutschland besetzten Ländern hatte der Judenrat vorrangig dafür zu sorgen, dass die Juden den Befehlen der Besatzer Folge leisteten. Den Vorsitz übernahmen der Diamantenhändler Abraham Asscher und der Althistoriker David Cohen – zwei Honoratioren, die bereits vor dem Krieg in verschiedenen jüdischen Organisationen zusammengearbeitet hatten, so etwa in der Flüchtlingshilfe. Asscher und Cohen fühlten sich zu dieser neuen und zweifellos schwierigen Aufgabe berufen, auch wenn sie nicht von der jüdischen Gemeinschaft, sondern von den Besatzern dazu ausersehen worden waren. Mit dem Judenrat schufen die Verfolger abseits der normalen Behördenstrukturen eine Verwaltungsebene eigens für die jüdischen Verfolgten. Für sie spielte es keine Rolle, dass sich viele Juden und jüdische Einrichtungen nicht vom Judenrat vertreten fühlten und »nur schmollend und widerspenstig den Anweisungen von Asscher und Cohen [folgten]«.[30]

Auch nach Einrichtung des Judenrats gingen die Provokationen der Nationalsozialisten weiter. Am 22. und 23. Februar 1941 erfuhren die Amsterdamer Juden erstmals, was unter dem Begriff »Razzia« zu verstehen war: 425 Männer wurden im jüdischen Viertel – in der Nähe des Jonas Daniel Meijerplein – von deutschen Polizeitruppen aus ihren Häusern gezerrt oder auf der Straße aufgegriffen. In Amsterdam und Umgebung führten Proteste gegen diese Razzia zum sogenannten Februarstreik, einem im besetzten Europa seltenen Beispiel für einen Massenprotest gegen die Judenverfolgung. Der Streik wurde innerhalb weniger Tage gewaltsam beendet; die gefangen genommenen Juden wurden in das Konzentrationslager Buchenwald bei Weimar und von dort in das Konzentrationslager Mauthausen bei Linz deportiert. Schon wenig später trafen Nachrichten über den Tod erster Deportierter beim Judenrat ein. Für die Juden in den Niederlanden wurde »Mauthausen« bald zum Synonym für ein inoffizielles, aber unabwendbares Todesurteil.[31]

Mit einer Rede im Amsterdamer Konzerthaus machte Arthur Seyß-Inquart am 12. März 1941 deutlich, was die Juden in den Niederlanden zu erwarten hatten. Anlässlich des gerade niedergeschlagenen Februarstreiks erklärte er, dass die Juden kein Bestandteil des niederländischen Volkes seien. Die Niederländer sollten ihren Verstand gebrauchen und sich für Deutschland entscheiden: »Wir werden die Juden schlagen, wo wir sie treffen, und wer mit ihnen geht, hat die Folgen zu tragen.«[32] Seyß-Inquart kündigte den vollständigen Ausschluss der Juden aus dem gesellschaftlichen und wirtschaftlichen Leben an. Zur selben Zeit forcierten die deutschen Verfolger überall im besetzten Europa den Ausbau innerjüdischer Organisationen, die sie zur Umsetzung antisemitischer Maßnahmen und als Kontrollinstanzen instrumentalisierten. In den Niederlanden fungierte der Judenrat als Bindeglied und einziges Übermittlungsinstrument der deutschen Maßnahmen, die vorwiegend im Presseorgan des Rates, *Het Joodsche Weekblad*, veröffentlicht wurden. In dieser Gemengelage aus Isolation und Selbstverwaltung existierten Juden für die deutschen Machthaber nicht mehr länger als Individuen, sondern nur noch als Kollektiv: Die Organisation ihres zunehmend beschränkten Lebens wurde den Judenräten überlassen, die sich wiederum strikt nach den nationalsozialistischen Verfolgungsinstanzen zu richten hatten.[33]

Im September 1941 verkündete der Chef der deutschen Polizei, Hanns Rauter, dass die niederländischen Behörden fortan nicht mehr für die Juden zuständig seien. Der Generalsekretär für Inneres, Karel Frederiks, fügte sich Rauters Anweisung: Eine Zuspitzung des Verhältnisses zu den Deutschen aufgrund der »jüdischen Frage« wolle er vermeiden, wie er gegenüber Rauter erklärte. Zudem befürchtete er, dass die Besatzer kooperationsunwillige niederländische Verwaltungsangehörige gegen Mitglieder der NSB austauschen würden. Um die Mehrheitsbevölkerung vor einer Machtübernahme durch die NSB zu schützen, waren die Spitzenbeamten bereit, ihre Zuständigkeit für eine Minderheit – die Juden – an die Besatzer zu übergeben.[34]

Der Judenrat stand von Beginn an unter enormem Druck der deutschen Verfolgungsinstanzen. Durch die niederländischen Behörden erhielt er keinerlei Unterstützung. Weder bezogen deren Beamte eine klare Stellung gegen die Verfolgung, noch widersetzten sie sich den deutschen Anweisungen. Sie bevorzugten eine Politik des »geringsten Übels«, um den Verwaltungsapparat aufrechtzuerhalten und Chaos zu verhindern. Zwar artikulierten manche ihren Protest gegen die Segregation der jüdischen Bevölkerung, zogen daraus aber keine greifbaren Konsequenzen. Auch die niederländische Exilregierung unternahm nichts, um der antijüdischen Politik etwas entgegenzusetzen. Königin Wilhelmina und Ministerpräsident Pieter Gerbrandy sprachen zwar einige Male im Radio empört von der »Vernichtung« der jüdischen Bevölkerung, schreckten vor einem Aufruf zum Widerstand gegen die Judenverfolgung aber zurück. Angesichts des Leids, das die Besatzer den Niederländern im Allgemeinen zufügten, wollten sie die spezielle Notlage der Juden nicht zu sehr hervorheben. Indem sich die Exilregierung auf das Leiden der niederländischen Nation als ganze fixierte, verkannte und relativierte sie den besonderen Charakter der Judenverfolgung.[35]

So verloren die niederländischen Juden im Laufe des Jahres 1941 ihren rechtlichen Schutz als Staatsbürger. Sie unterstanden nun direkt den Anordnungen der deutschen Instanzen, die ihre Segregation und bald auch ihre Deportation organisierten. Für die jüdische Bevölkerung galten nun eigene und verbindliche Regeln, die teils per Verordnung festgelegt, teils nur mündlich mitgeteilt wurden. Es kam auch vor, dass neue Bestimmungen überhaupt nicht mitgeteilt wurden, dann aber der – entsprechend unbeabsichtigte – Verstoß mit Misshandlungen, schneller Deportation oder gar mit dem Tod bestraft wurde.

Die Besatzer setzten ihre Politik der Einschüchterung sukzessive fort. Im Juni 1941 veranstaltete die deutsche Polizei eine weitere Razzia in Amsterdam. Mehr als 300 jüdische Männer wurden nach Mauthausen deportiert und dort ermordet. In den beiden folgenden Monaten wurde das gesamte Land von einer neuen Welle antijüdischer Gewalt erfasst: Niederländische Nationalsozialisten fielen über Synagogen und andere Gebäude jüdischer Gemeinden her. In Deventer schlugen sie die Einrichtung der Synagoge kurz und klein; ein Auflauf empörter Bürger wurde von der Polizei auseinandergetrieben. In der Nacht vom 13. auf den 14. September tauchten in einigen ostniederländischen Städten und Dörfern – darunter Oldenzaal, Enschede und Hengelo – motorisierte Kommandos auf. 105 jüdische Männer wurden festgenommen und ebenso nach Mauthausen deportiert. Einige Wochen später gab es erneut Razzien, dieses Mal im Gelderland: Aus Apeldoorn, Doesburg, Rheden und Arnhem wurden wieder Dutzende Männer verschleppt – für die kleinen jüdischen Gemeinden der östlichen Niederlande ein Vorbote ihrer Vernichtung.

Im Laufe des Jahres 1941 erließen die deutschen Machthaber außerdem zahlreiche Verbote, die die Bewegungsfreiheit der jüdischen Bevölkerung massiv einschränkten.[36] Öffentliche Gebäude und Einrichtungen wie Märkte, Parkanlagen, Gaststätten, Theater, Kinos, Schwimmbäder, Konzerthäuser, Sporteinrichtungen, öffentliche Bibliotheken oder Museen durften von Juden nicht mehr besucht oder genutzt werden.

Jüdische Schüler und Studenten wurden nach den Sommerferien von Schulen und Universitäten ausgeschlossen, woraufhin in 34 größeren Ortschaften eigene »jüdische« Schulen für die Primar- und Sekundarstufe eingerichtet wurden. So wurde der Alltag der Juden in den Niederlanden immer weiter eingeschränkt, reguliert und kontrolliert. Selbst ihr Privatleben war nun strikten Regeln unterworfen, die selbst elementarste Dinge wie den familiären Haushalt, die Partnerwahl oder die Eheschließung betrafen.

Die Segregationspolitik zielte neben dem privaten und sozialen Leben noch auf einen weiteren Bereich: Auch wirtschaftlich sollte die jüdische Bevölkerung an den Rand der Existenz gedrängt werden. Juden wurde die Ausübung freier Berufe verboten, was vor allem zahlreiche Ärzte und Anwälte traf. Jüdische Geschäfte und Unternehmen wurden auf Grundlage einer Verordnung vom März 1941 enteignet und in die Hände vermeintlicher »Verwalter« übergegeben.[37] Auch jüdische Arbeitnehmer waren betroffen, da ihre Arbeitsverträge nicht mehr länger gesetzlich geschützt waren. Rentenansprüche mussten gegen eine symbolische Abfindung eingetauscht werden. Im August 1941 wurde schließlich die Enteignung sämtlichen jüdischen Besitzes beschlossen. Eine Verordnung verpflichtete Juden dazu, ihr gesamtes Bankguthaben an die Amsterdamer Bank Lippmann-Rosenthal & Co-Sarphatistraat (LiRo) zu überweisen – der vermeintlich jüdische Name sollte darüber hinwegtäuschen, dass es sich dabei in Wirklichkeit um eine von den Besatzern eingerichtete »Scheinbank« handelte. Auf diese Weise geriet das gesamte Vermögen der niederländischen Juden zunächst unter Kontrolle und später in den Besitz der deutschen Machthaber. Es folgten die Enteignung sämtlichen jüdischen Grundbesitzes[38] und die Beschlagnahmung des gesamten Hausrates der Betroffenen.

Binnen eines guten Jahres, zwischen Mai 1940 und August 1941, waren die Juden aus der Gesellschaft der Niederlande ausgeschlossen worden. Von Nichtjuden durften sie nicht länger als Mitbürger und nicht einmal mehr als Mitmenschen angesehen werden. Selbst gutwillige Menschen entfernten sich mental von ihren jüdischen Landsleuten. Ihnen war bewusst, dass die Nationalsozialisten es in erster Linie auf die Juden abgesehen hatten. Wer als Nichtjude den Anordnungen der Besatzer Folge leistete, konnte sich vorläufig in Sicherheit wähnen; Juden hingegen, die den Machthabern nicht gehorchten, gerieten unweigerlich in große Gefahr.[39]

So sahen sich die Juden in den Niederlanden zur Mitte des 20. Jahrhunderts in eine Situation versetzt, die mit den Zuständen früherer Ghettos in anderen Ländern verglichen werden konnte – aber doch darüber hinausging. Die Bewohner solcher Ghettos waren ebenfalls aus der Gesellschaft ausgeschlossen worden, hatten dort aber – im wohlverstandenen Eigeninteresse der Außenwelt – ihr Leben unter eingeschränkten Bedingungen fortsetzen können. In den besetzten Niederlanden wurden Juden aus dem ganzen Land nun von den Besatzern dazu gezwungen, sich in Amsterdam niederzulassen – und zwar ausschließlich in den als jüdisch geltenden Vierteln. Ein Ghetto wurde dort formell jedoch nicht errichtet.[40] Diese Zwangsumsiedlung war lediglich eine Übergangsmaßnahme – denn hinter der Segregation steckte ja nicht nur der Wunsch, die Juden zu isolieren, sondern sie langfristig und dauerhaft aus den Niederlanden zu entfernen. Von diesem Ziel erfuhr die jüdische Bevölkerung im Juni 1942.

Deportation

Am 29. April 1942 wurden die Vorsitzenden des Judenrates zu SS-Hauptsturmführer Ferdinand Hugo aus der Fünten einbestellt, einem der Koordinatoren der Judenverfolgung in den Niederlanden. Cohen und Asscher erhielten die Information, dass sämtliche Juden ab dem 3. Mai dazu verpflichtet seien, in der Öffentlichkeit einen gelben Stern auf ihrer Kleidung zu tragen. Der Judenrat sollte schnellstmöglich für die Verteilung dieser Kennzeichen sorgen. Die Vorsitzenden waren bestürzt und protestierten heftig; Cohen sprach von »einem schrecklichen Tag in der Geschichte der Juden in den Niederlanden«.[41] Aus Angst vor weiteren Repressalien beugten sie sich der Anordnung.

Der jüdischen Bevölkerung blieb kaum Zeit, sich zur »Sternpflicht« zu positionieren. Sollten sie auch diese Erniedrigung widerspruchslos über sich ergehen lassen, oder war es besser, den Stern »mit Stolz« zu tragen, wie Leo Baeck, der Präsident der Reichsvereinigung der Juden in Deutschland, es formuliert hatte?[42] Die Reaktionen der Nichtjuden waren unterschiedlich: Einige denunzierten Juden, die sich der Sternpflicht verweigerten.[43] Andere zeigten Mitgefühl und Solidarität. Studenten in Deventer befestigten an ihrer Kleidung Sterne mit der Aufschrift »reformiert« und »katholisch«.[44] 23 von ihnen wurden von den deutschen Machthabern daraufhin für einige Wochen im Straflager Amersfoort interniert.[45]

Die Einführung des Judensterns bildete nicht nur den Abschluss der Segregation, sondern zugleich den Startschuss für die Deportation. Arthur Seyß-Inquart begründete diese Maßnahme am 2. Juli 1942 in einem Geheimdokument für seine Spitzenbeamten. Die Sternpflicht betreffe alle Juden, »die für eine Aussiedlung in Frage kommen«.[46] »Aussiedlung« bedeutete Deportation in das von Deutschland besetzte Polen, wo die Nationalsozialisten eine erbarmungslose Schreckensherrschaft führten und bereits mehrere Ghettos, Konzentrations- und Vernichtungslager eingerichtet hatten.[47]

Getarnt durch Begriffe wie »Auswanderung«, »Evakuierung«, »Aussiedlung« oder »Umsiedlung« nahm die von den Nationalsozialisten beabsichtigte »Endlösung der Judenfrage« in Europa bereits seit 1941 mehr und mehr Gestalt an. In den besetzten Niederlanden waren verschiedene deutsche Instanzen für deren Vorbereitung und Durchführung verantwortlich. Der SS- und Polizeiapparat übernahm dabei zunehmend die Federführung und griff auf ein breites Repertoire an Druckmitteln zurück, um die Deportation zu forcieren und die niederländischen Juden der »Endlösung« zuzuführen: bürokratische Vorschriften, List und Betrug, extreme Einschüchterung und tödliche Gewalt.[48] Andere Instanzen organisierten derweil den systematischen Raub des jüdischen Besitzes: die Wirtschaftsprüfstelle des Generalkommissariats für Verwaltung und Justiz, die Omnia-Treuhand, die LiRo-Bank, die Grundstücksverwaltung, der »Einsatzstab Rosenberg« und die Hausratserfassungsstelle.[49]

Trotz – oder gerade wegen – des bürokratischen Wettstreits zwischen den verschiedenen Organen des nationalsozialistischen Staates hatten ihre kumulativen Anstrengungen zur Verfolgung der Juden katastrophale Folgen für die Opfer. Die allgemeinen Befehle kamen aus Berlin, von der Abteilung IV B 4 des Reichssicherheitshauptamtes. Diese von Adolf Eichmann geleitete Abteilung war für die Vorbereitung und Durchführung der Deportationen aus ganz Europa zuständig. In Den Haag wurde eine gleichnamige Unterabteilung errichtet. In Amsterdam trug außerdem die Zentralstelle für jüdische Auswanderung unter geschäftsführender Leitung von Ferdinand aus der Fünten dafür Sorge, dass sich die Juden pflichtgemäß zur Deportation meldeten. Für den Abtransport aus den Niederlanden war dann wiederum die Abteilung IV B 4 zuständig. Willy Lages, der deutsche Polizeichef in Amsterdam und formeller Chef der Zentralstelle, unterhielt gemeinsam mit aus der Fünten den Kontakt zu den Vorsitzenden des Judenrates. In den übrigen Landesteilen waren die regionalen deutschen Polizeichefs für die Organisation der Verfolgung zuständig. Sie gaben die Befehle von oben an die lokalen Abteilungen des Judenrates weiter.[50]

Am 20. Juni 1942 ordnete Eichmann den Beginn der Deportationen aus den Niederlanden, aus Belgien und aus Frankreich für die beiden kommenden Monate an. Aus der Fünten ließ die Vorsitzenden des Judenrates am Freitag, dem 26. Juni 1942 – der Sabbat hatte bereits begonnen –, zu sich kommen und informierte sie darüber, dass die Zentralstelle beschlossen habe, Juden zu einem »unter polizeilicher Aufsicht stehenden Arbeitseinsatz in Deutschland« einzuberufen. Am darauffolgenden Montag war in den Zeitungen zu lesen, dass laut Generalkommissar Fritz Schmidt alle Juden aus den Niederlanden verschwinden sollten. Als Asscher und Cohen sich erkundigten, ob dies den Tatsachen entspreche, dementierte aus der Fünten die Meldung nicht.[51] Zur ersten Gruppe, die deportiert wurde, gehörten vorrangig jüdische Flüchtlinge, die von den Besatzern für staatenlos erklärt worden waren. Zu Beginn der Besatzungszeit befanden sich mehr als 22000 dieser ausländischen Juden in den Niederlanden, für die der Judenrat ebenfalls zuständig war.[52]

Die Deportationen wurden von der deutschen Polizei koordiniert, die dabei allerdings auf die Mitarbeit der niederländischen Behörden und des niederländischen Polizeiapparats angewiesen war. Bereits 1941 hatten die Gemeindebehörden auf Befehl der Besatzer Listen der jüdischen Einwohner zusammenstellen müssen. Auf deren Grundlage legte die Zentralstelle nun fest, wer sich zur Deportation zu melden hatte. Sobald an einem bestimmten Ort oder in einem bestimmten Gebiet Deportationen vorbereitet werden sollten, beriefen die deutschen Polizeichefs die jeweiligen niederländischen Bürgermeister und Polizeikorpsleiter ein, um ihnen entsprechende Anweisungen zu erteilen. Aufgabe der örtlichen Polizei war es dann, die mit Namen und Adressen genannten Juden darüber zu informieren, dass sie sich zu einem bestimmten Zeitpunkt auf einem Platz oder an einem Bahnhof einfinden mussten, um von dort aus nach Amsterdam oder in die Durchgangslager Westerbork und Vught gebracht zu werden. Schon bald zeigte sich allerdings, dass viele Menschen diesem Befehl – aller Anspannung und Gefahr zum Trotz – nicht nachkamen. Niederländische Polizisten holten diese Menschen dann kurzerhand von zu Hause ab.

Die Reaktionen der niederländischen Verwaltung auf die Deportationen waren ambivalent; dennoch ließ sie sich einspannen. Bürgermeister und niedere Beamte, Korpschefs der

Polizei und gewöhnliche Polizisten erledigten die ihnen auferlegten Aufgaben häufig nur widerwillig und brachten ihr Mitgefühl gegenüber den Betroffenen zum Ausdruck. Ihr Gewissen beruhigten sie mit dem Gedanken, dass es vielleicht besser sei, dass sie – anständige Menschen – die jüdischen Mitbürger mit den Deportationsbefehlen konfrontierten und nicht die aggressiven Besatzer. Vereinzelte Bürgermeister und Polizeichefs, die öffentlich gegen die Deportationen protestierten, wurden auf Befehl der Deutschen entlassen und verhaftet. Andere Bürgermeister versuchten ihren Polizeikräften diese Gewissensnöte zu ersparen, indem sie das Innenministerium in Den Haag um Unterstützung baten. Generalsekretär Frederiks betrachtete das Problem jedoch aus der Perspektive seiner umfassenderen Strategie, die darauf abzielte, den niederländischen Verwaltungsapparat der Vorkriegszeit so weit wie möglich intakt zu halten.

Nach gut zwei Jahren Besatzung konnte seine Strategie jedoch als gescheitert gelten. Für die Besatzer hatten die Nazifizierung der Polizei und die Aufrechterhaltung von Ruhe und Ordnung Priorität. HSSPF Rauter war mit der Reorganisation der niederländischen Polizei beschäftigt, die zum Ausführungsorgan der deutschen Polizei gemacht werden sollte. So ließ er kasernierte Polizeieinheiten nach deutschem Vorbild errichten, die mit Anhängern der »Neuen Ordnung« besetzt waren. Diese Einheiten spielten bald eine zunehmend wichtigere Rolle, da viele ihrer niederländischen Kollegen als unzuverlässig galten. Auch waren inzwischen viele Führungsposten der Polizei mit überzeugten niederländischen Nationalsozialisten besetzt. Unter den Bürgermeistern hatte das Reichskommissariat zudem politische Säuberungen durchgeführt und die freigewordenen Plätze mit NSB-Mitgliedern besetzt.[53] Als die Deportationen begannen, waren bereits in rund 100 niederländischen Gemeinden Bürgermeister und Polizeichefs an der Macht, die nicht etwa unter Zwang, sondern aus Überzeugung an der Diskriminierung und Verfolgung der jüdischen Bevölkerung mitwirkten.

Trotz der fortschreitenden Gleichschaltung und Nazifizierung des Verwaltungsapparats hielt Generalsekretär Frederiks an der Vorstellung fest, unter allen Umständen den Verwaltungsapparat der Vorkriegszeit aufrechterhalten zu müssen. Er war zwar bereit, formell gegen antijüdische Maßnahmen zu protestieren, beugte sich letztlich aber dann doch den Vorschriften – wie etwa im März 1942, als er sich über die Zwangsumsiedlung von Juden nach Amsterdam beschwerte. Rauter gab ihm in aller Deutlichkeit zu verstehen, dass er die Juden nicht länger als Niederländer betrachte und Frederiks sich nicht in jüdische Angelegenheiten einzumischen habe – und Letzterer lenkte ein: »Ich werde mich dem erteilten Befehl beugen müssen.«[54]

Unterdessen forcierten die Besatzer im Verbund mit den niederländischen Nationalsozialisten ihren Zugriff auf die einheimische Polizei. In den großen Städten wurden Spezialeinheiten aufgestellt, die für einen reibungslosen Ablauf der Deportationen zu sorgen hatten. Nachdem in Amsterdam, Den Haag und Rotterdam anfänglich nicht einmal zwei Drittel der jüdischen Einwohner ihrem Aufruf zum »Arbeitseinsatz« gefolgt waren,[55] setzten die deutschen Polizeichefs diese neuen, politisch vertrauenswürdigen Einheiten ein und führten im Herbst 1942 großangelegte Razzien durch. Die Mitwirkung an den Deportationen wurde nur in seltenen Einzelfällen verweigert. Am bekanntesten ist wohl ein Vorfall in Utrecht, der durch einen Hirtenbrief des römisch-katholischen Episkopats vom 21. Februar 1943 ausgelöst wurde. Darin riefen die Bischöfe die niederländischen Beamten dazu auf, sich nicht an Maßnahmen gegen Juden und Arbeitsdienstpflichtige zu beteiligen. 15 Utrechter Polizisten – aus einem Korps von 180 Mann – verweigerten daraufhin die weitere Mitarbeit und tauchten unter, um einer Strafe zu entgehen. Ähnliche Beispiele von Verweigerung und Protest finden sich in den Archiven nur sehr selten, aber sicher blieb solches Verhalten manchmal auch unentdeckt. Zahlreich sind Berichte über Polizisten, die Juden vor ihrer bevorstehenden

Abholung warnten, Polizeiprotokolle fälschten oder einzelne Deportationen auf andere Weise zu sabotieren versuchten. Maßgeblichen oder kollektiven Protest, der die Besatzer vor größere Probleme gestellt hätte, gab es jedoch nicht.[56]

Als die Juden ihre Deportationsbefehle erhielten, nahmen die niederländischen Institutionen – wie bereits im vorangegangenen Segregationsprozess – eine abwartende Haltung ein, und auch die meisten Landsleute verhielten sich passiv.[57] Widerstand und Hilfe für Untergetauchte in größerem Umfang kamen erst in Gang, als es für die meisten Juden bereits zu spät war. Die staatlichen Institutionen, auf deren Mithilfe die Besatzer bei den Deportationen angewiesen waren – Verwaltung, Polizei sowie Straßen- und Eisenbahnen – unternahmen keinerlei gemeinsame Anstrengungen, um Menschen in größerer Zahl zu retten. Einzelne mutige Nichtjuden hatten sich 1940/41 durchaus bemüht, jüdische Mitbürger vor den Provokationen und Gewalttaten niederländischer und deutscher Nationalsozialisten zu schützen. 1942/43 ging es jedoch nicht mehr um Provokationen, sondern um eine auf die Auslöschung der jüdischen Gemeinschaft zielende Politik, die aus Sicht der Führungsspitze des NS-Staates oberste Priorität besaß und mit allen Mitteln durchgesetzt werden sollte. Dagegen etwas ausrichten konnte höchstens noch ein massiver Sabotageakt – oder aber ein gutes Versteck.

Die Juden haben sich nicht »wie die Lämmer« nach Westerbork oder Vught bringen und später nach Osten deportieren lassen. Als Anfang Juli 1942 die ersten Menschen die Aufforderung erhielten, sich zur Registrierung ihrer Besitztümer und zum Abtransport nach Westerbork zu melden, machten sich zunächst Ratlosigkeit und Verunsicherung breit. Denn die Strafe für Zuwiderhandlung war bekannt: Mauthausen und ein sicherer Tod. Aus Gründen der Effizienz war es für die Deutschen besonders wichtig, dass die Opfer bereitwillig an ihrer eigenen Deportation mitwirkten. Dass der Judenrat in diesem Konzept eine Schlüsselrolle spielte, lag nicht etwa im Entscheidungsspielraum seiner Vorsitzenden, sondern wurde von den Deutschen sukzessive erzwungen. Am Vorabend der Deportationen befand sich die jüdische Gemeinschaft quasi in Geiselhaft – noch auf niederländischem Boden, aber vollständig von der Gesellschaft isoliert. Die notleidenden und verzweifelten Menschen verfügten kaum mehr über Möglichkeiten und Mittel für kollektiven oder individuellen Widerstand. Mit Hilfe des Judenrates konnten sie kontrolliert und überwacht werden, ohne dass dafür viel deutsches Personal benötigt wurde.[58]

Ferdinand aus der Fünten sicherte sich die Kooperationsbereitschaft des Judenrates, indem er bestimmte Gruppen von Juden vorerst von der Deportation freistellte. Es handelte sich dabei um Menschen, die – solange die Deportationen noch nicht abgeschlossen waren – zur Aufrechterhaltung des jüdischen Gemeinschaftslebens benötigt wurden. Auch der Judenrat konnte Vorschläge für solche Freistellungen machen – und Ämter beim Judenrat waren als Zuflucht vor der Deportation sehr begehrt. Entsprechend schuf die Leitung des Rates allerlei neue Aufgaben und Abteilungen, um die Zahl des benötigten Personals künstlich zu erhöhen. Die Möglichkeiten für »Sperren« oder »Rückstellungen« waren jedoch begrenzt. Maximal 17 500 Menschen durften aufgrund ihrer Unabkömmlichkeit für die jüdische Gemeinschaft von der Deportation freigestellt werden. Im Sommer 1942 wurde für circa 25 000 weitere Personen eine vorläufige Ausnahme gemacht – vor allem für Juden, die in »Mischehen« lebten, getauft waren oder in Betrieben arbeiteten, die den Deutschen als kriegswichtig galten.[59]

Je mehr Deportationen in die Durchgangslager stattfanden, desto weniger Freistellungen wurden von der Zentralstelle toleriert. Asscher und Cohen, die Vorsitzenden des Judenrates, wurden immer wieder persönlich mit der Todesangst der Menschen konfrontiert, für deren Schicksal sie nun mit verantwortlich waren. Über *Het Joodsche Weekblad* appellierten sie mit Nachdruck an alle »Aufgerufenen«, dem Befehl Folge zu leisten. So wurden die Vorsitzenden des Judenrates von den Besatzern zur Mitwirkung gezwungen und dabei vor schreckliche Entscheidungen gestellt: Sie durften einige wenige retten – auf Kosten vieler anderer.

Auf Leben und Tod

Die systematische Deportation der niederländischen Juden begann in der Nacht vom 14. auf den 15. Juli 1942, als der erste Zug mit 962 Menschen an Bord vom Amsterdamer Hauptbahnhof Richtung Westerbork abfuhr. Von dort wurden noch am selben Tag die ersten 1135 Menschen, größtenteils deutsche Juden, nach Auschwitz deportiert.[60] Versuche, sich der Deportation zu entziehen, liefen anfangs vor allem über den »Papierweg«. So fochten manche ihre bereits erfolgte Registrierung als »Jude« an, indem sie im Nachhinein ihre jüdische Abstammung abstritten. Über solche Fälle hatte der deutsche Beamte Hans Georg Calmeyer im Auftrag des Reichskommissars zu entscheiden. Bis zu einem gewissen Grad war er bereit und in der Lage, Menschen vor der Deportation zu bewahren. In wie vielen Fällen er tatsächlich solche Entscheidungen traf, lässt sich nicht mit Sicherheit feststellen – er selbst sprach wiederholt von 18 000. Die fundierteste Berechnung auf Grundlage des ausgewerteten Aktenmaterials geht allerdings von insgesamt 5667 bearbeiteten Anträgen aus, von denen 3709 dahingehend entschieden wurden, dass die betreffenden Personen nicht mehr länger als »Volljuden« galten.[61] Eine Gruppe portugiesischer Juden versuchte Calmeyer mit Hilfe des Anthropologen Arie de Froe auf wissenschaftlicher Basis davon zu überzeugen, dass *Sephardim* ihrer Abstammung nach nicht als jüdisch gelten könnten. Das gelang allerdings nicht.[62] Historiker sind sich immer noch nicht darüber einig, was Calmeyer antrieb und ob und inwieweit er tatsächlich gezielt versuchte, möglichst viele Menschen vor der Deportation zu bewahren.[63]

Nachdem der »Papierweg« keinen Ausweg mehr zu bieten schien, blieben nur noch zwei illegale Möglichkeiten, sich der Deportation zu entziehen: die Flucht ins sichere Ausland oder das Untertauchen inmitten der niederländischen Gesellschaft. Beide Optionen bedeuteten einen völligen Bruch mit dem bisherigen Dasein und gingen mit großer Unsicherheit und ständiger Lebensgefahr einher. Wer diesen Weg beschritt, musste all seinen Mut zusammennehmen und sein Handeln auf ein einziges Ziel ausrichten: zu überleben. Über den Seeweg nach England oder auf dem Landweg nach Spanien oder in die Schweiz zu flüchten erforderte nicht nur außerordentlich viel Mut und Stärke, sondern auch viel Improvisations- und Leidensfähigkeit.[64] Soweit bekannt, gelang dies zwischen 1700 und 2700 Juden aus den Niederlanden.[65]

Die Entscheidung, unterzutauchen, trafen Menschen meistens dann, wenn ihre Deportation unmittelbar bevorstand. Der Judenrat stand der Option des Untertauchens aus Angst vor Repressalien ablehnend gegenüber. Entsprechend ungewöhnlich war die Haltung der Abteilung des Judenrates in Enschede: Nach den Razzien des Jahres 1941 gelang es ihnen – zusammen mit einer Gruppe um Pfarrer Leendert Overduin – Hilfe für jüdische Untergetauchte zu organisieren, wodurch eine beträchtliche Zahl von Menschen gerettet werden konnte.[66] Im katholischen Süden der Niederlande entstanden ähnliche Netzwerke, koordiniert von den dortigen Pfarrgemeinden. In Amsterdam und Utrecht gelang es Studentengruppen, circa 1100 jüdische Kinder zu retten. Darunter befanden sich auch 385 Kinder aus der Kinderkrippe gegenüber der *Hollandsche Schouwburg*, wo sich die Amsterdamer Juden vor ihrer Deportation sammeln sollten.[67]

1942 mussten die meisten Juden, die untertauchen wollten, jedoch selbst aktiv werden und mit Hilfe eigener Beziehungen und Mittel nach einem Versteck suchen. Wenn sie eine vertrauenswürdige Adresse gefunden hatten, mussten Absprachen über den täglichen Umgang zwischen »Gastgebern« und Untergetauchten, über die Zahlung von Kostgeld und die Lebensmittelversorgung getroffen werden. Erst ab 1943 gab eine wachsende Zahl von Niederländern ihre anfangs abwartende Haltung auf. Als auch Nichtjuden Razzien und Verschleppungen drohten, entwickelte sich aus dem passiven Widerwillen gegen die Nationalsozialisten aktiver Widerstand.[68] Menschen, die untertauchten, erhielten nun in größerem Umfang Hilfe. Für Zehntausende von Juden, die damals bereits deportiert worden waren, kam diese Hilfe zu spät. Da das Untertauchen im Geheimen stattfand und auf informellen Absprachen beruhte, lässt sich die Anzahl der untergetauchten Juden nicht genau beziffern. Es ist anzunehmen, dass zwischen Mitte 1942 und dem Besatzungsende fast 28 000 Juden untertauchten; etwas mehr als 16 000 von ihnen erlebten die Befreiung.[69]

Widerstandsaktivitäten von Juden hatten ihre Wurzeln häufig in den Verfolgungserfahrungen im Vorkriegsdeutschland, in Hilfsnetzwerken, politischen Organisationen und in der zionistischen Bewegung. Die 15 000 deutsch-jüdischen Flüchtlinge in den Niederlanden hatten Terror und Verfolgung bereits in den dreißiger Jahren erfahren und waren daher mental vorbereitet. Der deutsche Künstler Gerhard Badrian gehörte einer Fälschergruppe um den Bildhauer Gerrit van der Veen an, die Juden mit gefälschten Personalausweisen belieferte. Beide, Badrian und Van der Veen, starben im Juni 1943 durch deutsche Polizeikugeln.[70] In Amsterdam versuchte eine jüdische Widerstandsgruppe, in der *Hollandsche Schouwburg* Menschen vor der Deportation zu bewahren. Der in Deutschland geborene Niederländer Walter Süskind war dort im Auftrag des Judenrates Leiter des *Ordedienst* (Ordnungsdienst). Unter seiner Federführung wurden jüdische Kinder aus der *Schouwburg* herausgeschmuggelt. Er selbst musste diese Rettungsaktion mit dem Tod bezahlen.

Viele Widerstandsaktivitäten von Juden waren aus der sehr vielfältigen niederländischen Widerstandsbewegung erwachsen und mit ihr verbunden. So arbeiteten untergetauchte Juden, die häufig mit einer falschen Identität ausgestattet waren, beispielsweise für die illegale Presse oder waren im bewaffneten Widerstand aktiv.[71] Diese Zusammenarbeit ergab sich meist aus sozialen und politischen Verbindungen, die – wie etwa in der Arbeiterbewegung – jenseits rein jüdischer Kreise existierten. Die Besatzer gingen gegen jüdische Widerständler häufig besonders hart vor; diese liefen zudem Gefahr, als »Straffall« nach Polen deportiert zu werden. Das galt auch für die fast 12000 untergetauchten Juden, die entdeckt und verhaftet wurden.[72] Sie wurden von Spezialeinheiten der niederländischen Polizei und ihren Handlangern aufgespürt, die für jeden gefassten Juden eine Prämie in Höhe von 7 Gulden und 50 Cent erhielten.[73]

Das wichtigste Judendurchgangslager in den Niederlanden war Westerbork,[74] das ursprünglich als Auffanglager für jüdische Flüchtlinge aus Deutschland errichtet worden war. Am 1. Juli 1942 übernahm der Befehlshaber der Sicherheitspolizei und des SD das Lager. Nur zwei Wochen später, am 15. und 16. Juli, fuhren die ersten beiden Züge mit 1137 beziehungsweise 586 temporären Lagerinsassen nach Auschwitz. Insgesamt hielten sich 101525 Personen – 41156 Männer, 45867 Frauen und 14502 Kinder – für kürzere oder längere Zeit in Westerbork auf. Im Januar 1943 errichteten die Deutschen ein weiteres Durchgangslager als Teil des bereits existierenden Konzentrationslagers bei Vught, da die Kapazitäten von Westerbork ausgeschöpft waren.[75] Für gewöhnlich wurden die Lagerinsassen 1943 und 1944 nach Westerbork weitergeschickt; nur zwei Transporte fuhren direkt von Vught aus nach Polen. Am 15. September 1944 verließ der letzte Deportationszug die Niederlande: Er fuhr von Westerbork ins Konzentrationslager Bergen-Belsen. Knapp 1000 Menschen blieben in dem Lager zurück und warteten auf ihre Befreiung.[76]

Etwa 700 »prominente« Juden lebten eine Zeitlang relativ geschützt in einem kleinen und außergewöhnlichen Lager: auf Schloss Schaffelaar bei Barneveld, östlich von Amersfoort. Auf Fürsprache angesehener Niederländer, zu denen auch Generalsekretär Frederiks gehörte, wurden dort jüdische Akademiker, Beamte, Juristen und Künstler interniert, die hofften, von den Deportationen verschont zu bleiben – allerdings vergeblich: Im September 1943 wurden die Bewohner nach Westerbork und von dort aus nach Theresienstadt deportiert.[77] Im selben Monat wurden auch in Amsterdam die letzten Juden abgeholt. Unter ihnen befanden sich auch die Vorsitzenden des Judenrates, David Cohen und Abraham Asscher, die nach Westerbork und von dort aus nach Theresienstadt beziehungsweise Bergen-Belsen gebracht wurden. Der Judenrat gehörte damit endgültig der Vergangenheit an.

In den Durchgangslagern herrschte eine Atmosphäre der latenten Bedrohung, jedoch nicht der unmittelbaren Lebensgefahr.[78] Es kursierten zwar bruchstückhafte Informationen über Massenmord und Vergasungen, diese waren aber vermutlich nicht allen Insassen bekannt.[79] Die Nationalsozialisten hatten keinerlei Interesse an der Verbreitung solcher Gerüchte, denn das hätte die Tarnung ihrer eigentlichen Absichten zunichtegemacht.[80] Wer durchschaut hatte, dass es kaum eine Überlebenschance gab, stand vor der Frage, ob es sinnvoll wäre, dieses Wissen zu teilen. Welche Rettungsaussichten hatte man den Mitgefangenen zu bieten? Der Journalist Philip Mechanicus beschrieb in seinem Westerborker Tagebuch eine Diskussion zwischen Lagerinsassen, die darüber stritten, ob angesichts ausbleibender Briefe der nach Polen Deportierten überhaupt noch Anlass zum Optimismus bestand: »Nein, der Optimismus kann nichts am tatsächlichen Zustand ändern. Es ist eine beschissene Lage. Wer nach Polen geht, ist abgeschrieben.« Während wenige Optimisten versuchten, den Kopf hochzuhalten, schauten sich die Pessimisten »wie verletzte Tiere in die Augen«.[81] Lebenseinstellung und psychische Verfassung hatten großen Einfluss darauf, ob und inwieweit Menschen erahnen oder erkennen konnten, was ihnen bevorstand.[82]

Der Student David Koker schrieb im April 1943 über die Stimmung in Vught: »Was schon vorher angefangen hat, lässt mich […] nicht mehr los, so stark ist es geworden: Angst vor Polen, Angst vor dem Tod.«[83] Die Durchgangslager markierten eine Übergangsphase zwischen dem Leben in einer isolierten jüdischen Gemeinschaft mit eigenen Gesetzen und Regeln und dem Aufenthalt in den Todeslagern des Ostens. Die Züge ins Deutsche Reich und nach Polen fuhren immer dienstags von Westerbork ab. In den Tagen davor geriet das Lager stets in einen Zustand zunehmender Erregung. Montagnacht wurden die Transportlisten vorgelesen. Jede Abfahrt eines Zuges gen Osten war wie »eine Explosion«,[84] die die Häftlingsgemeinschaft auseinanderriss. Jegliche Ordnungs- und Humanitätsansprüche verloren mit dem Beladen eines Zuges an Gültigkeit; ab diesem Moment ging es nur noch um die schematische Ausführung eines Transportplans. Über das genaue Ziel ihrer Reise konnten die Passagiere nur spekulieren. Den meisten wird aber klar gewesen sein, dass mit ihrer Abreise die Segregation zu einer unumkehrbaren Tatsache geworden und ihr Leben in den Niederlanden beendet war. Manche warfen noch Abschiedsbriefe aus den Zügen, in der Hoffnung, dass hilfsbereite Menschen sie weiterschicken würden.

Die Reise ins norddeutsche Bergen-Belsen konnte an einem Tag zurückgelegt werden, die ins schlesische Auschwitz und ins böhmische Theresienstadt an zwei Tagen; bis ins ostpolnische Sobibór brauchten die Züge sogar drei Tage. Bei ihrer Ankunft am Zielort waren die Deportierten völlig erschöpft und gierten nach frischer Luft; nicht selten waren kranke und alte Menschen schon während des Transports gestorben.[85] Wer mitten in der Nacht an der »Rampe« in Auschwitz-Birkenau ankam, hatte es schwer, das dortige »Schauspiel« sofort zu begreifen: ein hell erleuchteter Bahnsteig, SS-Männer mit Hunden, ein beleuchtetes Gebäude in der Ferne, ein seltsam gefärbter Himmel und oft auch ein abscheulicher Brandgeruch. Gelegenheit, sich in Ruhe umzuschauen, gab es nicht: Die Deportierten wurden von SS-Männern und ihren Helfern aus den Waggons gezerrt und geprügelt, oft auch von Hunden gebissen. Sie mussten sich zur Selektion auf dem Bahnsteig aufstellen, bevor SS-Ärzte die Männer von den Frauen, die körperlich Schwachen von den Starken trennten. An der »Rampe« entschied sich, wer sofort in den Gaskammern ermordet und wer sich im Lagersystem zu Tode arbeiten sollte.[86]

Vom 15. Juli 1942 bis zum 23. Februar 1943 und dann noch einmal vom 24. August 1943 bis zum 3. September 1944 fuhren die Deportationszüge aus den Niederlanden nach Auschwitz-Birkenau; mit diesen 67 Transporten gelangten rund 60000 Menschen in das Konzentrations- und Vernichtungslager nahe Krakau. Zwischen dem 2. März und dem 20. Juli 1943 fuhren außerdem 19 Transporte mit mehr als 34000 Menschen aus den Niederlanden nach Sobibór. Eine Selektion wie in Auschwitz gab es dort nicht: Der einzige Zweck des Lagers bestand in der sofortigen Tötung. Nach Schätzungen wurden im Zeitraum von April 1942 bis September 1943 zwischen 150000 und 250000 Menschen – hauptsächlich polnische Juden – nach Sobibór gebracht und in den dortigen Gaskammern ermordet. Gerade einmal zwanzig von ihnen, darunter zwei Niederländer, überlebten.[87] Insgesamt wurden mehr als 100000 Juden aus den besetzten Niederlanden in die Konzentrations- und Vernichtungslager deportiert; nur etwas mehr als 5000 von ihnen überlebten. In kaum einem anderen Land war die antisemitische Verfolgungs- und Vernichtungspolitik der Nationalsozialisten so »effizient« wie in den Niederlanden: Von den rund 140000 Juden, die 1940 dort gelebt hatten, fielen 107000 dieser Politik zum Opfer.

Das niederländische Paradoxon

Das Beispiel der Verfolgung und Vernichtung der niederländischen Juden sticht im westeuropäischen Vergleich hervor – durch die extreme Konsequenz, Effizienz, Geschwindigkeit und Gründlichkeit, mit der die Nationalsozialisten dort vorgingen. Eine in den Niederlanden seit langer Zeit tief verwurzelte und gut integrierte Gruppe wurde innerhalb kürzester

Zeit systematisch aus der Gesellschaft ausgeschlossen, vier Fünftel von ihnen wurden ermordet. Sie fielen einem radikal umgesetzten politisch-administrativen Projekt beispiellosen Ausmaßes zum Opfer. Wie im Deutschen Reich – nur erheblich schneller als dort – hatten die Besatzer mit einer Vielzahl von Verordnungen und polizeilichen Maßnahmen auch in den Niederlanden eine vollkommene Segregation zwischen Juden und Nichtjuden herbeigeführt. Als willfährige Handlanger dienten ihnen die niederländischen Nationalsozialisten; mindestens ebenso wichtig war jedoch, dass sie zur Umsetzung ihrer Ziele auf die Kapazitäten der niederländischen Behörden zurückgreifen konnten. Damit war eine administrative Kontinuität gewährleistet, die den Maßnahmen der Besatzer zugleich den Anschein der Legalität verlieh. Auch bei der anschließenden Organisation der Deportationen konnten sie, neben eigens aufgestellten Polizeieinheiten, auf die Kooperationsbereitschaft der niederländischen Behörden vertrauen. Letztere übernahmen dabei lediglich eine dienende Funktion – jegliche selbstbestimmte Zuständigkeit für die jüdische Bevölkerung war der einheimischen Verwaltung entrissen worden.

Die Juden wurden stattdessen einer Art Selbstverwaltung unterstellt, deren leitende Instanz – der Judenrat – aus Sicht der Deutschen vor allem als unterstützendes Instrument zur Vorbereitung der Deportationen dienen sollte. Die Vorsitzenden des Judenrats, David Cohen und Abraham Asscher, kooperierten mit den Besatzern – in der verzweifelten Hoffnung, ihnen auf diese Weise Zugeständnisse abringen und ihre Verfolgungspolitik mäßigen zu können. Ebenso wie die nichtjüdischen Eliten zeigten sich auch die jüdischen Anführer gegenüber den Deutschen weitgehend »kooperativ, administrativ effizient und obrigkeitshörig«.[88] Damit knüpften die niederländischen Juden zugleich an Erfahrungen aus der Vorkriegszeit an: Im Verhältnis zur nichtjüdischen Mehrheitsgesellschaft hatten sie stets erfolgreich auf eine Mischung aus unabhängiger Selbstorganisation und kooperativer Dialogbereitschaft gesetzt – wenngleich unter gänzlich anderen Umständen.[89] Mit einem derart gewalttätigen Antisemitismus, wie er seit 1940 im Land herrschte, waren die niederländischen Juden zuvor nicht in Berührung gekommen, und entsprechend unvorbereitet waren sie auf die Radikalität und Brutalität des NS-Regimes. Dennoch hofften Männer wie Cohen und Asscher, die Verfolgungsmaßnahmen wenigstens ansatzweise abmildern zu können, indem sie sich den Besatzern als kompetente und verantwortungsvolle Amtsträger präsentierten.[90] Dass sie gerade mit dieser verzweifelten Strategie der Kooperation letztlich nur den Interessen der Verfolger dienten, macht die besondere Tragik des *Joodsche Raad* aus.

Entsprechend heftig fiel die Kritik an der Politik des Judenrates aus, sowohl während des Krieges als auch danach. Gleichwohl erkannten auch die schärfsten Kritiker rückblickend, dass eine Verweigerung der Kooperation zwar einen moralischen Gewinn bedeutet,[91] jedoch keine wirksame Möglichkeit zur umfangreichen Rettung von Juden geboten hätte.[92] Weder durchschauten Asscher und Cohen die Strategie der Deutschen, noch konnten sie sich eine andere Strategie gegen die Verfolgung vorstellen als jene Kooperationsbereitschaft – in der leisen Hoffnung, wenigstens einen Teil der jüdischen Bevölkerung retten zu können. Bei jeder neuen Anordnung der Besatzer versuchten die Vorsitzenden zu retten, was zu retten war. Dass die meisten Betroffenen sie und ihr konstantes Dilemma weder verstehen konnten noch wollten und die Entscheidungen des Judenrates verabscheuten, mussten sie als unausweichliche Konsequenz ihrer Position akzeptieren. Der Judenrat unterschied sich in seinem Verhalten mithin nicht wesentlich von der niederländischen Verwaltung, die zwar ihren Protest artikulierte, sich letztlich aber damit abfand, dass die Juden sukzessive ihrer Bürgerrechte beraubt wurden.

Von den niederländischen Institutionen und ihren Spitzenbeamten erhielt der Judenrat keinerlei Rückendeckung.

Vereinzelte Bürger und diverse Widerstandsgruppen ergriffen selbstlose Hilfsmaßnahmen und unternahmen heldenhafte Rettungsaktionen, um jüdische Landsleute vor der Deportation zu bewahren. Die große Mehrheit der niederländischen Gesellschaft aber erkannte die enorme Gefährdungslage und Schutzbedürftigkeit der Juden nicht oder nicht rechtzeitig genug – oder wollte sie vielleicht auch nicht erkennen. Diese harte Wahrheit prägt den Rückblick auf jene katastrophale Episode der niederländischen Geschichte bis heute. Der jüdische Rechtsanwalt Abel Herzberg, der Bergen-Belsen überlebt hatte und nach dem Krieg die Verteidigung der Vorsitzenden des Judenrates vor Gericht übernahm, schrieb 1950 seine *Kroniek der Jodenvervolging*. Den niederländischen Juden, so bilanzierte er, sei es »viel, viel schlechter« ergangen als den Juden in anderen westeuropäischen Ländern – und fast ebenso schlecht wie denen in den meisten osteuropäischen Ländern.

Für diese Spezifik der Judenverfolgung in den Niederlanden lassen sich unterschiedliche Erklärungen anführen: Zum einen waren die Fluchtmöglichkeiten dort besonders schlecht, da die Niederlande nur an das Deutsche Reich und an deutsch besetzte Gebiete grenzte; eine Flucht über die gut bewachte Meeresgrenze war gefährlich und kaum aussichtsreich. Außerdem bot das kleine und dichtbevölkerte Land relativ wenig Platz für sichere Versteckmöglichkeiten. Hinzu kam, dass der Verwaltungsapparat gegen eine derart radikale Politik der Diskriminierung und Verfolgung nicht ausreichend gewappnet war und von der Exilregierung überdies nicht dazu animiert wurde, sich den Anordnungen der Besatzungsmacht zu widersetzen. Einige dieser Faktoren galten zwar *mutatis mutandis* auch für vergleichbare Länder wie Frankreich, Belgien oder Dänemark. Erstens aber gab es in diesen Ländern mehr Möglichkeiten zum Untertauchen und zur Flucht, und zweitens besaß die SS dort weniger Macht. So konnten die knapp 8000 dänischen Juden dank einer konzertierten Aktion – und mit stillschweigendem Einverständnis der deutschen Besatzer – ins nahe gelegene Schweden flüchten. Die kollaborierende französische Vichy-Regierung half zwar bei der Ergreifung ausländischer Juden, blockierte aber die Verfolgung von Juden mit französischer Staatsbürgerschaft. Für die deutsche Militärverwaltung in Belgien, die den Einfluss der SS zu beschränken versuchte, hatte die Verfolgung der dortigen Juden zunächst keine Priorität. Als die Deportationen schließlich begannen, kam in Belgien eine große Hilfsaktion in Gang, mit der vielen Juden zu einem Versteck verholfen werden konnte.[93]

Mit einer Opferquote von 79 Prozent hebt sich das Schicksal der Juden in den Niederlanden in Relation sehr deutlich von dem der belgischen (40 Prozent) und der französischen Juden (25 Prozent) ab. »Die starke historische Verbundenheit der niederländischen Juden mit dem niederländischen Volk und die in vieler Hinsicht geteilte Identität haben ihnen kaum geholfen« – so beschrieb Abel Herzberg das, was später »das niederländische Paradoxon« genannt werden sollte.[94] Jüngere Forschungsarbeiten haben die Bedeutung einiger für die Niederlande spezifischer Faktoren bestätigt: die besonders zielgerichtete und effiziente Besatzungsverwaltung, die traditionelle Obrigkeitshörigkeit der Niederländer und schließlich die tiefgreifende Assimilation und Integration der jüdischen Bevölkerungsgruppe in die Gesellschaft, die auf ebenso paradoxe wie tragische Weise dafür sorgte, dass die niederländischen Juden besonders schlecht gegen die Radikalität der Verfolgung gewappnet waren.[95] Die fortgeschrittene Emanzipation und Integration hatte bei vielen Juden ein trügerisches Gefühl der Sicherheit hervorgerufen. Unter den radikal veränderten Bedingungen der deutschen Besatzung und im Zeichen ihrer antisemitischen Segregationspolitik verlor das nationale Mantra der »Einheit in Verschiedenheit« binnen kürzester Zeit seinen verbindlichen Charakter.

Die Ausgrenzung der jüdischen Bevölkerung in den Niederlanden vollzog sich in atemberaubender Geschwindigkeit. Sie war zudem so absolut, dass die Verfolgten quasi aus dem Blickfeld ihrer Landsleute verschwanden. Zu dieser Dynamik trug zweifellos bei, dass der niederländische Staatsapparat auch unter deutscher Leitung und Kontrolle weiter effizient arbeitete und sich bei der Umsetzung der Isolierungs- und Verfolgungsmaßnahmen einspannen ließ. Das Vertrauen, das die niederländischen Juden dem Staat seit Beginn ihrer Emanzipation entgegengebracht hatten, wurde nicht nur tief enttäuscht, sondern – schlimmer noch – selbst zu einem Werkzeug der Verfolgung. Der vereinzelte Widerstand gegen die Diskriminierung, Segregation und Deportation der jüdischen Mitbürger entwickelte sich nur langsam, war bei weitem kein gesamtgesellschaftliches Phänomen und konnte auch nur wenige Leben retten. Die geschätzte Zahl von 28 000 Untergetauchten zeigt zwar, dass durchaus viele Menschen bereit waren, große Risiken in Kauf zu nehmen. Noch viel mehr ihrer Landsleute waren jedoch zu ängstlich, zu gleichgültig oder schlichtweg nicht dazu bereit oder in der Lage, den Juden zu helfen.

Der wichtigste Grund für den relativen »Erfolg« der Judenverfolgung in den Niederlanden – belegt vor allem durch vergleichende Studien zu Frankreich und Belgien – liegt in der enormen Effizienz der Besatzungsverwaltung in den Niederlanden und der Macht der Verfolgungsinstanzen innerhalb dieses Apparates. Vehementer und erfolgreicher als in anderen besetzten Ländern Westeuropas riss der SS- und Polizeiapparat in den Niederlanden die Kontrolle über die Judenverfolgung an sich, machte sie zum integralen Bestandteil seiner Befehlsketten und zum Kernziel seiner Politik.[96] Fanatischste Nationalsozialisten gelangten hier zu größtmöglicher Handlungsfreiheit, von der Spitze der Besatzungsverwaltung bis hin zu den lokal Verantwortlichen – mit fatalen Folgen für das jüdische Leben in den Niederlanden, dessen Vernichtung ihnen zu großen Teilen gelang.

4. Kriegsende und Nachkriegszeit

»Um mich herum der grandiose Rausch der Befreiung: Das Wasser war zu Whisky geworden. Alles soff und vögelte, ganz Europa war eine große Matratze und der Himmel die Decke eines drittklassigen Hotels.«[1] So beschrieb der junge Dichter Remco Campert den Sommer 1945. Selbst hatte er, der Sohn des von den Besatzern erschossenen Dichters Jan Campert, das Bedürfnis nach Ruhe und Einkehr. Überschattet wurde die Euphorie über die wiedergewonnene Freiheit von der Trauer um das, was zerstört und verloren war.[2] Die berühmten Fotos und Filme jener Tage zeigen vor allem den Einmarsch der Befreier, die feiernden Massen, die Flaggen und Paraden. Überall fanden Umzüge statt, bei denen die Teilnehmer Szenen aus den Kriegsjahren nachspielten. Noch heute setzen die Niederlande die Befreiung immer wieder neu in Szene, mit Paraden von betagten Veteranen, originalen Armeefahrzeugen und jubelnden Menschenmassen.[3]

So geriet das historische Ereignis der Befreiung zum ikonographischen Merkmal der niederländischen Erinnerungspolitik. Der einflussreiche Psychologe Frederik Buytendijk, Zeitzeuge der Befreiung, interpretierte die Ekstase jenes Augenblicks als logische Konsequenz des kollektiv geteilten Schicksals der Unterdrückung. Der unwiderstehliche Drang, einander im Freudentaumel zu umarmen, bewies seiner Ansicht nach, dass »unsere Befreiung im Zeichen der Solidarität stand«.[4] Dieses rosige Bild der Befreiung zeige, wie sehr die Niederländer ihre Freiheit, ihr Vaterland und ihre Institutionen liebten, und das sei – wie Politiker, Geistliche und andere Meinungsführer beteuerten – zwar schön, aber nun müssten sie beweisen, dass sie der wiedergewonnenen Freiheit auch würdig seien. Eine bessere Zukunft könne nur erreicht werden, wenn alle einmütig und diszipliniert daran mitarbeiten würden, so Buytendijk.

Während die Befreiung von vielen Niederländern als euphorischer Moment erlebt wurde, war sie für andere Anlass zur Trauer, Sorge oder Angst. Sie war Teil einer langwierigen Übergangsphase vom Krieg zum Frieden. Zwischen August 1944 und Juli 1945 war das Leben in den Niederlanden von maßloser Gewalt und humanitärer Not geprägt. Bereits in dieser chaotischen Phase vor der Befreiung nahmen die wichtigsten Akteure aus Politik, Verwaltung, Widerstand, Wirtschaft und Zivilbevölkerung jene Positionen ein, in denen sie später – nach der Befreiung – den Entwicklungen ihren Stempel aufdrücken konnten. Dieses Kapitel handelt von der »Übergangspolitik«,[5] die ausschlaggebend für die Gestaltung des Neuanfangs der Niederlande in der Nachkriegszeit war. Der damit einhergehende Machtkampf wurde angefacht durch eine Kritik an der Funktionsweise des politischen Systems, die bereits vor dem Krieg laut geworden war, aber durch die Erfahrung der Besatzung und Unterdrückung weiter an Brisanz gewonnen hatte. Die Erfahrungen des katastrophalen letzten Kriegsjahres, die vorübergehende Trennung des befreiten Südens vom besetzten Rest des Landes und auch das Verlangen nach einer rigorosen Bestrafung aller Kollaborateure verliehen der Übergangspolitik eine Reihe radikalisierender Impulse. Im Moment der Befreiung stellte sich die Frage, ob und wie man diesen Impulsen mit stabilisierenden und normalisierenden Einflüssen begegnen konnte.

Machtkrise und Wiederherstellung der Regierung

In der Spätphase der Besatzung nahm die Gewalt zwischen Besatzern und bewaffnetem Widerstand dramatisch zu. Die calvinistische Widerstandszeitung *Trouw* schrieb im März 1944, dass der Widerstand das Recht habe, zur Verteidigung der guten Sache Waffen einzusetzen: »Schießen sie, dann schießen wir auch, vorzugsweise etwas früher als der Mann, der des Feindes Sache vertritt.«[6] Im letzten Besatzungsjahr verlor die Besatzungsverwaltung nicht nur ihren

Legitimitätsanspruch, sondern auch das Gewaltmonopol. Widerstandsgruppen überfielen Ausgabestellen für Lebensmittelkarten und liquidierten gefährliche Gegner wie Polizeibeamte, Bürgermeister und deutsche Soldaten. Es entstanden auch Netzwerke des organisierten Verbrechens, deren Mitglieder manchmal unter dem Deckmantel des Widerstands Lebensmittel, Alkohol, Zigaretten und Ähnliches raubten und dann auf dem Schwarzmarkt vertrieben.[7]

Verwaltungstechnisch gesehen fielen die Niederlande in dieser Zeit auseinander, und es entstand eine chaotische Polykratie. Die verschiedenen deutschen Instanzen wetteiferten miteinander um die Macht – ein Konkurrenzkampf, der weiter eskalierte, nachdem auch deutsche NSDAP-Gauleiter die Erlaubnis erhalten hatten, in den angrenzenden niederländischen Gebieten Arbeitskräfte zum Bau von Verteidigungsanlagen zu requirieren. Die NSDAP machte sich zusammen mit der Wehrmacht direkt ans Werk und überging dabei das Reichskommissariat und die Beauftragten.[8] Die niederländische Bürokratie und ihre Lokalverwaltung konnten die Bevölkerung kaum noch vor Hunger, Kälte und Unterdrückung schützen. Die NSBler in der Verwaltung gaben den Alliierten die Schuld an der zunehmenden Krise und hofften, sich trotz ihrer politischen »Beschmutzung« in den Augen der Bevölkerung rehabilitieren zu können, indem sie nun Katastrophenhilfe leisteten.[9] Sie verfügten immerhin noch über einen gewissen Zugang zur Besatzungsmacht, wodurch sie etwas für die Bürger erreichen konnten – sei es hinsichtlich der Versorgung, der Freistellung vom Arbeitseinsatz oder der Freilassung aus der Gefangenschaft.

Die in London ansässige Exilregierung war bis Anfang 1944 praktisch bedeutungslos, da sie keinerlei Einfluss auf die Lage in der besetzten Heimat hatte. Gleichwohl gelang es ihr, sich über die aus London gesendeten Programme von *Radio Oranje* immer stärker als moralisch legitimierte Autorität zu profilieren. Die Stimme von Königin Wilhelmina spornte die Niederländer zum Durchhalten und zum Widerstand an.

»London« war jedoch weiterhin vollkommen abhängig von den Handlungsmöglichkeiten der westlichen Verbündeten und deren Bereitschaft, die Niederlande zu befreien. Mit der Invasion der Alliierten in der Normandie rückte eine baldige Befreiung in greifbare Nähe, und so begann die Exilregierung im Frühjahr 1944 mit konkreten Vorbereitungen zur Beeinflussung des anstehenden Regimewechsels in ihrem Sinne.

Königin Wilhelmina und ihre Minister waren sich der damit einhergehenden Gefahren und Chancen gleichermaßen bewusst. Einerseits befürchteten sie, dass der linke Widerstand die Macht ergreifen könne, andererseits schien die Befreiung auch Möglichkeiten zur Erneuerung des politischen Systems zu bieten. Die Königin war der Überzeugung, die niederländische Nation und auch deren politische Willensbildung *in persona* zu verkörpern. Sowohl in den besetzten Niederlanden als auch in London erschienen Broschüren und Artikel, die für eine neue konstitutionelle Ordnung mit größeren Machtbefugnissen für die Monarchin plädierten.[10] Im festen Glauben an diese Idee ließ sich Wilhelmina auf einen Machtkampf mit dem unter Leitung von Pieter S. Gerbrandy stehenden Kabinett ein – und untergrub damit letztlich die Legitimität ihrer eigenen Regierung. Ihr Ziel war es, die Entscheidungsgewalt rund um die politisch-administrative Organisation ihrer Rückkehr weitgehend an sich zu ziehen.[11]

Wie vielen Konservativen in den besetzten Niederlanden bereitete die Übergangszeit auch Wilhelmina große Sorgen. Noch war völlig offen, wie man sich das »Verschwinden« des Besatzungsregimes konkret vorzustellen hatte. Angesichts der nahenden Niederlage der Wehrmacht schien ein Militärputsch gegen Hitler das wahrscheinlichste Szenario zu sein. Einige Leitfiguren des niederländischen Widerstands waren durch ihre Kontakte zu unzufriedenen deutschen Offizieren indirekt über Pläne zu einem Umsturz informiert.[12] Damit verband sich aber auch eine zunehmende Angst vor einer revolutionären Situation – wie einst im November 1918 –, die auch auf die Niederlande übergreifen könnte. Angesichts der enormen Erfolge der Roten Armee war zu befürchten, dass die Bereitschaft der Bevölkerung zur Unterstützung eines linksradikalen Umsturzes wesentlich größer sein könnte als am Ende des Ersten Weltkriegs. Ein enger Mitarbeiter Gerbrandys bezeichnete den möglichen Zusammenbruch der deutschen Besatzungsherrschaft als »den gefährlichsten Moment« und »eine willkommene Gelegenheit für extremistische Elemente, einen Griff nach der Macht zu wagen«.[13]

Ihren Widerstand wollten die Linksradikalen keineswegs mit der Befreiung enden lassen – denn dann wäre der Frieden von vornherein verloren. Die *Communistische Partij van Nederland* (CPN, Kommunistische Partei der Niederlande) hatte schon vor dem Ende des Hitler-Stalin-Pakts eindrucksvollen Widerstand geleistet, vor allem im Februarstreik 1941. Die Bekämpfung des kommunistischen Widerstands hatte für die deutsche Polizei Priorität. Zwar wurden zahlreiche Kader der CPN verhaftet, aber zugleich gab es einen Zustrom neuer Unterstützer von der Basis. Die Erfolge der Roten Armee fachten den Widerstandsgeist zusätzlich an. Die personellen Verluste in der Führungsriege hatten jedoch auch zur Folge, dass es im linksradikalen Lager zum Zeitpunkt der Befreiung keinen klaren Plan für die Übergangsphase gab. Wohl gab es ein Programm, das Vorstellungen von und Forderungen nach sozialer Gerechtigkeit, Planwirtschaft, radikaler »Säuberung« und direkter Demokratie beinhaltete. Dabei ging es nicht um Klassenkampf und Revolution, sondern um ein Bündnis aller progressiven Kräfte, in dem die Kommunisten eine führende Rolle spielen sollten.

Die politische Mitte war in den Niederlanden jedoch noch immer breiter aufgestellt, als es die Rechts- und Linksradikalen glauben wollten. Sie setzte sich aus ganz unterschiedlichen Richtungen zusammen: aus gemäßigten Sozialisten, reformfreudigen Liberalen und Konfessionellen. Sie alle strebten die Wiederherstellung und Modernisierung des liberal-parlamentarischen Systems und seiner Institutionen an. Einig waren sie sich außerdem über die Notwendigkeit einer aktiven Wirtschaftspolitik und über die schrittweise Etablierung eines Wohlfahrtsstaates, der verhindern sollte, dass soziales Elend – wie in den dreißiger Jahren – erneut zum Nährboden einer politischen Radikalisierung werden konnte.

Willem Drees, Anführer der Sozialdemokraten und eine Schlüsselfigur im politischen und administrativen Sondierungsprozess in den besetzten Niederlanden, war der Meinung, dass es trotz aller Kritik am politischen Vorkriegssystem »keinen Grund für eine grundsätzliche Änderung unseres Staatssystems« gebe.[14] Er hielt am parlamentarischen System fest, in dem die Regierung das Vertrauen der Volksvertretung besitzen musste, und sperrte sich zudem dagegen, dem Staatsoberhaupt eine gewichtigere Rolle zukommen zu lassen. Die zu erwartenden sozialen und wirtschaftlichen Probleme nach der Befreiung würden die Staatsaufgaben ohnehin derart ausdehnen, so Drees' Erwartung, dass die Exekutive automatisch eine wichtigere Rolle spielen würde.

In diesen Grundsatzfragen hatte Drees die Katholiken und Reformierten auf seiner Seite, die in der parlamentarischen Demokratie zudem eine Garantin der Religionsfreiheit sahen. Dort, wo die Sozialdemokraten der Staatsgewalt eine lenkende Rolle in Wirtschaft und Gesellschaft zukommen lassen wollten, hielten die christdemokratischen Parteien allerdings am Subsidiaritätsprinzip fest. Sie lehnten den »Staatsabsolutismus« der faschistischen und sozialistischen Systeme entschieden ab und sahen es als ebenso große Gefahr an, dem Staat in der demokratischen Ordnung zu viel Macht zu verleihen. Die Anti-Revolutionären entschieden sich für eine kompromisslose Rückkehr zur Verfassungsordnung der Vorkriegszeit und plädierten für eine sofortige Demobilmachung des Widerstands bei der Befreiung. Reformen konnten ihrer Ansicht nach nur auf dem normalen, parlamentarischen Weg erreicht werden.

Einige der bedeutendsten Widerstandsorganisationen waren eng mit der antirevolutionären und mit der kommunistischen Partei verbunden und bildeten dadurch Gegenpole im politischen Rechts-links-Spektrum. Andere Widerstandsgruppen wollten sich parteipolitisch nicht binden, beteiligten sich aber an den Debatten über die politische Zukunft der Niederlande. Landesweit operierende Widerstandszeitungen wie die sozialistisch orientierten Zeitungen *Het Parool* und *Vrij Nederland*, die überwiegend katholische *Je Maintiendrai*, das kommunistische Blatt *De Waarheid* und die calvinistische *Trouw* riefen zum Widerstand gegen die deutschen Besatzer auf und erlitten dadurch in der Folge große Verluste durch Verhaftungen und Ermordungen. Gleichzeitig debattierten sie untereinander heftig über die Nachkriegszukunft des politischen Systems, der Kulturpolitik, der Sozial- und Wirtschaftspolitik sowie der kolonialen Verhältnisse. Mit allgemeinem Argwohn beobachteten sie die Vorbereitungen der Exilregierung für die Übergangszeit.

So begannen im Laufe des Jahres 1944 die verschiedenen politischen und gesellschaftlichen Strömungen in den besetzten Niederlanden und in London damit, sich mit Blick auf die bevorstehende Befreiung zu positionieren. Die konkretesten Vorbereitungen zur zukünftigen Verwaltung der noch zu befreienden Gebiete in Europa trafen jedoch die kämpfenden Verbündeten: Bereits vor der Invasion hatten die britische und die amerikanische Regierung *Legal Agreements* mit den Exilregierungen geschlossen, so auch mit der niederländischen.[15] Unter Aufsicht von General Dwight D. Eisenhowers *Supreme Headquarters of the Allied Forces in Europe* (SHAEF) sollten alliierte *Civil Affairs Officers* die Niederlande nach der Befreiung militärisch verwalten. Erst nach einer ausreichenden Stabilisierung der Lage im befreiten Gebiet sollte die administrative Verantwortung an die Niederländer übergeben werden.

Die niederländische Regierung beschloss, einen eigenen militarisierten Verwaltungsapparat zusammenzustellen, das *Militair Gezag* (MG, Militärbehörde). Diese Verwalter in Uniform sollten in der ersten Phase als Teil der alliierten Truppen und anschließend im Namen der niederländischen Regierung agieren. Das hatte für »London« den Vorteil, dass die Regierung nicht von autonom handelnden Widerstandsgruppen abhängig sein würde. Die Exilregierung konnte ihre Kontakte in das besetzte Gebiet inzwischen ausbauen und versuchte, die Entwicklungen in der Heimat von London aus zu steuern. Als die Invasion in der Normandie unmittelbar bevorstand, begann die Regierung, die Selbstständigkeit der Widerstandsorganisationen gezielt einzudämmen und diese unter ihre Kontrolle zu bringen. Am 8. Juni 1944 rief sie die landesweit operierenden Widerstandsorganisationen in einem Telegramm dazu auf, ihre Aktionen aufeinander abzustimmen und gemeinsam zu planen, denn »nur durch Einheit in den ersten kritischen Augenblicken nach der Befreiung [kann] die Grundlage für eine gemeinsame Lösung der zukünftigen Probleme gelegt werden«.[16] Mit diesem Aufruf zur Bündelung der Kräfte verfolgte »London« zwei Ziele: die Aufrechterhaltung von Ruhe und Ordnung in der Übergangszeit und beratende Bündnispartner für die Zeit nach der Befreiung, in der zunächst noch kein Parlament tätig sein würde.[17]

Der Aufruf suggerierte, dass die Regierung eine Einbeziehung und Mitbestimmung der Widerstandsbewegung während und nach dem Regimewechsel vorsah. Das Telegramm erwähnte aber auch, dass bereits eine Behörde mit der Ausübung der Macht betraut worden war, nämlich das *Militair Gezag*. Die Botschaft der Exilregierung war mehrdeutig: Die nach Reformen und mehr Machtbeteiligung strebenden Widerstandsorganisationen sahen sich durch das Telegramm in ihren Hoffnungen bestätigt; die Konservativen dagegen nahmen vor allem die für die unmittelbare Nachkriegszeit zu erwartenden Begrenzungen ihres Handlungsspielraums wahr. Immerhin beschlossen die Vertreter von 22 Organisationen, sich zur *Grote Advies Commissie der Illegaliteit* (Große Beratungskommission der Illegalität) zusammenzuschließen.

Da eine Zusammenkunft aller Organisationen der Kommission unter deutscher Besatzung viel zu gefährlich und daher unmöglich war, wurde ein Führungskomitee berufen, das das gesamte politische Spektrum der beteiligten Gruppen abbilden sollte. Diese *Contact Commissie* (Kontaktkommission) bestand aus einem Vertreter des linken Lagers, einem des rechten Lagers und aus drei Vertretern der politischen Mitte. Vorsitzender wurde Willem Drees, der selbst keine Widerstandsorganisation vertrat, sondern die Vorstellungen der etablierten politischen Parteien repräsentierte. Auch in einem anderen von der Exilregierung ins Leben gerufenen Gremium spielte Drees eine zentrale Rolle: dem *College van Vertrouwensmannen* (Kollegium der Vertrauensmänner). Im Falle eines möglichen Machtvakuums sollte es im Namen der noch in London weilenden Regierung handeln.

Eine weitere wichtige Maßnahme der Exilregierung zur »Einhegung« der Widerstandsbewegungen bestand darin, ihre bewaffneten Teile in den *Nederlandse Binnenlandse Strijdkrachten* (Innere niederländische Streitkräfte) zu bündeln – wobei es bewaffneten Widerstand in den Niederlanden bis 1944 nur in geringem Umfang gegeben hatte. Die Zahl der verfügbaren Waffen war gering, und erst seit 1943 verübten kleinere Kampfgruppen Anschläge auf Kollaborateure und auf Deutsche, auf Melde- und Zuteilungsämter sowie auf Gefängnisse, in denen Kameraden festgehalten wurden. »London« aber wollte bei der Befreiung unbedingt imstande sein, das staatliche Gewaltmonopol wiederherzustellen. Auch die Alliierten erwarteten von den Widerstandsgruppen eine Anerkennung der Regierungsgewalt, bevor sie in großem Umfang zu Waffenlieferungen aus der Luft übergehen würden.

Ein Bündnis der bewaffneten Widerstandsgruppen kam aber nur mühsam zustande. Untereinander herrschte viel Misstrauen, denn die linken und die konservativen Mitglieder der aktiven Kampfgruppen taten sich schwer mit dem militärischen und autoritären Charakter der neuen Organisation. Auf Drängen Wilhelminas ernannte die Regierung Prinz Bernhard, den Ehemann von Kronprinzessin Juliana, zum Oberbefehlshaber. Kommandant in den besetzten Niederlanden wurde General a.D. Henri Koot.

Noch bevor die Befreiung Realität wurde, hatte die Regierung in London somit bereits weitgehend für eine Disziplinierung und Unterordnung des Widerstands gesorgt und ihn damit als politischen Faktor neutralisiert. Die Einsetzung der *Contact Commissie* sorgte dafür, dass die politischen Gegensätze im Widerstand institutionalisiert wurden, wodurch starke Interventionen des Gesamtwiderstands fast schon ausgeschlossen waren. Der bewaffnete Widerstand wurde militarisiert und formell der Regierung unterstellt. Angesichts der nahenden Befreiung kam es zudem zu einem großen Ansturm neuer Freiwilliger auf die *Binnenlandse Strijdkrachten*.

Widerstandskämpfer der ersten Stunde hielten die Neulinge für Opportunisten, die auf Posten und billigen Ruhm hofften; schon bald hatten sie das Gefühl, eine Minderheit in ihrer eigenen Organisation zu sein. Wie dem auch sei, bei der Befreiung waren zuerst die alliierten Befreier am Zuge. Sie konnten das Machtvakuum schnell füllen und dabei auf die militarisierte Interimsverwaltung des niederländischen *Militair Gezag* zurückgreifen. Des Weiteren standen auch die Vertrauensmänner bereit, um – falls nötig – im Namen der Regierung zu handeln; sie begannen zudem noch vor der Befreiung damit, Empfehlungen zur »Säuberung« und zur Wiederbesetzung wichtiger Verwaltungsposten aufzustellen.

Der letzte Kriegswinter

Allen Vorbereitungen zum Trotz sorgte die schrittweise erfolgende Befreiung der Niederlande zwischen September 1944 und Mai 1945 für ein immer größeres Durcheinander. Der letzte Kriegswinter erlegte den Niederländern viele schwere Prüfungen auf: eine Radikalisierung der Besatzungspolitik, verheerende Kriegsgewalt, eine humanitäre Krise, einen Kollaps des Zentralstaates und Verwaltungschaos auf allen Ebenen. Seyß-Inquart hatte, als sich der Feind näherte, den militärischen Ausnahmezustand ausgerufen: Jeglicher Widerstand gegen die Besatzungsmacht sollte nun sofort und ohne irgendeine Form von Prozess mit dem Tode bestraft werden.[18]

Den deutschen Machthabern galten die Niederlande schon lange nicht mehr als das Territorium eines germanischen »Brudervolkes«, das für einen »Anschluss« an das Dritte Reich »reif« gemacht werden sollte: Jetzt war das besetzte Nachbarland für sie nur noch der »Vorhof« zur Verteidigung ihrer Westgrenze. Niederländer wurden in großem Umfang zum Bau militärischer Befestigungsanlagen gezwungen – eine Maßnahme, die die Unruhe im Land noch weiter verstärkte, denn sie gab den Menschen das Gefühl, der erhofften Befreiung selbst aktiv entgegenzuarbeiten. Angesichts der alliierten Luftüberlegenheit und der nahezu unbegrenzten Bewegungsfreiheit ihrer Tiefflieger, die alles angriffen, was sich bewegte, handelte es sich außerdem um eine sehr gefährliche Arbeit.

Diejenigen Vorkriegsbürgermeister, die immer noch im Amt – und nicht, wie viele andere, durch NSBler ersetzt worden – waren, erkannten im Zwangseinsatz ihrer Bürger beim Bau militärischer Anlagen eine völkerrechtswidrige Maßnahme. Die meisten dieser Bürgermeister weigerten sich daher, diesem Befehl zum »Gemeindeeinsatz« Folge zu leisten. Wer dies tat und nicht rechtzeitig untertauchte, schwebte in großer Gefahr – so wie sieben Bürgermeister der Provinz Nordbrabant, die im Juli 1944 von der Sipo wegen des Vorwurfs der Sabotage verhaftet wurden. Sechs von ihnen starben in deutschen Konzentrationslagern.

Im letzten Jahr der Besatzung wurden im Kampf zwischen den deutschen Machthabern und dem niederländischen Widerstand Grenzen überschritten, die zuvor respektiert worden waren. In Reaktion auf die Radikalisierung der Besatzungspolitik griffen auch die Widerstandsgruppen immer öfter zu Gewalt und verübten eine Reihe von Mordanschlägen auf NSB-Bürgermeister und -Kader. Daraufhin stattete

Rauter diese Funktionäre mit Waffen aus und baute ein nationalsozialistisches Selbstschutzkorps mit polizeilichen Befugnissen auf, die *Nederlandse Landwacht* (Niederländische Landwacht). Dieses anwachsende Gewaltpotenzial auf beiden Seiten führte zu einer »kumulativen Radikalisierung« im Verhältnis zwischen den Niederländern, ihren Besatzern und deren Kollaborateuren.[19]

Waffen trugen in den Niederlanden inzwischen vier Kategorien von Personen: die Angehörigen der Besatzungsmacht (Wehrmacht sowie SS- und Polizeiverbände mit Sonderbefugnissen),[20] die Funktionäre der NSB und ihrer *Landwacht*, die verstärkt zur Bekämpfung des Widerstands und des Schwarzhandels eingesetzt wurde, die Mitglieder der wachsenden Widerstandsbewegung und der inzwischen gegründeten *Binnenlandse Strijdkrachten* und schließlich eine ebenso wachsende Zahl von Schwarzhändlern und anderen Kriminellen, die das Chaos einer in Auflösung befindlichen Ordnung für ihre Geschäfte und Machenschaften zu nutzen versuchten.

So entwickelte sich unter dem Schirm der Besatzung ein inländischer Krieg begrenzten Ausmaßes.[21] Anders als in Südeuropa und auf dem Balkan verlief die Trennlinie in den Niederlanden jedoch im Wesentlichen zwischen den deutschen Besatzern und den einheimischen Nationalsozialisten auf der einen Seite und der niederländischen Widerstandsbewegung auf der anderen Seite. Obgleich die Niederlande eine Periode beispielloser Gewalt erlebten, wäre es übertrieben, von einem Bürgerkrieg zu sprechen. Die innerhalb des Widerstands vorhandenen Gegensätze zwischen links und rechts äußerten sich in keinem bewaffneten Machtkampf, und es gab auch keine ethnischen Konflikte.

Weiter zerrüttet wurde das Verhältnis zwischen Besatzern und Besetzten durch den Generalstreik der niederländischen Bahn. In der Euphorie des frühen Septembers 1944 hatte die Regierung Gerbrandy zu diesem Streik aufgerufen, um den Vormarsch der Alliierten zu unterstützen. Nachdem die

Deutschen ihre Front stabilisieren konnten, hielten sich die 30000 Bahnmitarbeiter aus Angst vor Verfolgungsmaßnahmen weiter versteckt, häufig zusammen mit ihren Familien. Der zivile Zugverkehr kam dadurch fast völlig zum Erliegen, mit katastrophalen Folgen für die Lebensmittel- und Brennstoffversorgung. Als Vergeltungsmaßnahme für den Streik kappte Seyß-Inquart zudem die Belieferung der westlichen Städte der Niederlande mit Brennstoffen und Lebensmitteln.

Bis dahin hatte das *Nederlandse Rijksbureau voor de Voedselvoorziening in Oorlogstijd* (Niederländisches Amt für Lebensmittelversorgung in Kriegszeiten), eine Abteilung des Wirtschaftsministeriums unter Leitung von Stephanus L. Louwes, die Lebensmittelproduktion und -verteilung noch recht gut am Laufen halten können. Ab dem Herbst 1944 gelang das jedoch nicht mehr – infolge des Bahnstreiks und anderer Faktoren, wie der großangelegten Jagd auf Männer, die zur Zwangsarbeit nach Deutschland verschleppt wurden. Durch den strengen Winter froren zudem die Wassertransportwege zu und konnten nicht mehr genutzt werden. Durch die Befreiung des Südens wurde der Rest des Landes auch noch von der Kohlenversorgung aus den Limburger Minen abgeschnitten. All dies führte in den Ballungsgebieten der westlichen Niederlande zu einer massiven Versorgungskrise und einer humanitären Notsituation.

Die Gemeindeverwaltungen richteten Zentralküchen ein, um die Not zu lindern – aber auch sie hatten mit immer mehr Engpässen zu kämpfen. Die Menschen waren folglich mehr und mehr auf Selbsthilfe angewiesen und machten sich auf den Weg ins ländliche Umland – nicht selten mehrere Tagesreisen weit –, um Essen zu kaufen, Tauschhandel zu betreiben oder zu betteln.[22] Die Anzahl der Opfer dieser Versorgungskrise ist schwer zu bemessen, die Forschung geht aber von etwa 20000 Toten aus. Die reguläre Verwaltung war im Winter 1944/45 in Auflösung begriffen und konnte ihren Bürgern kaum noch Schutz vor Hunger, Kälte und Elend bieten. Um dieses Vakuum zu füllen, wurden nun

»administrative Notverbände« ins Leben gerufen – und zwar überall dort, wo Menschen in Eigeninitiative versuchten, die Probleme anzugehen.[23]

Es fing damit an, dass Kinder aufs Land evakuiert wurden, wo es noch ausreichend Lebensmittel gab. Lehrer, Ärzte, Geistliche und andere Honoratioren taten sich zusammen, um die nötigen Kontakte zu knüpfen, Transporte zu organisieren und Kinder auszuwählen.[24] In Leiden verteilten fünf lokale Komitees mit der Unterstützung örtlicher Unternehmer Lebensmittel an Kinder, Alte, Kranke und Arme. Im ganzen Land koordinierten die Kirchen diese Arbeit und bezogen dabei auch das Rote Kreuz mit ein.[25]

Schon bald widmeten sich die »Notverbände« auch anderen administrativen Fragen, vor allem mit Blick auf die erhoffte Befreiung und einen bevorstehenden Machtwechsel. Überall trafen Honoratioren, Geistliche und Anführer des Widerstands nun Vorbereitungen, um möglichen Missständen bei der Befreiung vorzubeugen und die öffentliche Ordnung und Moral aufrechtzuerhalten. Sie standen mit den noch handlungsfähigen Teilen der Obrigkeit, mit lokalen Widerstandsgruppen und auch mit realistisch denkenden NS-Funktionsträgern in Kontakt. Vieles wurde in Bewegung gesetzt, um den zu erwartenden Zusammenbruch der Verwaltung abzumildern und zu kompensieren – was aber nicht bedeutete, dass die Probleme damit gelöst waren.

Immer noch herrschte Krieg, immer noch gab es eine gefährliche Besatzungsmacht, die jederzeit neue repressive Maßnahmen ergreifen konnte. Zwar beruhten die »administrativen Notverbände« auf humanitären Bündnissen, aber das bedeutete noch nicht, dass sich diese Bündnispartner auch politisch einig waren. Zwar bekannten sich die verschiedenen Strömungen der Widerstandsbewegung und der Politik zu einem gemeinsamen nationalen Ethos, sie begannen aber bereits damit, ihre Leute in die nach der Befreiung maßgeblichen Schlüsselpositionen zu manövrieren. In Amsterdam, wo es einen starken linksradikalen Widerstand gab, gelang es

Gegenkräften in den Monaten vor der Befreiung etwa, durch allerlei Intrigen einer Reihe von gemäßigten und reformfreudigen Personen zu mehr Einfluss zu verhelfen.[26]

Landesweit spielten die »administrativen Notverbände« nun eine immer wichtigere Rolle. In Den Haag gründeten die Anführer der verschiedenen Glaubensgemeinschaften ein *Centraal Interkerkelijk Bureau* (IKB, Zwischenkirchliches Zentralamt), das mit der deutschen Besatzungsverwaltung über die Genehmigung von Lebensmitteltransporten verhandelte. Über den Beauftragten für die Provinz Südholland, Ernst Schwebel, gab Seyß-Inquart schließlich seine Zustimmung. Das IKB arbeitete bei dieser Hilfsaktion eng mit den beiden Spitzenbeamten Hirschfeld und Louwes sowie mit dem Roten Kreuz zusammen. Diese Institutionen nahmen auch den *Nederlandse Volksdienst* in Anspruch, eine von der NSB geleitete und deshalb »politisch beschmutzte« Wohlfahrtseinrichtung.[27] Auf diese Weise entstanden politisch-administrative Kommunikationskanäle, die für die Übergangszeit des Regimewechsels von zentraler Bedeutung werden sollten.

Kurz vor der deutschen Kapitulation fing auch das *College van Vertrouwensmannen* der Londoner Regierung an, sich an der Suche nach Lösungen für die humanitäre Notsituation in der Heimat zu beteiligen. Aus dem besetzten Gebiet wurde die Forderung laut, die Regierung solle bei den Alliierten auf Hilfsaktionen drängen: Die Verbündeten sollten Lebensmittel über dem besetzten Gebiet abwerfen. Voraussetzung dafür war jedoch, dass *de facto* ein Waffenstillstand geschlossen wurde – was erst in den letzten Kriegswochen der Fall war. Währenddessen verhandelten die Vertrauensmänner auch mit Vertretern der Besatzungsmacht über eine Waffenruhe zwischen Widerstand und Verfolgern, in der Hoffnung auf einen halbwegs geordneten Machtwechsel.

Der Krieg im Innern der Niederlande war jedoch schon zu weit eskaliert, um eine solche Waffenruhe wirklich zustande zu bringen. Als die aktiven Widerstandsbewegungen von den

Verhandlungen Wind bekamen, fühlten sie sich ausgeschlossen und verraten. Die Vertrauensmänner waren hingegen der Meinung, dass es angesichts der absehbaren deutschen Niederlage am wichtigsten sei, eine »Zunahme der Katastrophen« für die niederländische Bevölkerung zu verhindern.[28] Diese Kontroverse sollte noch lange nachklingen – umso mehr, da der organisierte Widerstand nach der Befreiung frustriert erkannte, »dass gegen Ende der Besatzung eine erhebliche Minderung des Einflusses der Illegalität stattgefunden hat«.[29]

Der befreite Süden

Während sich der immer noch besetzte Teil der Niederlande im Winter 1944/45 unter chaotischen Bedingungen auf die Befreiung vorbereitete, erlebte auch der befreite Süden schwierige Zeiten. In Verwaltungsfragen entbrannte ein Machtkampf zwischen der Regierung in London, dem *Militair Gezag* und der Widerstandsbewegung. Dabei drehte sich alles um die Kernthemen der Übergangspolitik: das Gewaltmonopol, die Bestrafung von Kollaborateuren, die Neubesetzung von Verwaltungsposten und der Streit um eine politische Erneuerung. Es sollte sich bald zeigen, dass sich die detailliert ausgearbeiteten Übergangspläne für die Verwaltung in der Praxis nur teilweise umsetzen ließen.

Der Zusammenbruch der deutschen Verwaltung ließ noch auf sich warten; der Süden wurde erst schrittweise von den Alliierten erobert. Daher machten sich die alliierten *Civil Affairs*-Offiziere stets vor Ort auf die Suche nach geeignetem Personal für Verwaltungsposten. Sie kamen dabei vor allem mit lokalen Widerstandsgruppen in Kontakt, die nun selbstbewusst darauf hofften, ihre politischen Ziele in die Tat umsetzen zu können. Im Oktober 1944 forderten Anführer der südniederländischen Widerstandsbewegung bei einem Treffen in Eindhoven, dass der Widerstand »in die nationale Wiederherstellung und die Wiederaufbauarbeit im weitesten

Sinne« einbezogen werden solle – »jedoch ohne Parteipolitik«.[30]

Es kam häufig vor, dass sich Offiziere des niederländischen *Militair Gezag* bei der Verteilung von Verwaltungsaufgaben übergangen fühlten und dann nachträglich versuchten, ihre Kandidaten doch noch in einflussreiche Positionen zu bringen. Die Widerstandsbewegung wiederum wollte als »Gewissen des Volkes« anerkannt werden und kündigte an, gegen »das geistige Erbe an Abneigung, Unaufrichtigkeit, Egoismus und Bürokratie« anzukämpfen, das »uns von den Moffen hinterlassen« wurde[31] – eine Kritik, die sich auch gegen das *Militair Gezag* richtete. Der Konflikt zwischen Widerstandsbewegung und Militärbehörde verschärfte sich weiter, als Verhaftungskommandos der *Binnenlandse Strijdkrachten* damit begannen, zahlreiche Nationalsozialisten zu verhaften und in improvisierte Internierungslager zu sperren. Die niederländische Militärbehörde wollte selbst für die Verhaftungen zuständig sein und die örtliche Polizei zur Durchführung einsetzen. Die Widerstandsbewegung traute der Polizei nach den Erfahrungen mit der Kollaboration jedoch nicht und vermutete, dass die Beamten viele pro-deutsche Verdächtige absichtlich laufenlassen würden.

Da es dem *Militair Gezag* vorerst nicht gelang, sich durchzusetzen, entstand allmählich eine Pattsituation. Der Stabschef General Kruls schloss schließlich einen Kompromiss mit der Widerstandsbewegung. Deren Verhaftungskommandos erhielten die Erlaubnis, Nationalsozialisten festzunehmen – wobei die letzte Verantwortung immer noch bei der Militärbehörde lag und vertrauenswürdige Polizisten einbezogen werden sollten. Per Erlass wurde nun die Verhaftung sämtlicher Mitglieder der NSB und ihrer wichtigsten Nebenorganisationen legalisiert. Die Verhaftungsaktionen der Widerstandsbewegung entfalteten in der Folge dieses Erlasses eine starke Eigendynamik: Zwischen September 1944 und Mai 1945 wurden im befreiten Gebiet mindestens 25 000 Menschen festgenommen, misshandelt und unter erbärmlichen

Bedingungen eingesperrt. In Kooperation mit dem *Militair Gezag* versuchten die alliierten Autoritäten diesem Vorgehen Einhalt zu gebieten, konnten aber nur wenig gegen die »Verhaftungswut« ausrichten.

Dabei gab es noch viele andere Sorgen. Im befreiten Gebiet, das zu Teilen auch noch Frontgebiet war, existierte ebenso wenig wie im noch besetzten Landesteil eine einheitliche und funktionierende Verwaltung. Infolge der Zerstörungen waren viele Menschen heimatlos geworden und litten Mangel. An mehreren Orten kam es zu Hungerunruhen und Demonstrationen, so etwa im temporären Verwaltungszentrum in Eindhoven. Obgleich die Alliierten für eine bessere Lebensmittelverteilung sorgten, blieb die Stimmung im befreiten Gebiet noch lange angespannt und die Kritik, vor allem an den Behörden des *Militair Gezag*, weiterhin hörbar. Zugleich entstanden mit den *Comités voor Maatschappelijke Wederopbouw* (Komitees für den gesellschaftlichen Wiederaufbau) nun auch im befreiten Süden zivilgesellschaftliche Initiativen, die die Notlage der Bevölkerung zu beheben versuchten. Sie setzten sich für eine bessere Lebensmittel- und Brennstoffversorgung sowie für die Unterstützung von Kriegsopfern ein und profilierten sich auch als Diskussionsforen zur Gestaltung der Nachkriegsgesellschaft. Leitgedanke der Komitees war das Gemeinschaftsdenken, das eng mit dem im katholischen Süden vorherrschenden korporatistischen Denken verknüpft war.[32]

Unterdessen drohte das Kriegskabinett von Gerbrandy aufgrund innerer Zerwürfnisse wie auch an heftigen Meinungsverschiedenheiten mit der Königin zu zerbrechen.[33] Wilhelmina hatte nicht die Absicht, den Ministern ein Mitspracherecht bei der Vorbereitung der Nachkriegsordnung zu gewähren; vereinbart war schließlich, dass das Kabinett am Tag der Befreiung zurücktreten sollte. Aus Sicht der Königin sollte die Zuständigkeit für die Übergangsverwaltung nicht mehr in den Händen des Kriegskabinetts liegen. Nach der Befreiung des Südens wollte Wilhelmina am liebsten selbst dorthin reisen, um vor Ort das Heft in die Hand zu nehmen.

Dass einige Minister ihr zuvorkommen wollten, versuchte sie vehement, aber letztlich erfolglos zu verhindern.

Von den lokalen Widerstandsgruppen in Südholland wurden die aus London angereisten Minister indes wenig freundlich in Empfang genommen. Letztere konnten sich vor Ort ein Bild vom allgemeinen Verwaltungschaos machen, vor allem von der anhaltenden Verhaftungswelle. Ministerpräsident Gerbrandy äußerte ein gewisses Verständnis für die Rachegefühle seiner Landsleute, machte aber zugleich deutlich, dass die Regierung sich keiner tiefgreifenden Verletzung »der elementarsten Ansprüche des Rechtsstaates« schuldig machen dürfe.[34] Innenminister Jaap Burger formulierte es noch schärfer und forderte ein maßvolles Vorgehen: Nur »Salonhelden« würden sich anmaßen, jetzt darüber zu entscheiden, wer Fehler begangen habe und den Säuberungen anheimfallen müsse.[35] Gerbrandy nahm diese Kritik zum Anlass, Burger und die anderen sozialdemokratischen Minister kurzerhand zu entlassen. Er hoffte dadurch das Vertrauen des südlichen Widerstands in sein Kabinett wiederherzustellen, zumal die Sozialdemokratie im katholischen Süden keinen großen Machtfaktor darstellte. Zudem misstraute die konservative Leitung des *Militair Gezag* den Sozialisten und war ohnehin der Meinung, dass die Minister ihr im befreiten Gebiet nur im Wege stünden.

Auf die Entlassung der sozialistischen Minister folgte eine tiefgreifende Kabinettsumbildung. Gerbrandy durfte vorerst bleiben, allerdings berief Wilhelmina einige prominente Persönlichkeiten des befreiten Südens in Ministerämter. Der spektakulärste Neuzugang war der Katholik Jan de Quay, der zum Kriegsminister ernannt wurde und als solcher für das *Militair Gezag* zuständig war. De Quay hatte in den Jahren 1940/41 die attentistische *Nederlandse Unie* angeführt; nun wurde er wieder in den Kreis der anerkannten Politiker aufgenommen. Der Eindhovener Gemeindebeamte Louis Beel wurde Innenminister und war fortan für die »Säuberungen« und den Wiederaufbau der Verwaltung zuständig.

Durch die Umbildung gewann das Kabinett Gerbrandy an Akzeptanz bei der Bevölkerung des befreiten Südens. Hier galten die neuen Minister, allen voran De Quay, als »eigene Leute«, als Vorkämpfer des katholischen Gemeinschaftsdenkens. Auch das Verhältnis des Kabinetts zur Widerstandsbewegung und zum *Militair Gezag* stabilisierte sich. Obgleich es sich beim neuen Kabinett lediglich um eine Übergangsregierung handelte, die nur bis zur Befreiung des gesamten Landes im Amt bleiben sollte, läutete die Neuzusammensetzung eine langanhaltende Dominanz der katholischen Strömung in der Nachkriegspolitik ein: Beel amtierte von 1946 bis 1948 als Ministerpräsident, De Quay von 1959 bis 1963.

»Der Krieg geht weiter«

»Der Krieg geht weiter!«, lautete die Schlagzeile eines Artikels in der Befreiungsausgabe der reformierten Widerstandszeitung *Trouw*. In den drei Jahren seit Gründung der Zeitung hatten Dutzende Mitarbeiter ihr Leben geopfert. Die Freude der Blattmacher über die wiedergewonnene Freiheit war groß, aber um die alten, vertrauten Niederlande zurückzubekommen, musste noch viel geschehen. »Sie haben Ihre Hand und Ihren Kopf und Ihr Herz«, erinnerte die Redaktion ihre Leser: »Nutzen Sie diese, nutzen Sie vor allem alle drei!« Auch die linke Widerstandszeitung *Het Parool* appellierte in ihrer Befreiungsausgabe an die Leser, ihre neue Freiheit gut zu nutzen und sich von überkommenen Vorstellungen und Gebräuchen zu lösen. Eine Wiederherstellung der Vorkriegsdemokratie würde einen Rückschritt bedeuten; stattdessen gelte es die Demokratie mit neuen Inhalten zu füllen, um sicherzustellen, dass »dieser Krieg nicht umsonst über uns gekommen« sei.[36] Die Sorge war groß, dass nun, da der Krieg gewonnen war, die Früchte des Friedens schnell wieder verdorren könnten.

Die Niederlande waren noch immer ein besetztes Land, und bis Ende Juni 1945 war die niederländische Militärbehörde zum Gehorsam gegenüber der alliierten *Civil Affairs Section* unter Leitung des britischen Brigadegenerals Arnold Cazenove verpflichtet. Trotz aller Dankbarkeit, die den alliierten Truppen entgegengebracht wurde, brachte ihre Präsenz auch Probleme mit sich. So reagierte die alliierte Heeresleitung irritiert auf die zahlreichen Beschwerden wegen Diebstahls, Plünderung und Vergewaltigung, unternahm aber kaum etwas dagegen. Zudem verfügten die neuen Besatzungstruppen über große Mengen an Luxusartikeln und Genussmitteln, durch die rasch eine Schattenwirtschaft entstand: Zigaretten, Alkohol, Benzin und Nylonstrümpfe wurden zu Alternativwährungen.[37] Wer für die Besatzungstruppen arbeitete, erhielt privilegierten Zugang zu diesen beliebten Tauschmitteln, was wiederum dazu führte, dass insbesondere die Landwirtschaft bald unter einer massiven Abwanderung von Arbeitskräften litt – und das kurz vor der Erntezeit.

Die vielfach geäußerte Parole, dass der Krieg auch nach der Befreiung noch weitergehe, hatte vor allem eine rhetorische Funktion: Es galt die Niederländer für den nationalen Wiederaufbau zu mobilisieren und zu disziplinieren. Zugleich entsprach diese Parole aber auch der Realität des Alltagslebens: Wirtschaft, Infrastruktur und Wohnungsbestand waren seit 1940 schwer in Mitleidenschaft gezogen worden. Zwanzig Prozent der Bevölkerung waren heimatlos, da sie innerhalb des eigenen Landes evakuiert, ins Deutsche Reich oder gar in fernere Länder verschleppt worden waren. Im Sommer 1945 kehrten pro Monat Zehntausende Menschen in die Niederlande zurück, darunter nicht nur Häftlinge, Deportierte und Zwangsarbeiter, sondern auch nach Deutschland geflohene niederländische Nationalsozialisten, die an der Grenze abgefangen und überprüft wurden.

Auch die zurückgekehrten Verfolgten und Zwangsarbeiter litten unter der Mangelversorgung in den Niederlanden. Hinzu kam ein Mangel an Solidarität und Unterstützung vonseiten ihrer Landsleute: Viele Rückkehrer empfanden ihre Aufnahme in der Heimat als kühl und formalistisch.[38] Die wenigen zurückkehrenden Juden merkten bald, dass ihr besonderes Verfolgungsschicksal nicht ausreichend anerkannt und berücksichtigt wurde. Die niederländische Verwaltung verweigerte ihnen eine gesonderte Unterstützung – in der Annahme, dass jegliche Privilegierung der überlebenden Juden nur dem Antisemitismus in die Hände spielen würde. Die Folge dieser Politik war, dass viele Juden weder ihre Wohnungen noch sonstige Besitztümer zurückerhielten, aber gleichzeitig wegen nicht bezahlter Steuern oder Versicherungsbeiträge belangt wurden.[39]

Im Krieg waren die Niederlande sukzessive verarmt: Durch mangelnde Hygiene, verschlissene Kleidung, unzureichende Ernährung und schlechte Krankenversorgung war die Bevölkerung ausgezehrt und anfällig für allerlei ansteckende Krankheiten.[40] Große Teile des Landes waren durch Kriegseinwirkung zerstört – die Stadt Arnheim am schwersten – oder aber überschwemmt, wie Walcheren in der Provinz Zeeland und der Wieringermeerpolder.[41] Der Schienen-, Straßen- und Wasserverkehr war stark beeinträchtigt; Telefon- und Telegrafenverbindungen funktionierten nur sehr eingeschränkt. Reisen zwischen den Landesteilen waren bis zum Sommer 1945 nur mit Genehmigung der Militärverwaltung erlaubt, so dass zahlreiche Untergetauchte und Evakuierte weiterhin an ihren temporären Aufenthaltsorten festsaßen.

Die industrielle Produktion war im letzten Kriegsjahr stark zurückgegangen – durch Desorganisation und Zerstörung, aber auch durch Kohle- und Rohstoffmangel. Die meisten Fabriken waren gleichwohl immer noch intakt, da die deutschen Besatzer sie für die Kriegsproduktion genutzt hatten.[42] Damit waren die Voraussetzungen für eine rasche Produktionssteigerung zwar generell gegeben,[43] aber dennoch hing vieles vom Tempo des Wiederaufbaus, von der Finanz- und Währungslage der niederländischen Volkswirtschaft und von der erhofften Wiederaufnahme des internationalen Handels ab. Es lag nun an der Nachkriegsregierung, eine effektive und zielgerichtete Wiederaufbaupolitik zu betreiben.

Ein kanadischer *Civil Affairs*-Offizier berichtete im Mai 1945, er habe die Niederlande wie »ein steuerloses Schiff« vorgefunden. Mit Sorge blickte er auf die Akzeptanz der Regierung innerhalb der Bevölkerung. Die Niederländer hätten in den Kriegsjahren gelernt, die Obrigkeit zu hintergehen und zu bestehlen, statt ihr zu gehorchen – und so sei kaum zu erwarten, dass aus diesen Menschen nun mit einem Mal wieder anständige Bürger werden würden.[44] Für einen geordneten und effizienten Wiederaufbau reichte es nicht aus, ein paar neue Minister zu ernennen. Die Regierung musste nicht nur Macht, sondern auch Autorität ausstrahlen, und dazu passte auch das Plädoyer für einen »erneuerten Gehorsam« aller Bürger – nach einer Phase, in der Ungehorsam Pflicht gewesen war.[45]

Ein mindestens ebenso großes Problem bestand darin, dass die Verwaltung in der letzten Besatzungsphase in lokale und regionale Einheiten zerfallen war, die nur noch für sich selbst sorgen konnten. Martin Conway hat diesen Prozess für Belgien als *De-statification* beschrieben.[46] Nun war eine *Re-statification* vonnöten: die Wiederherstellung der politischen und administrativen Vormachtstellung des Zentralstaates.[47] Am Beginn dieses Prozesses stand ein massives Zurückdrängen des *bottom-up*-Einflusses der Widerstandsbewegung auf lokaler Ebene. Deren Anführer hatten gehofft, durch ein Bündnis mit den alliierten Befreiern eine eigene Machtposition aufbauen zu können. Solange die militärischen Operationen noch liefen, stand die »operative Notwendigkeit« für die alliierten *Civil Affairs*-Offiziere an erster Stelle, und so suchten sie im Sinne der Aufrechterhaltung von Ruhe und Ordnung hinter der Front durchaus den Kontakt zur Widerstandsbewegung. Nachdem sich deren Verhältnis zum niederländischen *Militair Gezag* stabilisiert hatte, fanden viele Widerstandskämpfer in den befreiten Gebieten eine Anstellung im schnell wachsenden temporären Verwaltungsapparat.

Nach der Kapitulation Deutschlands entschied sich die alliierte Heeresleitung allerdings schon bald für ein indirektes

Verwaltungsprinzip in den Niederlanden. Dazu passte auch, dass sich die Befreier nun vorrangig der nationalen Regierung zuwandten, mit der sie ja immerhin ein *legal agreement* geschlossen hatten. Die Niederlande waren traditionell ein zentral verwalteter Einheitsstaat – und sollten es auch wieder werden. Mit Unterstützung der Alliierten ging diese Rückkehr zu »normalen Verhältnissen« schnell voran: Als sich der Provinzverwalter von Friesland weigerte, auf Befehl des Innenministers sein Amt niederzulegen – gegen ihn liefen Säuberungsermittlungen –, stellte die alliierte Heeresleitung Innenminister Beel ein Flugzeug zur Verfügung, damit er die Ordnung in der Provinzhauptstadt Leeuwarden persönlich wiederherstellen konnte.[48]

Im Mai und Juni 1945 bildeten die Sozialisten Willem Schermerhorn und Willem Drees ein breit aufgestelltes Koalitionskabinett – mit dem erklärten Ziel, am »Wiederaufbau und an der Erneuerung« zu arbeiten. Es handelte sich um eine Koalition der gemäßigt-reformorientierten Mitte aus Christdemokraten, Sozialliberalen und Sozialisten. Diejenigen Parteien, die den meisten Widerstand gegen die deutschen Besatzer geleistet hatten, landeten in der Opposition. Die konservativen Anti-Revolutionären weigerten sich, der Koalition beizutreten, da sie sich gegen das Vorhaben sperrten, für die Übergangszeit ein Notparlament mit begrenzten Befugnissen einzusetzen. Da die anderen Parteien den Kommunisten trotz ihrer bedeutenden Rolle im Widerstand grundsätzlich misstrauten, erhielten diese nur ein sehr mageres Angebot für eine Regierungsbeteiligung, das sie ausschlugen.

Ging es nach dem neuen Ministerpräsidenten Schermerhorn, galt es den Einfluss der vormaligen Widerstandsbewegung nun so weit wie möglich zurückzudrängen und seine Organisationen zu »demobilisieren«.[49] Er bat das Koordinierungsorgan der Widerstandsbewegung, die *Grote Advies Commissie*, um Unterstützung und erhielt diese auch. Die Anführer des Widerstands entschieden sich mehrheitlich für eine politische Selbstbeschränkung, was rückblickend nicht erstaunt: Nach bewährtem niederländischen Modell vertrat die Kommission nämlich ein breites Spektrum an weltanschaulichen Strömungen, was radikale Positionierungen verhinderte. Führende Widerstandskämpfer verfügten zudem – durch die politischen Parteien, die politisierte Presse und die zivilgesellschaftlichen Organisationen – über enge und direkte Verbindungen zu den großen politischen Strömungen des Landes.

Entsprechend konnte Schermerhorn das niederländische Volk bei seinem Amtsantritt über das Radio auffordern, seine Regierung als »zentrale Widerstandsgruppe« des niederländischen Volkes zu betrachten.[50] So beanspruchten die neuen Minister das politische Erbe des Widerstands aus legitimationsstrategischen Gründen für sich. Die Tatsache, dass sich der Mainstream der Widerstandsbewegung derart schnell wieder in die verfassungsmäßige Ordnung fügte, ist nicht verwunderlich. Die Rechtskonservativen wollten eine politische Normalisierung entlang strikter konstitutioneller Prinzipien und stellten daher eine Stütze und keine Gefahr für die öffentliche Ordnung dar. Die Linksradikalen artikulierten weitreichendere Ambitionen, hofften aber darauf, dass sie die breite Unterstützung vonseiten der Bevölkerung nun in Wahlerfolge ummünzen konnten.

Überdies trugen auch ehemalige Widerstandskämpfer zu jenem Normalisierungsprozess bei. Schon vor der Befreiung hatte Innenminister Burger die Mitglieder des Widerstands vor überzogenen Vorstellungen ihrer Machtposition nach dem Krieg gewarnt: »Wer in der Lage ist, mit gezogener Pistole ein Rathaus zu überfallen, um Bezugsscheine zu erbeuten, ist ein guter Widerstandskämpfer, aber dadurch noch nicht qualifiziert, nach der Befreiung Bürgermeister zu werden.«[51] Gleichwohl wurden von der öffentlichen Verwaltung, den politischen Parteien, von der Presse und von zivilgesellschaftlichen Organisationen nach dem Krieg viele talentierte Newcomer rekrutiert, die in der Widerstandsbewegung aktiv gewesen waren. Hieraus ergaben sich Aufstiegschancen, die ebenso sehr auf den persönlichen Fähigkeiten und dem Verantwortungsgefühl wie auf der Widerstandsvergangenheit einer Person beruhten.

Wer nach der Befreiung für ein öffentliches Amt geeignet war oder nicht, diese Frage kam vor allem im Kontext der politischen Säuberung auf. Mit einer Reihe von Gesetzen wollte die Exilregierung in London für die Entfernung von Nationalsozialisten aus öffentlichen Ämtern, dem Geschäftsleben, der Presse, den Sozial- und Kulturorganisationen und den freien Berufen sorgen und damit die von den deutschen Besatzern betriebene Nazifizierung der niederländischen Gesellschaft rückgängig machen. Die Entlassung von NSB-Mitgliedern stellte kein Problem dar; viel schwieriger war indes die Entscheidung, wie diejenigen bestraft werden sollten, die zwar keine Nationalsozialisten gewesen waren, aber – ob aus Überzeugung, Opportunismus oder Feigheit – den Forderungen der Besatzer dennoch nachgegeben oder mit ihnen kollaboriert hatten. Unmittelbar nach der Befreiung kam es bereits zu heftigen Kontroversen um die Zukunft bestimmter Funktionsträger. Spitzenbeamte wie die Generalsekretäre Hirschfeld und Frederiks sowie einige Provinzverwalter und Bürgermeister, die während der Besatzung auf ihren Posten verblieben waren, wurden bei der Befreiung vom *Militair Gezag* – auf Anweisung »Londons« – vorübergehend zwangsbeurlaubt. Im ganzen Land gingen Säuberungskommissionen nun der Frage nach, ob solche Funktionäre trotz ihres Verhaltens während der Besatzung als vertrauenswürdig gelten sollten.

Dass die politische Säuberung in der Bevölkerung auf ein geteiltes Echo und ambivalente Reaktionen stieß, offenbarte sich schon bei Antritt der Regierung Schermerhorn/Drees. Die ehemalige Widerstandsbewegung forderte ein strenges und konsequentes Vorgehen: »Säuberung ist Volkssache«, lautete die Parole, mit der das *Militair Gezag* die Bevölkerung aufforderte, Beschwerden über »gescheiterte« Funktionäre einzureichen. Der Widerstand wollte an den Ermittlungsverfahren und an der Urteilsfindung beteiligt werden, um sicherzustellen, dass seine Maßstäbe von *goed en fout* (gut und böse/falsch) als Entscheidungsgrundlage dienten. Bei anderen war die Sorge groß, dass die Säuberung in eine Hexenjagd ausarten, das politische Klima vergiften und damit den Wiederaufbau behindern könnte. Im Laufe des Jahres 1945 erließ Innenminister Beel neue Notgesetze, mit denen auch diejenigen disziplinarisch bestraft werden konnten, die, wie es hieß, »in gutem Glauben versagt hatten«. Signalisiert werden sollte, dass die Regierung es mit der Säuberung ernst meinte. Zugleich übertrug Beel seinem Ministerium die Hauptverantwortung für die politische Säuberung, was sich in tiefgreifenden Änderungen der Verfahrensweise bemerkbar machte.

Im Sommer 1945 richtete Beel eine Sonderabteilung im Innenministerium ein: das *Centraal Orgaan op de Zuivering van het Overheidspersoneel* (Zentralorgan zur Säuberung des Staatspersonals). Es wurde beauftragt, sämtliche Vorermittlungen zu überprüfen, sie, falls nötig, zu ergänzen oder zu wiederholen und Urteilsentwürfe für den Minister vorzubereiten. Nun erhielt die Säuberung den Charakter einer administrativen Rechtsprechung, bei der die Exekutive über ihr eigenes Personal urteilte. Beel selbst bestimmte, wer und wer nicht entlassen oder mit weniger schweren Disziplinarmaßnahmen bestraft werden sollte. Im Mittelpunkt stand jetzt nicht mehr die Frage, ob Beamte oder Funktionsträger noch über ausreichend Vertrauen bei der Zivilbevölkerung verfügten. Vielmehr ging es nun darum, ob die Obrigkeit diese Funktionäre weiterhin für verwendbar hielt, insbesondere im Hinblick auf den Wiederaufbau. Auf Grundlage der neuen Verfahrensweise wurden bis Anfang 1947 etwa 30000 Fälle von Beamten des Innenministeriums abgewickelt; gut 10000 Personen wurden entlassen – in den meisten Fällen unehrenhaft.[52]

So war die Säuberung von einer »Volkssache« zur Regierungssache geworden. Die überwiegende Mehrheit der Entlassungen betraf Nationalsozialisten, und diese waren nicht oder kaum umstritten. Maßgeblich geprägt wurde das Image der Säuberung jedoch durch Konflikte um Fälle aus der Kategorie der »gescheiterten« Nicht-Nationalsozialisten. Dies betraf etliche Bürgermeister, die sich einerseits gegenüber den Nationalsozialisten nachgiebig und kooperativ gezeigt hatten, andererseits aber auch den Bürgern ihrer Städte und Kommunen geholfen hatten. Auch die Säuberungsmaßnahmen gegen Spitzenbeamte wie die Generalsekretäre Hirschfeld und Frederiks stifteten viel Unfrieden. Während Frederiks – wenngleich ehrenvoll – entlassen wurde und sich frustriert zurückzog, wurde Hirschfelds Entlassung in zweiter Instanz wieder rückgängig gemacht. Seine Expertise in wirtschaftspolitischen Fragen war im Wiederaufbau unentbehrlich, und so konnte er seine Karriere in verschiedenen Spitzenfunktionen ungestört fortsetzen.

Als besonders problematisch erwies sich die Säuberung des Polizeiapparates. Nach Überzeugung des verständnisvollen Justizministers Johannes van Maarseveen hatte es »fast kein Organ während der Besatzungszeit so schwer […] gehabt wie die Polizei«.[53] Hätte man bei der Säuberung dieser Gruppe dieselben Maßstäbe angesetzt wie bei der restlichen Beamtenschaft, dann hätte die niederländische Polizei aufgrund ihrer weitreichenden Kollaboration mit den deutschen Besatzern unweigerlich zerschlagen und ihr Personal umfassend ausgetauscht werden müssen. Daher entschied sich auch Van Maarseveen dazu, die Säuberung nach dem Prinzip der administrativen Zweckmäßigkeit durchzuführen.[54]

Freund und Feind

Nach der Befreiung nahmen die alten Eliten aus Politik, Wirtschaft und Bürokratie das Heft des Handelns wieder in die Hand und entwickelten viele neue Konzepte zum Aufbau einer niederländischen Version des Wohlfahrtsstaates. Aber auch viele talentierte Newcomer erhielten nun die Chance, sich am Wiederaufbau zu beteiligen. Gleichzeitig gab es eine ganze Reihe gesellschaftlicher Probleme, die nicht allein durch politischen Konsens und technokratische Fähigkeiten gelöst werden konnten – vor allem die massenhafte Internierung von Nationalsozialisten sowie der Kolonialkonflikt mit Indonesien, der das politische Leben der Niederlande in der zweiten Hälfte der vierziger Jahre dominieren sollte. In beiden Fällen ging es um die Begriffe von Freiheit und Staatsbürgerschaft und deren Auslegung: Würden die »verstoßenen« Nationalsozialisten jemals wieder als Mitbürger akzeptiert werden? Durften die gerade erst selbst befreiten Niederländer nun überhaupt noch Loyalität von den Bewohnern ihrer Kolonien verlangen, wenn sie den Indonesiern weiterhin die Selbstständigkeit und Unabhängigkeit verweigerten?

Die Wut der Niederländer über die deutsche Besatzungsherrschaft hatte sich seit 1940 auch in einer starken Aversion gegenüber den »Landesverrätern« geäußert – insbesondere gegenüber den Mitgliedern der NSB. Niederländische Nationalsozialisten hatten als Polizisten, als Angehörige der *Nederlandse Landwacht* oder als Beamte und Spitzel wesentlich zur Unterdrückung beigetragen. Gerade in der letzten Phase der Besatzung war die Angst vor diesen Handlangern des Feindes immer mehr gewachsen. Aus Schimpfwörtern wie »Gaunerbande«, »Gesindel«, »Pöbel« oder »Quislinge« sprach neben Angst auch Verachtung. Die NSBler galten nun als »*foute*« Niederländer, ihre nationalsozialistische Ideologie als nihilistisch, antireligiös und asozial. Niemand brachte dies schärfer auf den Punkt als der Chefredakteur des progressiv-christlichen Widerstandsblattes *Vrij Nederland,* Henk van Randwijk: »... der nationalsozialistische Mensch ist der Mensch ohne Normen, ohne Vergangenheit, ohne Nahestehende, ohne Gott«.[55]

Wer dem Gedankengut des Nationalsozialismus anhing, konnte kein »echter« Niederländer und – so die vorherrschende Meinung – mithin auch kein niederländischer Staatsbürger mehr sein. Durch ihren Verrat hatten die Mitglieder

der NSB ihre Zugehörigkeit zur Nation verspielt und sollten daher nach der Befreiung bestraft und verstoßen werden. Via *Radio Oranje* ging auch Königin Wilhelmina auf diese Gefühlslage ihrer Untertanen ein und bezeichnete die NSBler als eine »Handvoll Landesverräter, für die in den befreiten Niederlanden kein Platz« mehr sei.[56] Schon seit 1943 traf die Exilregierung Vorbereitungen zur Verfolgung der Kollaborateure – auch unter dem Einfluss internationaler Initiativen zur Ahndung nationalsozialistischer Verbrechen – und erließ bereits 1944 die Notstandsgesetze, nach denen Feindunterstützung und der Verrat von Mitbürgern mit schweren Strafen geahndet werden sollten.

Für besonders schwere Fälle wurde die Todesstrafe wieder eingeführt. Schon die Mitgliedschaft in der NSB oder einer ihrer zahlreichen Nebenorganisationen galt als landesverräterische Tat, die strafrechtlich verfolgt werden sollte. Mit dieser strengen Gesetzgebung wollte die Regierung in London signalisieren, dass sie über die Zustände daheim im Bilde war und sich auf ihre Weise konsequent und kompromisslos am Kampf gegen den Feind zu beteiligen gedachte. Zugleich wollte sie rechtzeitig strafrechtliche Instrumente schaffen, um jeglicher Lynchjustiz vorzubeugen.

Während der Befreiung des Südens im Herbst 1944 führten die Verhaftungen von Kollaborateuren zu chaotischen Szenen, die sich ein halbes Jahr später auch in den anderen Landesteilen wiederholten. Zehntausende Menschen, die unter dem Verdacht der Kollaboration standen, wurden von Verhaftungskommandos aus ihren Häusern geholt, öffentlich gedemütigt und misshandelt; Frauen wurden außerdem kahlgeschoren. Insgesamt wurden in den Monaten der Befreiung zwischen 120 000 und 150 000 Niederländer festgenommen. Die »Verhaftungswut« diente zweifellos als Ventil für die Frustration all der Niederländer, die von den Besatzern gedemütigt worden waren, bei der Befreiung keine maßgebliche Rolle spielen konnten und sich bald auch noch von den alliierten Besatzern bevormundet fühlten. Zwar versuchte die Militärverwaltung der Bevölkerung zu vermitteln, dass Selbstjustiz illegitim war, musste aber zugleich eingestehen, »dass es eigentlich unmöglich und auch nicht wünschenswert ist, dieses Ventil vollständig zu schließen«.[57]

Obgleich die »inneren« Feinde eine leichte Beute darstellten, kam es bis auf ein paar Dutzend Ausnahmen nicht zu den befürchteten Massakern in großer Zahl. Offenbar war doch noch genug Vertrauen in die eigene Obrigkeit vorhanden, so dass die meisten Verhafteten bei den vielen improvisierten Internierungslagern in Schulen, Fabriken, Hafenschuppen und Ähnlichem abgeliefert wurden. Auch die ehemaligen deutschen Lager bei Vught, Amersfoort und Westerbork wurden rasch mit Kollaborateuren gefüllt.[58] Die Nationalsozialisten und oft auch ihre Angehörigen verloren aufgrund der Londoner Notstandsgesetzgebung nicht nur ihre Freiheit, sondern auch ihre Bürgerrechte. Ihr Hab und Gut wurde unter Verwaltung des neu geschaffenen *Nederlands Beheersinstituut* (Niederländisches Treuhand- und Verwaltungsinstitut) gestellt – das übrigens schon bald mit Vorwürfen der Misswirtschaft, der Korruption und des Diebstahls zu kämpfen hatte. Nachbarn plünderten die Wohnungen von Kollaborateuren, wohl auch angetrieben von dem Bedürfnis, sich zurückzunehmen, was ihnen während der Besatzung gestohlen worden war.

Der Verhaftungswut lag die weithin verbreitete Überzeugung zugrunde, dass die Internierten ihr Recht auf eine Rückkehr in die niederländische Gesellschaft verwirkt hatten. Doch was sollte mit ihnen geschehen? In der Presse wurde über längere Haftstrafen und Zwangsarbeit, über eine Kollektivausweisung nach Deutschland oder auch über eine Verbannung in die Kolonien spekuliert. Zugleich entstand mit den Massenverhaftungen eine neue Notlage, denn in den primitiven Internierungslagern mangelte es an allem: an Schlafplätzen, Decken, Kleidung, Nahrung und Schutz. Mitglieder der *Binnenlandse Strijdkrachten* und Menschen, die sich mit dem Widerstand identifizierten, führten dort ein hartes und oft willkürliches Regiment. Eine Untersuchungskommission kam zu dem Schluss, dass sich die Wachleute der meisten Lager nicht scheuten, »wehrlose Menschen zu quälen und zu misshandeln, wobei während der Besatzung von den Deutschen angewandte Methoden übernommen wurden«. Einige Lager hatten einen besonders schlechten Ruf, wie das Internierungslager für niederländische Soldaten der Waffen-SS, *De Harskamp*. Dort töteten Wachleute aus den Reihen der *Binnenlandse Strijdkrachten* mindestens 40 Menschen bei willkürlichen Schießereien.

Das *Militair Gezag* versuchte der Willkür und den Misshandlungen mittels unangemeldeter Kontrollen ein Ende zu setzen; unfähige Lagerkommandanten wurden ausgetauscht und örtliche Kontrollkommissionen eingesetzt. Die neue Regierung beschloss, die Kontrollgewalt über die Lager und die Vorermittlungen schnellstmöglich vom *Militair Gezag* auf das Justizministerium zu übertragen. Das führte zu einer Professionalisierung der Bewachung und Fahndung. Für die Wachtruppen der *Binnenlandse Strijdkrachten* war in der neuen Lagerorganisation des Justizministeriums kein Platz mehr, und die größtenteils aus Widerstandskämpfern bestehenden politischen Fahndungsdienste wurden durch politische Ermittlungsabteilungen ersetzt, die bei den regulären, inzwischen mehr oder weniger gesäuberten Polizeikorps angesiedelt waren. Auch hier wechselte viel geeignetes Personal von den temporären Organisationen zu den neuen Institutionen.

Trotz der Professionalisierung waren die Lager weiterhin überfüllt, und Aussicht auf schnelle Verfahren gab es kaum. Von vielen Gefangenen waren keinerlei Akten oder Dokumente vorhanden, die den Grund für die Verhaftung hätten untermauern können. Zahlreiche Ermittlungsverfahren drohten in einer Sackgasse zu enden – mit der absehbaren Folge, dass die Internierungslager noch auf Jahre hin überfüllt sein würden. Juristen und Resozialisationsexperten warnten vor der Entstehung einer verarmten und politisch radikalisierten Randgruppe innerhalb der niederländischen Gesellschaft. Eine Langzeitinternierung müsse zwangsläufig dazu führen, dass »sich diese Masse, unterstützt von verbitterten Frauen oder Kindern«, nach fünf oder zehn Jahren »auf unser Volk [stürzt]«.[59]

Der Regierung Schermerhorn rieten diese Experten, die sogenannten »leichten Fälle« von Kollaboration auf Bewährung frei zu lassen. Im August 1945 startete die Regierung tatsächlich eine Kampagne zur Vorbereitung der Bevölkerung auf eine solche Maßnahme. Anfänglich stießen Parolen wie »Der Landesverräter frei?« in der Öffentlichkeit auf großen Widerstand. Im Laufe der Zeit ließ die Empörung jedoch nach, was auch daran lag, dass die Freilassungen zunächst recht langsam anliefen und erst im Sommer 1946 wirklich in Gang kamen. Anfang Juni befanden sich noch mehr als 70 000 Menschen in Haft, am 1. Januar 1947 waren es noch 35 000, ein halbes Jahr später nur noch 25 000.[60]

Eine Freilassungspolitik, die die Gesellschaft zu zerrütten drohte, war für die Regierung undenkbar. Deshalb suchte sie Unterstützung bei der *Stichting Toezicht Politieke Delinquenten* (Stiftung zur Überwachung politischer Delinquenten), einer neuen, von Befürwortern der beschleunigten Freilassung gegründeten Organisation. Die Initiatoren Jaap le Poole, Frans Duynstee und Ferdinand Hollander waren junge Juristen, die über Verbindungen zum Widerstand, zur Politik und zur Justiz verfügten. Um breite Unterstützung für ihre Pläne zu organisieren, bauten sie eine Lobbyorganisation auf und rekrutierten zahlreiche einflussreiche Persönlichkeiten aus dem Bildungswesen, dem Klerus, der Industrie und den Gewerkschaften. Die Stiftung verfolgte ein zweifaches Ziel: Überwachung der Freigelassenen und Hilfe bei deren Rückkehr in die Gesellschaft. Letztlich sollte erreicht werden, dass die Mehrheit der Ausgestoßenen wieder als Mitbürger anerkannt wurde.

Unterdessen begannen auch erste Gerichtsverfahren gegen einige »dicke Fische« unter den Kollaborateuren. Die prominentesten Angeklagten waren der NSB-Vorsitzende Anton Mussert und sein Propagandaleiter Max Blokzijl. Sie wurden bereits im ersten Jahr nach der Befreiung vor Gericht gestellt, weil sie die deutsche Besatzungsherrschaft von Beginn an gefördert und maßgeblich zu ihrer Aufrechterhaltung beigetragen hatten. Beide wurden zum Tode verurteilt und von einem Erschießungskommando hingerichtet. In seiner Verteidigungsrede vor dem Haager Sondergericht berief sich Mussert darauf, aus reiner Vaterlandsliebe gehandelt zu haben. Durch die Zusammenarbeit mit den Besatzern hätte er ein Bollwerk gegen den Sowjetkommunismus errichten wollen; einer Annexion der Niederlande durch Deutschland hätte er sich jedoch widersetzt. Er vertraue darauf, dass die Niederländer die NSB und ihre Führung eines Tages zu würdigen wissen würden. Er verstehe jedoch, dass dies noch lange dauern könnte, und sei deshalb bereit, das Urteil hinzunehmen – auch wenn er sich keiner Schuld bewusst sei.[61]

Bis 1952 fällten die Sondergerichte 149 Todesurteile, von denen nur 40 vollstreckt wurden. Diese im westeuropäischen Vergleich geringe Zahl erklärt sich daraus, dass die Nachkriegsregierungen die Todesstrafe nur sparsam anwenden wollten, um ein Gegengewicht zur kollektiven Verrohung (»Sittenverfall«) im letzten Kriegsjahr zu schaffen. Daher kam es in den meisten Fällen zu einer Begnadigung. Nach den Verfahren gegen die »politischen« Fälle Mussert und Blokzijl wurden die meisten Todesurteile gegen solche Nationalsozialisten verhängt, an deren Händen viel Blut klebte – so etwa Polizisten, die Jagd auf Juden und Widerstandskämpfer gemacht hatten. Zwischen 1945 und 1950 wurden fast 65 000 Niederländer von verschiedenen Instanzen der niederländischen Sondergerichtsbarkeit abgeurteilt und bestraft.[62] 1960 befanden sich noch etwa 60 politische Delinquenten in Haft, die mit Ausnahme von vier deutschen Kriegsverbrechern kurz darauf entlassen wurden.

Der Sommer der Befreiung

Im Sommer 1945 machten die zerstörten, aber befreiten Niederlande bereits große Fortschritte auf dem Weg zur politischen und administrativen Normalisierung. Das öffentliche Klima war trotz aller Freude über die Befreiung von allerlei ambivalenten Gefühlen und gespaltenen Meinungen geprägt. Der deutsche Feind war besiegt, seine niederländischen Handlanger wurden aus der Gesellschaft »entfernt«. Und doch ging der Krieg weiter, wie immer wieder zu hören war. Zum Teil war das Rhetorik, mit der den Niederländern bewusstgemacht werden sollte, dass die »Früchte des Friedens« noch nicht geerntet waren. Der Blick richtete sich jetzt aber auch nach Übersee, auf die besetzte Kolonie Niederländisch-Indien. Bereits während der deutschen Besatzung war in der Widerstandspresse über die Zukunft der Kolonialbeziehungen zu Indonesien diskutiert worden, und Königin Wilhelmina hatte 1942 eine Neugestaltung der Beziehungen angekündigt, um den amerikanischen Verbündeten zufriedenzustellen.[63]

Solange der »japanische Faschismus« jedoch noch nicht besiegt war, konnte das Kolonialprojekt nicht wiederaufgenommen und die »imperiale Größe« der Niederlande nicht wiederhergestellt werden. Vor allem blieb auch die lebenswichtige Finanz- und Wirtschaftsspritze aus kolonialen Einnahmen für den Wiederaufbau vorerst unerreichbar. Daher traf die neue Regierung nun Vorbereitungen zur Wiederherstellung ihrer Macht in der Kolonie. Wie bei der Befreiung des Mutterlandes waren die Niederlande dabei auf alliierte Unterstützung angewiesen. Das Land verfügte in Asien – abgesehen von Kriegsschiffen – kaum über eigene Streitkräfte. Im australischen Exil schuf der stellvertretende Generalgouverneur, Hubertus van Mook, eine militärische Interimsverwaltung, die eine ähnliche Rolle spielen sollte wie das *Militair Gezag* in den Niederlanden.

In den Niederlanden selbst wurde mit dem Aufbau einer neuen Armee begonnen, die potenziell zur Wiederherstellung der Kolonialherrschaft eingesetzt werden konnte. Unter den Mitgliedern der *Binnenlandse Strijdkrachten* wurde um Freiwillige für den Kampf gegen Japan geworben. So wurde der patriotische Elan der Widerstandsbewegung von der Innenpolitik gleichsam auf den Krieg in Asien umgelenkt. Als Japan nach den Atombombenangriffen auf Hiroshima und Nagasaki am 15. August 1945 kapitulierte, änderte sich die Zielrichtung des Einsatzes jedoch schnell.

Unterdessen ließ die Wiederherstellung der parlamentarischen Demokratie im Mutterland noch auf sich warten. Auch auf lokaler Ebene erhielt die Exekutive das Primat, während temporäre Gemeinderäte zunächst nur mit begrenzten Befugnissen arbeiten konnten. Bis März 1946 galt noch formal der Ausnahmezustand, in dem das *Militair Gezag* über Sonderbefugnisse verfügte und die Regierung Notverordnungen mit Gesetzeskraft erlassen konnte, ohne dafür die Zustimmung des Parlamentes einholen zu müssen. Das hochbürokratische *Militair Gezag* wurde schnell unbeliebt, da es nicht dem Wesen des niederländischen Systems entsprach. Die Militärbehörde fungierte, wie es Stabschef General Henk Kruls formulierte, vor allem als »Blitzableiter« für Kritik an der Obrigkeit.[64] In Den Haag trat ein gesäubertes Notparlament zusammen, ebenfalls mit begrenzten Befugnissen. Die ersten Parlamentswahlen wurden bis zum Mai 1946 aufgeschoben. Formell war diese lange Pause zwischen Befreiung und Wahlen nötig, weil die Wahlregister noch nicht vollständig erstellt waren. *De facto* hatten sich die Regierenden jedoch ganz bewusst für eine »Abkühlungsphase« entschieden: Die Radikalität der Befreiungsphase sollte sich legen können, die Parteien der Mitte sollten Zeit für eine geordnete Reorganisation haben.[65]

Der Wahlkampf des Jahres 1946 stand ganz im Zeichen des sogenannten »Durchbruchs«: der Überwindung des Gegensatzes (»Antithese«) zwischen den konfessionellen und säkularen Parteien. Die Sozialdemokraten hatten sich mit progressiven Liberalen und Christen zu einer neuen sozialistischen Partei zusammengeschlossen, der *Partij van de Arbeid*. Sie beruhte auf personalistischem Denken, das die religiösen Gegensätze überwinden sollte, und strebte den Aufbau eines sozialen Wohlfahrtsstaates an.[66] Durch den Wahlsieg der erneuerten *Katholieke Volkspartij* wurde der »Durchbruch« jedoch verhindert. Mit Unterstützung des Episkopats hatte die Parteiführung das Wählervolk davon überzeugen können, die Verbundenheit zu ihrem religiösen Umfeld zur Grundlage ihrer Wahlentscheidung zu machen. Der zweite große Gewinner war die *Communistische Partij*, die auf ihr Renommee als Partei des Widerstands und auf das Interesse der Arbeiterschaft an einem radikalen Umbau des Sozialstaats gebaut hatte.

Das Scheitern des »Durchbruchs« zwang die Sozialisten dazu, sich der neuen Realität zu stellen und eine Koalition mit der *Katholieke Volkspartij* einzugehen. Der personalistische Sozialismus und das katholische Gemeinschaftsdenken lagen jedoch nahe genug beieinander, um ein stabiles Fundament für ein gemeinsames Wiederaufbauprogramm zu bilden. Die »römisch-rote« Koalition sollte zur prägenden Kraft des Wiederaufbaus der Niederlande im ersten Nachkriegsjahrzehnt werden.

Meinungsumfragen der frühen Nachkriegszeit zeigen, dass sich zwei Problemkomplexe binnen eines Jahres zu den drängendsten politischen Themen entwickelten: die Lösung der Indonesien-Frage und die Lösung der Wohnungsnot.[67] Die »römisch-rote« Koalition konzentrierte sich erst einmal auf innenpolitische Fragen: die Beseitigung der Kriegsschäden, die Erholung der Wirtschaft und die Wiederherstellung des gesellschaftlichen Zusammenhalts. Grundlage ihrer Politik war eine Verknüpfung des sozialistischen Wohlfahrtsstaatsprojektes mit dem christdemokratischen Subsidiaritätsprinzip. Im Zuge der Wiederaufbaupolitik blieb der interventionistische Staat aus den Jahren der Mobilmachung und des Krieges anfangs noch intakt. Die Verteilung von Produktionsmitteln und die Vergabe von Aufträgen, die Zuteilung lebenswichtiger Verbrauchsgüter und die Regulierung des Arbeitsmarktes zur Niedrighaltung der Löhne – all dies waren sozial- und wirtschaftspolitische Instrumente, die erst nach einigen Jahren des Wiederaufbaus allmählich in den Hintergrund gedrängt wurden.

Dagegen war die indonesische Frage ein potenzieller Zankapfel, der nicht nur den Wiederaufbau im Mutterland, sondern auch den politischen Konsens innerhalb der Koalition auf eine schwere Probe stellen sollte. Die »Römischen« forderten ein zunehmend hartes Eingreifen und die konsequente Wiederherstellung der Macht, während die »Roten« eher eine vorsichtige und den Zeitumständen angemessene Loslösung der Kolonie vom Mutterland anstrebten. Daher führte die Dekolonisierung Indonesiens nicht nur zu einer Fortsetzung des Krieges in Übersee, sondern auch zu heftigen innerpolitischen Kontroversen.

5. Krieg in Übersee

Der Zweite Weltkrieg war, wie es der Historiker David Abernathy formulierte, ein *imperial destabilizer*: Der globale Konflikt mobilisierte Millionen von Menschen und veränderte zugleich ihr Weltbild.[1] Bereits im August 1941 hielten Roosevelt und Churchill in der Atlantik-Charta fest, dass alle Völker das Recht haben, über ihr eigenes politisches Schicksal zu bestimmen – ein Postulat, welches das Ende des Imperialismus-Konzeptes des 19. Jahrhunderts einläuten sollte.[2] Ungeachtet der Vorbehalte Churchills machten die Amerikaner deutlich, dass dieser Grundsatz einen universellen Charakter haben und folglich nicht nur für die besetzten Völker in Europa, sondern auch für die Völker der Kolonien gelten müsse.

Die Charta wurde nach dem Krieg zu einem Eckstein der neugegründeten *United Nations Organisation.*[3] Die Niederlande traten den Vereinten Nationen im Dezember 1945 bei und verabschiedeten sich damit definitiv von ihrer Neutralitätspolitik, die sich infolge des Krieges als unhaltbar erwiesen hatte. Dennoch blieb die Einstellung der niederländischen Regierung gegenüber der Charta ambivalent, denn sie dachte ebenso wenig wie Winston Churchill an eine vollständige Dekolonisierung. Wohl erkannten Wilhelmina und ihre Regierung bereits im Verlauf des Krieges, dass eine Neugestaltung der Beziehungen zwischen Mutterland und Kolonie notwendig sein würde – ein Vorhaben, das die Königin am 7. Dezember 1942 über das Radio verkündete. Sie sprach von einer »fortschreitenden Emanzipation des indonesischen Volkes« und von mehr Verwaltungsautonomie, wobei der Reichsverband erhalten bleiben solle.[4] Vor allem wollte sie gegenüber der US-Regierung und der Weltöffentlichkeit signalisieren, dass eine Unterstützung der kleinen europäischen Verbündeten nicht automatisch zu einer Wiederherstellung der kolonialen Verhältnisse der Vorkriegszeit führen musste.

Die Radioansprache der Königin gab dem ersten aus Wehrpflichtigen gebildeten Truppenverband, der Mitte 1946 von den Niederlanden aus nach Indonesien verschifft wurde, seinen Namen: die *Zeven-December-Divisie* (7.-Dezember-Division). Jeder sollte begreifen, dass die Soldaten nicht etwa entsandt wurden, um den alten Kolonialinteressen zu dienen, sondern um für die Wiederherstellung von Ruhe und Ordnung zu sorgen und auf diese Weise eine schrittweise Selbstbestimmung Indonesiens zu ermöglichen.

Trotz dieses einfachen *framing* war die Dekolonisierung Indonesiens für alle Beteiligten ein äußerst komplizierter und verwirrender Prozess – eine Gemengelage aus kleinen Scharmützeln und großen militärischen Gewaltaktionen, zähen politischen Verhandlungen und fragilem Waffenstillstand, lokalen Gewaltausbrüchen und internationaler Einmischung, internen Zerreißproben zwischen den kämpfenden Parteien und hartnäckigen Versuchen beider Seiten, tragfähige Strukturen in Politik und Verwaltung zu schaffen. Zur Verwirrung trug bei, dass man sich von der Dekolonisierung keine konkreten Vorstellungen machen konnte oder wollte – schließlich gab es dafür auch kaum historische Beispiele. Das Mandatssystem, das der Völkerbund nach dem Ersten Weltkrieg für die deutschen Kolonien erfunden hatte, wurde mit der deutschen Niederlage und den darauffolgenden politischen Umwälzungen assoziiert. Die Niederlande hielten sich jedoch – mit Dank an die Verbündeten, das schon! – für den moralischen Sieger und waren daher entschlossen, ihre selbstauferlegte Zivilisierungsmission in Südostasien wiederaufzunehmen.

In dieser komplizierten Gemengelage gab es einige Konstanten: Erstens forderten die indonesischen Nationalisten die Unabhängigkeit ihres Landes – und zwar so schnell und so weitreichend wie möglich; die niederländische Seite weigerte sich zunächst, diese Forderung nach Dekolonisierung überhaupt als legitim anzuerkennen. Als sie das Streben der Indonesier nach Unabhängigkeit dann allmählich zu akzeptieren begann, tat sie das – zweitens – unter der Prämisse, dass der Dekolonisierungsprozess in kleinen Schritten verlaufen müsse, um Chaos zu vermeiden und eine Gefährdung der politischen und wirtschaftlichen Interessen der Niederlande zu verhindern. Drittens bildete die Einmischung der britischen und amerikanischen Verbündeten sowie der Vereinten Nationen eine Konstante im niederländisch-indonesischen Konflikt. Die Indonesier hofften, als *Underdogs* von den internationalen diplomatischen Interventionen zu profitieren, während sich die Niederländer dadurch in ihren »legitimen Rechten« beschränkt sahen und nach Möglichkeiten suchten, weiterhin ihren eigenen Kurs zu fahren. Viertens schließlich war der Konflikt durch extreme, oft grenzenlose Gewalt und eine asymmetrische Kriegsführung gekennzeichnet. Es kam zu Kriegsverbrechen, die von beiden Seiten unter Verweis auf die jeweiligen Kriegsziele stillschweigend toleriert oder sogar gutgeheißen wurden.

Dieser verhängnisvolle Konflikt verlängerte den Zweiten Weltkrieg für Niederländer und Indonesier um fast fünf weitere Jahre. Die niederländische Geschichtsschreibung zur Dekolonisierung hat über lange Zeit vor allem das kollektive Unvermögen der politischen Klasse und der Öffentlichkeit hervorgehoben, bei der Suche nach einer Lösung des Konflikts einer klaren Linie zu folgen: Bemängelt wurde dabei neben der fehlenden Bereitschaft, zu einer diplomatischen Lösung mit den indonesischen Nationalisten zu kommen, und der Unfähigkeit, eine militärische Entscheidung herbeizuführen, auch die »treulose Haltung« der internationalen Gemeinschaft.[5] In diesem Sinne spiegelte die Historiographie die politischen Kontroversen wider. Es ist wichtig zu begreifen, dass sich der gesamte Dekolonisierungsprozess vor dem Hintergrund einer bislang ungekannten politischen Konstellation abspielte – ein Umstand, der die mentale und politische Flexibilität der beteiligten Akteure und ihre Fähigkeit zur Anpassung an die neuen Verhältnisse enorm beanspruchte. Wie die Niederländer dies bewerkstelligten, davon erzählt dieses Kapitel.

Krieg und japanische Besatzung

Der deutsche Einmarsch in die Niederlande hatte die Kolonie Niederländisch-Indien vom Mutterland isoliert: Familienmitglieder in beiden Teilen der Welt konnten nur eingeschränkten Briefkontakt aufrechterhalten – über die neutralen Staaten und das Internationale Rote Kreuz. Die Exilregierung in London ließ verlauten, dass das niederländische Hoheitsgebiet – sowohl der besetzte Teil in Westeuropa als auch der nicht besetzte Teil in Ost- und Westindien – weiterhin *ein* souveräner Staat sei, für den man gemäß dem Völkerrecht nach wie vor verantwortlich zeichne. Generalgouverneur von Niederländisch-Indien war seit 1936 der Diplomat und Verwaltungsleiter *Jonkheer* Alidius W. L. Tjarda van Starkenborgh Stachouwer. Formell unterstand er der Regierung, zwischen der Besetzung der Niederlande im Mai 1940 und der japanischen Besetzung Niederländisch-Indiens im März 1942 führte er das Gebiet jedoch quasi wie einen eigenständigen Staat. Die internationale Position der Kolonie war allerdings extrem schwach, und Van Starkenborgh sah sich mit den nun aufflammenden Debatten über die Zukunft der kolonialen Beziehungen konfrontiert.

Nach Auffassung der kolonialen Oberschicht würden die durch den Krieg veränderten Umstände bald zeigen, wie gut Niederländisch-Indien auch ohne Einmischung von Regierung und Parlament aus dem Mutterland funktionierte. Nach dem Krieg, so ihre Hoffnung, würde dies eine größere Unabhängigkeit der Kolonialregierung von Den Haag rechtfertigen. Die indonesischen Nationalisten strebten freilich nach einer anderen Art von Unabhängigkeit. Zwar hatten ihre Anführer in Reaktion auf den deutschen Einmarsch ihre Loyalität gegenüber der niederländischen Obrigkeit bekundet, erwarteten dafür aber politische Zugeständnisse:[6] die Freilassung von politischen Gefangenen, die Gleichberechtigung der einheimischen Bevölkerung und konkrete Schritte in Richtung Selbstverwaltung.

Van Starkenborgh sah in der Loyalitätsbekundung der Indonesier eine Selbstverständlichkeit und war nicht bereit, darauf mit Zugeständnissen zu reagieren. Da er die Indonesier offensichtlich nicht als gleichberechtigte Partner betrachten wollte, verweigerten diese ihre Unterstützung beim Aufbau einheimischer Bürgerwehren, die das Gebiet vor Invasionen fremder Mächte schützen sollten.[7] Das Gouvernement in Batavia rief im Mai 1940 den Verteidigungszustand aus. Auch wenn nicht explizit darüber gesprochen wurde – für jeden war klar, dass die größte Bedrohung von Japan ausging. In aller Eile wurden Geschütze, Munition, Flugzeuge und andere Rüstungsgüter bestellt. Da die internationale Nachfrage jedoch größer war als das Angebot, ließen die Lieferungen lange auf sich warten.

Die Kolonialarmee, die *Koninklijk Nederlandsch-Indisch Leger* (Königliche Niederländisch-Indische Armee, KNIL), umfasste gerade einmal 38000 Mann, von denen 10000 Europäer und Indoeuropäer in Führungspositionen waren. Ausgerichtet war sie lediglich auf die Bekämpfung innerer Unruhen; nun musste sie sich auf die Verteidigung des gesamten indonesischen Archipels vorbereiten. Die europäische Zivilbevölkerung wurde zu Hilfsdiensten eingezogen, und auch einheimische Freiwillige wurden als Hilfsmilizen eingesetzt.[8] Unterdessen wuchs die mentale Distanz zwischen Europäern und Indonesiern: »Die Europäer machten sich keine Gedanken darüber, was die Kriegsgefahr für die Indonesier bedeutete, nicht einmal für die Bediensteten in ihren eigenen Häusern.«[9]

Diese Kriegsgefahr wurde greifbar, als Japan Niederländisch-Indien um die Lieferung größerer Mengen kriegswichtiger Materialien wie Erdöl und Bauxit bat. Die im September 1940 aufgenommenen Verhandlungen mit einer japanischen Delegation in Batavia endeten im Juni 1941 mit einer Absage der Niederländer. Van Starkenborgh rechnete nach dem Abbruch der Gespräche mit einer Kriegserklärung vonseiten Japans – diese blieb jedoch aus. Letztlich waren es die Niederlande, die Japan den Krieg erklären, und zwar unmittelbar nach dem Angriff auf Pearl Harbor am 7. Dezember 1941.[10] Damit war das Schicksal der Niederlande fortan auch in Südostasien an die Kriegserfolge der Alliierten geknüpft.

Die Niederländer vertrauten in ihrem Schlachtplan darauf, dass die britische Marine von der für uneinnehmbar gehaltenen Basis in Singapur aus die japanischen Invasionsflotten würde aufhalten können. Sollte das Gebiet Niederländisch-Indiens dennoch bedroht werden, dann sollte die KNIL in Aktion treten. Hinter verschlossenen Türen herrschten große Zweifel. Im Mai 1940 äußerte der Kommandant der Kolonialarmee, Generalleutnant Gerardus Berenschot: »Ich sollte froh sein, wenn die indische Armee auf Java fünf Tage gegen eine Invasionsarmee durchhält.«[11] Nach Pearl Harbor starteten die japanischen Armee- und Marineeinheiten einen unaufhaltbaren Eroberungsfeldzug in Südasien. Am 15. Februar fiel Singapur, im Januar und Februar besetzten japanische Truppen große Teile des indonesischen Archipels, und am 1. März landeten sie auf Java. Am 8. März kapitulierte die KNIL, und die japanische Besatzung setzte der niederländischen Herrschaft ein Ende.

Aus Sicht der indonesischen Bevölkerung bewies diese rasche Niederlage, dass das niederländische Regiment ein für alle Mal der Vergangenheit angehörte. Schockiert mussten die niederländischen Kolonialbürger mitansehen, wie die einheimische Bevölkerung, darunter oft auch ihre vertrauten Hausangestellten, die Invasoren mit japanischen und nationalistischen Flaggen begrüßte. Die japanische Propaganda verkündete, man werde die Indonesier von der westlichen Unterdrückung befreien, und benutzte dabei von den Niederländern verbotene nationalistische Symbole wie die rotweiße Fahne und die spätere Nationalhymne *Indonesia Raja*. Die neuen Machthaber konzentrierten sich aber schon bald auf die Konsolidierung ihres eigenen Regimes. Tokio stellte die neu eroberten Gebiete unter Militärverwaltung und verbot der einheimischen Bevölkerung jegliche eigenständige politische Aktivität.

Die nationalistischen Anführer Indonesiens waren sich über die nun zu verfolgende Strategie uneins. Sukarno war entschlossen, die Besatzung als Sprungbrett zur Unabhängigkeit zu nutzen. Er arbeitete deshalb eng mit den japanischen Autoritäten zusammen, so etwa bei der Rekrutierung Hunderttausender »Arbeitssoldaten«, die unter elenden Bedingungen arbeiten mussten und in großer Zahl starben. Mohammad Hatta wahrte mehr Abstand zu den neuen Machthabern, während andere, wie Sutan Syahrir, schlichtweg jegliche Zusammenarbeit verweigerten und entsprechend ins Abseits gedrängt wurden. Zur Stabilisierung ihrer Herrschaft gründeten die Japaner Massenorganisationen und bewaffnete Milizen in Indonesien, die später zu Zentren des nationalistischen Aktivismus werden sollten.

Der niederländische Generalgouverneur und die Führungsspitze der KNIL hatten sich bei der Kapitulation ergeben und wurden von den Japanern außerhalb der ehemaligen Kolonie interniert. Andere leitende Beamte und Militärangehörige waren in letzter Minute nach Australien geflohen, wo der stellvertretende Generalgouverneur Hubertus van Mook eine Exil-Kolonialverwaltung aufbaute. Unterdessen gingen die japanischen Besatzer daran, die niederländische Dominanz im indonesischen Archipel auf allen Ebenen zu beseitigen: Der Gebrauch der niederländischen Sprache wurde verboten, leitende Beamte und Polizisten wurden ihres Amtes enthoben und durch Indonesier ersetzt, niederländische Schulen wurden geschlossen.

Noch im Laufe des Jahres 1942 begannen die Japaner mit der Internierung von niederländischen Männern und Jugendlichen, später auch von Frauen und Kindern. Indoeuropäer wurden entweder interniert oder dazu gezwungen, den Status eines Indonesiers anzunehmen. Das Leben in den Internierungslagern war überaus hart, da dort ein chronischer und sich stetig verschärfender Mangel an Nahrung, Hygiene,

Medizin und Wohnraum herrschte. Von circa 100 000 internierten Zivilisten überlebten zwischen 13 000 und 17 000 Menschen den Krieg nicht.[12]

Je weiter sich die militärische Situation des japanischen Kaiserreiches in den folgenden Kriegsjahren verschlechterte, desto schwerer wurde das Leben auch für die indonesische Bevölkerung. Es kam zu großen Hungersnöten, auch weil die Versorgung über den Seeweg durch die Offensive der Alliierten im Pazifik abgeschnitten war. Unter der Bevölkerung wuchs die Verbitterung über die massenhafte Zwangsarbeit, Zwangsprostitution und Beschlagnahmung von Lebensmitteln. Ihre Wut richtete sich auch gegen die einheimischen Verwaltungseliten, die als Handlanger der Japaner angesehen wurden.[13] Für die nationalistischen Anführer war es mit Blick auf die angestrebte Unabhängigkeit daher ungemein wichtig, dass sich ihre Strategie der Kooperationsbereitschaft gegenüber den Japanern einerseits und die antijapanische Stimmung in der Bevölkerung andererseits die Waage hielten.

Nach Ende des Krieges in Europa überstürzten sich die Ereignisse: Noch am Vorabend der Kapitulation Japans waren Sukarno und Hatta nach Saigon gereist, wo der japanische Befehlshaber des südlichen Einsatzgebietes sie von der Bereitschaft Tokios in Kenntnis gesetzt hatte, Indonesien die Unabhängigkeit zu gewähren. Am Tag nach ihrer Rückkehr, am 15. August, kapitulierte Japan jedoch, und schon einen Tag darauf zwangen junge indonesische Radikale ihre zögerlichen Anführer zum Handeln.[14] Mit der Proklamation der Unabhängigkeit Indonesiens am 17. August schufen Sukarno und Hatta Tatsachen, die sich in den darauffolgenden Wochen und Monaten als unumkehrbar erweisen sollten.

Die indonesische Revolution

Der niederländische Journalist Jan Bouwer, der für britische und amerikanische Presseagenturen arbeitete, hatte sich während der japanischen Besatzung Indonesiens in Bandung auf Java versteckt und dort Tagebuch geführt.[15] Als die Japaner kapitulierten, prophezeite er seiner Ehefrau, dass die schwierigste Zeit noch bevorstünde.[16] Er beobachtete, wie die Gelegenheit zum Aufbau einer effektiven alliierten Verwaltung auf Java ungenutzt verstrich. Stattdessen riefen die nationalistischen Anführer die Republik aus, was hier und da Begeisterung, aber auch Besorgnis hervorrief – sowohl unter Indonesiern als auch unter Europäern. Ein Teil der erschöpften und ausgehungerten Zivilinternierten wurde nun freigelassen und vom Roten Kreuz und von anderen Hilfsorganisationen evakuiert. Da gewaltbereite indonesische Kampftruppen jetzt vermehrt Europäer attackierten, um eine Rückkehr der niederländischen Obrigkeit zu verhindern, mussten viele Internierte vorläufig in den Lagern bleiben, nun unter dem Schutz japanischer Soldaten.

Am 6. September fuhr Bouwer mit dem Rad zum Palast des neuen Präsidenten und erhielt als erster Journalist die Gelegenheit zu einem Interview. Sukarno tat ihm gegenüber so, als ob er die Situation unter Kontrolle habe – aber davon konnte keine Rede sein. »Die Lage auf Java kann ohne weiteres als ›ernst‹ bezeichnet werden«, schrieb Bouwer. »Die Sicherheit verringert sich rapide, *rampok* [Plünderung] erlebt eine Blütezeit.«[17] Unterdessen begannen die republikanischen Anführer mit dem Aufbau staatlicher Strukturen: Eine demokratisch orientierte Verfassung wurde ausgearbeitet, Sukarno zum Präsidenten und Hatta zum Vizepräsidenten ernannt.

Die Wiederherstellung der öffentlichen Ordnung erwies sich als schwieriger: Zwar wurden die unter japanischer Führung entstandenen paramilitärischen Korps schrittweise zu Milizen umgestaltet und in die republikanische Armee integriert, sie stellten aber weiterhin ein Sammelbecken für junge Radikale dar, die die revolutionäre Gewalt schürten. Die neue Führung versuchte ihre Position zu festigen, indem sie die Unterstützung der einheimischen Verwaltungseliten suchte und deren Honoratioren in wichtige Ämter der Provinz- und Lokalverwaltungen berief.[18]

Im August und September 1945 landeten alliierte und auch niederländische Quartiermacher auf Java, Ende September folgten die ersten britischen und britisch-indischen Besatzungstruppen. Ihr Befehlshaber, Sir Philip Christison, forderte die republikanischen Machthaber zur Wiederherstellung von Ruhe und Ordnung auf und brachte damit die niederländischen Autoritäten vor Ort gegen sich auf, die darin eine *de facto*-Anerkennung der indonesischen Republik sahen. Folglich entspann sich bald eine komplizierte Dreiecksbeziehung zwischen den britischen Kommandanten und den konkurrierenden republikanischen und niederländischen Verwaltungsorganen.[19]

Die niederländischen Autoritäten hielten die indonesischen Nationalisten für Unruhestifter, die es nach kolonialer Methode mit harter Hand auszuschalten galt; den Briten warfen sie eine viel zu nachsichtige und entgegenkommende Haltung vor. Letztere hatten wiederum nicht vor, den Niederländern ihre ehemalige Kolonie auf dem Silbertablett zu servieren. An einer opferreichen Intervention zugunsten der Niederlande hatten die Briten kein Interesse, zumal sie inzwischen auch an das Dekolonisierungsprogramm der neuen Labour-Regierung gebunden waren. Entsprechend ließ der britische Außenminister Ernest Bevin im November 1945 im Unterhaus verlauten, dass sich die Briten in keinerlei »constitutional dispute between the Netherlands and the people of the Netherlands East Indies« einmischen wollten.[20]

Unter Berufung auf die Atlantik-Charta pochten die indonesischen Anführer derweil auf ihr Selbstbestimmungsrecht. Sie betrachteten jede Art von Gespräch und Kooperation mit den Briten als Schritt in Richtung einer Anerkennung ihres Staates, weshalb sie sich auch aktiv an der Evakuierung der Kriegsgefangenen und Zivilinternierten beteiligten. Ein Problem der republikanischen Regierung war jedoch, dass sie ihre eigene radikale Anhängerschaft nicht im Griff hatte. In mehreren Städten kam es zu Auseinandersetzungen, als Niederländer aus den Internierungslagern zurückkehrten und die

Rückgabe ihrer Besitztümer und Positionen beanspruchten. In Bandung und Semarang gerieten radikale Jugendmilizen und britische Besatzungstruppen aneinander, weil Erstere glaubten, die Briten wollten den Niederländern wieder an die Macht verhelfen. Mit Hilfe japanischer Truppen gelang es den Briten, die Aufstände zu unterdrücken; zugleich setzten sie – zum Preis vieler Opfer in den eigenen Reihen – alles daran, um niederländische Frauen und Kinder aus den Internierungslagern zu befreien und in Sicherheit zu bringen.

Ein spektakulärer Tiefpunkt wurde erreicht, als radikale Milizen Ende Oktober und Anfang November die britischen Stellungen in Surabaya (Ostjava) angriffen. Sukarno und Hatta reisten in die Stadt, um ihre Leute zu beschwichtigen – ohne Erfolg. Als der örtliche Kommandant der britischen Truppen im Zuge der gewaltsamen Auseinandersetzungen getötet wurde, antwortete Befehlshaber Christison mit einem Großangriff auf die Stadt. Unter Einsatz aller verfügbaren Mittel nahmen die Briten blutige Rache: 600 Opfern auf britischer Seite standen nach Schätzungen rund 15 000 getötete Indonesier gegenüber. Noch heute wird der Opfer am Heldengedenktag des 10. November jährlich gedacht.[21] Diese Phase massenhafter und grauenvoller Gewalt, die ihren Höhepunkt in Surabaya fand und genozidale Züge trug,[22] dauerte von Anfang September 1945 bis März 1946 und ist als sogenannte *Bersiap*-Zeit in die Geschichtsbücher eingegangen – als die Zeit, in der man »wachsam sein« musste.[23]

Nach Erkenntnissen des Historikers William Frederick gab es aufseiten der indonesischen Milizen »fairly obvious patterns of leadership and manipulation«.[24] Die radikalsten und aktivistischsten Gruppen gehörten der sogenannten *Pemoeda*-Bewegung an. Deren Anhänger – gut ausgebildete und politisch motivierte junge Leute – fachten das Feuer der nationalen Revolution an, indem sie die lokalen ethnischen und politischen Gegensätze instrumentalisierten. Sie brachten die Massen gegen Niederländer, Indoeuropäer, Angehörige der einheimischen Verwaltungseliten, Chinesen und andere ethnische Gruppen auf, rüsteten die Menschen mit Waffen aus und stifteten sie zu Misshandlungen, Folter und Mord an. Einmal in Gang gesetzt, vermehrte sich die Gewalt von selbst. Um dieser Gewaltwelle etwas entgegenzusetzen, organisierten Veteranen der einstigen Kolonialarmee KNIL Gegenwehr. Frederick schätzt, dass allein auf Ostjava 6000 Menschen der Gewalt beider Seiten zum Opfer fielen; andere Autoren gehen von 30000 bis 100000 Opfern aufseiten verschiedener indonesischer Gruppen und von 3500 bis 20000 getöteten niederländischen und indoeuropäischen Zivilisten aus.[25]

Aus Sicht der niederländischen Autoritäten zeigten die Erfahrungen der *Bersiap*-Zeit vor allem eines: dass die neue Republik Indonesien nichts als Chaos und Gewalt gebracht hatte. In Australien hatte die niederländische Kolonialverwaltung unter Leitung von Van Mook bereits Vorbereitungen zur Wiederherstellung von Ruhe und Ordnung – und ihrer Herrschaft – in Indonesien getroffen. Zunächst errichteten die alliierten Truppen einen zivilen Verwaltungsapparat, die *Netherlands Indies Civil Administration* (NICA). Ende November 1945, nach Ankunft der niederländischen Autoritäten aus Australien, übertrugen die Briten ihnen sämtliche Verwaltungsbefugnisse. Van Mook war nach seiner Rückkehr bestürzt über die »schlimmen und absurden Verhältnisse« vor Ort. Seine Hoffnung war es, mittels einer raschen Versorgung der Bevölkerung mit Lebensmitteln, einer guten Verwaltung und einer entgegenkommenden Haltung das Vertrauen der Indonesier in die Kolonialverwaltung wiederherstellen zu können.[26]

Van Mooks Verwaltungsbereich umfasste zunächst allerdings nur ein paar Enklaven: auf Java das Gebiet rund um die Städte Batavia/Jakarta, Semarang und Surabaya und auf Sumatra Palembang, Medan und Padang. In den anderen Teilen des Archipels verlief die Wiederherstellung der niederländischen Herrschaft später reibungsloser und erfolgreicher: Dort konnten Verwaltungsbeamte und Militärangehörige ihre leitenden Positionen wieder einnehmen. So entstand in der ehemaligen Kolonie eine Doppelherrschaft: Die Republik kontrollierte die größten Teile Javas und Sumatras, die Niederlande den Rest. In der kolonialen Hauptstadt Batavia/Jakarta standen sich die beiden Parteien direkt gegenüber, bis Sukarno Anfang Januar 1946 beschloss, den Sitz der republikanischen Regierung nach Yogyakarta zu verlegen. Die Hauptstadt des gleichnamigen Sultanats auf Zentraljava lag weit außerhalb des britischen oder niederländischen Einflussbereiches, so dass Sukarno und seine Regierung dort wieder den immens wichtigen Kontakt zur eigenen Bevölkerung pflegen konnten.[27]

Chronik der Konfrontation

Bereits am 10. August 1945 hatte sich die Regierung in Den Haag mit der bald zu erwartenden Kapitulation Japans beschäftigt und erkannt, dass große Anstrengungen des Mutterlandes vonnöten sein würden, um die Kolonie wieder unter niederländische Kontrolle zu bringen. Auch wenn die Regierung über die »Haltung der Einheimischen« völlig im Ungewissen war,[28] herrschte Einigkeit über das zu erreichende Ziel: Die verarmten Niederlande mussten sich dieser Herausforderung stellen, war die Rückgewinnung Indonesiens doch lebenswichtig für die Erholung der Wirtschaft und die Wiederherstellung des nationalen Selbstvertrauens. Auf der anderen Seite der Erdkugel gab sich Van Mook optimistisch: »Wir werden Indien nicht so zerstört vorfinden wie die Niederlande; wir hoffen, dass viele der internierten Landsleute ihre Arbeit werden wiederaufnehmen können.«[29]

In Ermangelung fundierter Informationen über die Zustände in der Republik Indonesien waren die niederländischen Machthaber der Ansicht, dass sich eine Wiederherstellung der Kolonialherrschaft nicht nur von selbst verstehe, sondern auch realisierbar sei. Die Konsolidierung der Macht hatte Priorität – Diskussionen über die zukünftige Gestaltung der Beziehungen zwischen Kolonisierern und Kolonisierten mussten warten. In der niederländischen Widerstandspresse war bereits vor der Befreiung über eine Modernisierung dieser Beziehungen debattiert worden, wobei auch für den progressiven Widerstand die dringlichste Aufgabe darin bestand, die »tropischen Niederlande« und »unsere Brüder in Indien« von den japanischen »gelben Teufeln« zu befreien. Nach der Befreiung riefen Widerstandszeitungen ihre Leute dazu auf, sich als Kriegsfreiwillige für den Einsatz in Südostasien zu melden.

Diesem Aufruf schloss sich auch die Vereinigung indonesischer Studenten in den Niederlanden an, die *Perhimpunan Indonesia*.[30] Auch die Kommunisten dachten im Juni 1945 an die wirtschaftliche Bedeutung Indonesiens für die niederländische Arbeiterklasse und fürchteten, dass sich die USA und Großbritannien als imperialistische Großmächte ein unabhängiges Indonesien unter den Nagel reißen könnten.[31] Daher waren auch sie überzeugt, dass ein Fortbestehen des Staatsverbandes zwischen den Niederlanden und – einem eigenständigeren – Indonesien im Interesse beider Völker liegen müsse. Aber wie ließ sich das realisieren? Die Regierung Schermerhorn ging davon aus, dass die Niederlande in diesem politischen Entscheidungsprozess über die Zukunft Indonesiens Regie führen würden. Entsprechend konsterniert reagierte man in Den Haag dann auch auf die Ausrufung der Republik Indonesien, die als illegitimer Schritt betrachtet wurde. Jegliche Verhandlungen mit den republikanischen Anführern lehnte die niederländische Regierung ab, da dies *de facto* eine Anerkennung impliziert hätte.

Besonders große Vorbehalte gab es gegen Sukarno, der in den Niederlanden wegen seiner Zusammenarbeit mit den Japanern als Kollaborateur, als »der indonesische Mussert«, gebrandmarkt wurde. Als die britischen Militärs auf Java mit Sukarno und anderen republikanischen Anführern in Dialog traten, fühlte sich die Regierung in Den Haag von ihrem Verbündeten im Stich gelassen. Noch größer war die Empörung, als sogar Van Mook nach seiner Ankunft auf Java mit

Sukarno und anderen darüber beriet, wie man die gewaltsamen Auseinandersetzungen in Zentraljava beenden könne. Im Mutterland brach ein Sturm der Entrüstung los, und das Kabinett erklärte das Vorgehen Van Mooks einstimmig für »falsch und inakzeptabel«. Die Königin allerdings weigerte sich, seiner Entlassung zuzustimmen, da sie die Lage für zu ernst hielt.[32] Van Mook hatte angesichts der humanitären und politischen Krise keine andere Möglichkeit gesehen, als sich mit der republikanischen Führung zu beraten. Seiner Einschätzung nach verfügten die Niederlande über keinerlei Machtmittel, um der Republik ihren Willen aufzuzwingen, und auch die Briten hatten aus seiner Sicht kein Interesse an einer solchen Intervention. Der neu entstehende Staat, so war er überzeugt, würde nur im Fall seiner Anerkennung zum Dialog bereit sein.

In dieser chaotischen politischen Situation versuchte die Republik ihre Macht auf Java und Sumatra zu konsolidieren, während die Briten an der engen Auslegung ihres Auftrags festhielten und die niederländischen Autoritäten in Batavia und Den Haag zwischen Wunschdenken und Realismus lavierten.

Der Dekolonisierungsprozess lässt sich rückblickend in vier Phasen einteilen, in denen beide Parteien sowohl am Verhandlungstisch als auch mit Hilfe militärischer Operationen ihre Ziele zu erreichen versuchten. Die *erste Phase*, die von Mitte August 1945 bis Anfang 1946 dauerte, war von der indonesischen Revolution und der darauffolgenden Eskalation der Gewalt geprägt. In der *zweiten Phase* entschlossen sich die Niederlande zur Entsendung von Truppen, um ihre Kolonialherrschaft sowie Ruhe und Ordnung wiederherzustellen. In dieser Phase zwischen Anfang 1946 und Mitte 1947 demonstrierten die Niederlande zwar ihre Bereitschaft zur Dekolonisierung – allerdings nur zu ihren eigenen Bedingungen. Der Dekolonisierungsprozess bestand in dieser Phase aus einer Aufeinanderfolge von Verhandlungen und bewaffneten Scharmützeln. Mitte 1947 begann eine *dritte Phase*, die bis

Anfang 1949 dauern sollte. Die nun selbstbewussteren Niederlande forcierten in dieser Phase eine militärische Lösung, was zu den beiden sogenannten *Politionele Acties* (»Polizeiaktionen«) führte. Bald schon zeigte sich, dass die Niederlande ihre Stärke überschätzt hatten – und so sahen sie sich in der *vierten Phase* des Jahres 1949 zu Verhandlungen über eine schnelle Übertragung der Souveränität auf die Indonesier genötigt. Mit deren formellem Vollzug am 27. Dezember 1949 endeten die Kolonialbeziehungen beider Länder.

Während der ersten Phase, im Sommer 1945, suchte die Regierung Schermerhorn nach einem Weg, um die Lage in Indonesien in den Griff zu bekommen. Da eine rasche Wiederbesetzung unter den gegebenen Umständen als unrealistisch galt, bereitete Den Haag einen massiven Truppeneinsatz vor. Die Soldaten der Kolonialarmee KNIL wurden zurück zu den Waffen gerufen, und Anfang 1946 trafen die ersten Einheiten Kriegsfreiwilliger aus den Niederlanden im Archipel ein. Sie konnten allerdings erst im März zum Einsatz kommen, da ihnen der britische Befehlshaber Christison die Landung auf Java und Sumatra verweigerte, solange die Niederländer nicht zu Verhandlungen mit der republikanischen Regierung bereit waren. Die Soldaten empfanden dies als »bittere Pille«: Als eines ihrer Schiffe vor der indonesischen Küste zur Umkehr gezwungen wurde, schmetterten die niederländischen Soldaten den Briten den deutschen Kriegsschlager *Denn wir fahren gegen England!* entgegen.[33]

Als ihnen schließlich im Februar 1946 die Landung erlaubt wurde, erlebten sie eine erneute Enttäuschung: Denn es zeigte sich, dass viele Indonesier sie bei ihrer Ankunft nicht als Befreier willkommen hießen, sondern sich eher distanziert verhielten.[34] Unterdessen entzündeten sich sowohl auf niederländischer als auch auf indonesischer Seite heftige interne Streitigkeiten über die Ausgestaltung der Dekolonisierung: Gemäßigte und Hardliner standen sich unversöhnlich gegenüber. Innerhalb der Führungsspitze der Republik Indonesien gab es auf der einen Seite die harten Verfechter der Parole

»*100 % Merdeka*« (Freiheit), die jegliche Zugeständnisse an die Niederlande ablehnten, auf der anderen Seite die gemäßigteren Anführer, die ihre Ziele durch schrittweise Verhandlungen zu erreichen versuchten.

Gleichzeitig mehrten sich unter Indonesiern außerhalb des von der Republik kontrollierten Gebietes Stimmen, die einen föderativen indonesischen Staatsverband – ohne Vorherrschaft der Republik – anstrebten. Den Haag wollte sich diese Tendenz zunutze machen, um eine alternative Bewegung zu den republikanischen »Extremisten« zu etablieren. Die Hardliner auf niederländischer Seite wollten lediglich eine sehr langsame und von den Niederlanden gesteuerte Entwicklung in Richtung Autonomie akzeptieren: Nur durch den Einfluss der niederländischen Verwaltung habe sich die Kolonie so gut entwickeln können – ein Fortschritt, der jetzt nicht wieder verspielt werden dürfe. Eine Fortsetzung der kolonialen Mission sei zudem von nationalem Eigeninteresse, denn: »Indien verloren – Unheil geboren!«

Im Zentrum der politischen Macht in den Niederlanden befand sich zu dieser Zeit die von Carl Romme geleitete Katholische Volkspartei, in deren Programm der Erhalt des Imperiums einen unverrückbaren Bestandteil bildete. Die andere große Regierungspartei, die sozialistische *Partij van de Arbeid* von Willem Drees, wollte den niederländischen Einfluss ebenfalls nicht aufgeben, verfügte aber durchaus über einen antikolonialen Flügel, der sich für das indonesische Selbstbestimmungsrecht stark machte. Konsequenz war ein heftiger Streit zwischen den Koalitionspartnern, in dessen Verlauf sich erst die Sozialisten gezwungen sahen, Mitverantwortung für größere Militäraktionen zu übernehmen, und die Katholiken später einsehen mussten, dass eine Dekolonisierung nicht zu umgehen war.

Zunächst spitzte sich die Regierungskrise jedoch derart zu, dass reaktionäre Gegner jeglicher Form der Dekolonisierung sogar mit dem Gedanken an einen Staatsstreich spielten – darunter auch der Ministerpräsident der Kriegszeit, Pieter

S. Gerbrandy.[35] Zugleich sahen sich die Koalitionskabinette der Nachkriegszeit vor andere innen- und außenpolitische Probleme gestellt: den Wiederaufbau, die Reform der Sozialgesetzgebung, die internationale Blockbildung. Womöglich trugen auch diese drängenden Fragen dazu bei, dass die zum Konsens gezwungene politische Mitte der Niederlande nicht auseinanderfiel und auch in der Indonesien-Frage darum bemüht war, eine gemeinsame Lösung zu finden.

Während in den Niederlanden noch mantraartig die Wiederherstellung der Kolonialherrschaft gefordert wurde – auch als Reaktion auf den Ausnahmezustand während der *Bersiap*-Zeit –, plädierte der sozialistische Minister für die Kolonien, Johann Logemann, im Dezember 1945 für die Aufnahme von Gesprächen mit den republikanischen Anführern. Der Historiker Joop de Jong interpretiert dies als ersten Schritt des Kabinetts in Richtung einer Anerkennung des Selbstverwaltungsrechts der Indonesier und ihrer zukünftigen Unabhängigkeit. Und tatsächlich fand schon bald ein grundlegender Strategiewechsel statt: »von der Rekolonisierung zur Dekolonisierung«.[36] Diese Wende markiert den Beginn der zweiten Phase, in der Unterhändler und Politiker häufig zwischen den Niederlanden und Indonesien hin- und herflogen, während mehr als 120 000 Soldaten der niederländischen Armee die fünfwöchige Reise per Schiff antraten.

Im Laufe des Jahres 1946 arbeiteten niederländische, indonesische und britische Delegationen in ihren Verhandlungen Schritt für Schritt auf eine – allerdings noch nicht klar definierte – Dekolonisierung hin. Währenddessen versuchten niederländische Soldaten, das Umland einiger wichtiger Städte von Gegnern zu säubern und ihre Stützpunkte auf den Inseln abseits von Java und Sumatra zu festigen. Dabei kam es permanent zu Scharmützeln, manchmal nur kurz und heftig, dann wieder in größerem Umfang. Dennoch schlossen die beiden Parteien am 13. November 1946 im Bergdorf Linggardjati ein Abkommen, in dem die Niederlande die Republik Indonesien *de facto* als Machthaberin auf Java und

Sumatra anerkannten. Während einer Übergangsphase sollte gemeinsam auf die Errichtung eines föderalen Staates hingearbeitet werden, der auch die Republik einschließen und von einer Niederländisch-Indonesischen Union überwölbt werden sollte.[37]

Das Linggardjati-Abkommen war ein überaus mühsamer Kompromiss, der sowohl in der niederländischen als auch in der republikanischen Politik auf heftigen Widerstand der Hardliner stieß und von diesen torpediert wurde. In den Niederlanden forderten die Gegner des Abkommens eine militärische Intervention gegen die indonesische Republik. Unterstützung erhielten sie vom Armeekommandanten in Niederländisch-Indien, Generalleutnant Simon Spoor, der die ständigen Scharmützel mittels großangelegter Militäroperationen beenden wollte. Schnelle und durchschlagende Erfolge waren sehr erwünscht, da die Niederlande die enormen Kosten ihrer militärischen Anstrengungen nicht mehr lange würden tragen können.

Der wirtschaftliche Wiederaufbau der Niederlande litt schwer unter einem Devisendefizit in der Zahlungsbilanz. Um dies kurzfristig zu ändern, mussten die Niederlande die Kontrolle über die Ölquellen, Minen und Plantagen in der Kolonie zurückgewinnen – denn diese würden wieder Dollar in die Staatskasse bringen. Auf Betreiben Rommes und anderer Hardliner entschied sich die Regierung in Den Haag schließlich am 18. Juli 1947 – nach heftigem internen Streit – zu einer militärischen Intervention. Die Bedenken der Sozialisten sorgten dafür, dass nur von einer begrenzten Aktion die Rede war: Die Armee sollte mit »polizeilichen« Mitteln für Ruhe und Ordnung sorgen. Letztlich wurde mit dieser Wortwahl nur verschleiert, dass Kriegshandlungen bevorstanden.

Die dritte Phase begann am 21. Juli 1947, als General Spoor einer mehr als 100 000 Mann starken Streitmacht den Befehl zum Start der »Operation Produkt« gab – benannt nach dem wirtschaftspolitischen Ziel der Intervention. Sehr rasch überwältigten die niederländischen Truppen die Verteidigungsstellungen der republikanischen Armee, der *Tentara Nasional Indonesia* (TNI), und besetzten die anvisierten Gebiete. Allerdings gelang es ihnen nicht, den Gegner gänzlich auszuschalten, so dass die TNI den Vorteil der Niederländer durch Guerilla-Aktionen bald wieder ausgleichen konnte.

Ihre anfänglichen militärischen Erfolge konnten die Niederländer auch auf politischer Ebene nicht nutzbar machen. Joop de Jong nennt dafür zwei Gründe: Zum einen gab es massive Differenzen innerhalb der niederländischen Regierung. Die Sozialisten bestanden auf ein begrenztes Eingreifen und lehnten einen Totalangriff auf die Republik, inklusive einer Besetzung der Hauptstadt Yogyakarta, vehement ab. Zum anderen gerieten die Niederlande auf internationaler Ebene zunehmend in die Kritik und unter Druck. Ex-Außenminister Van Kleffens war inzwischen Vertreter bei den Vereinten Nationen und fürchtete um die Glaubwürdigkeit der Niederlande als Verteidigerin der internationalen Rechtsordnung. Daher plädierte er für eine Beendigung der Feindseligkeiten und eine internationale Schlichtung unter Leitung der UN.[38] So führte die Militäroperation nicht nur zu einer neuen Verhandlungsrunde unter internationaler Aufsicht, sondern auch zu erneuten Auseinandersetzungen zwischen Gemäßigten und Hardlinern auf beiden Seiten und zu einer Zunahme bewaffneter Auseinandersetzungen vor Ort.

Dies alles blieb nicht ohne Folgen für die Innenpolitik der Niederlande, in der sich die Standpunkte immer weiter verhärteten. Pieter J. Oud, Ex-Minister und Bürgermeister von Rotterdam, zog mit einer neugegründeten liberalen Partei und dem Slogan »Die Republik Indonesien: Haben Sie es auch so satt?« in den Wahlkampf zur Parlamentswahl am 7. Juli 1948.[39] Die Hardliner gewannen und konnten die für die Indonesienpolitik wichtigsten Posten übernehmen. Willem Drees blieb zwar Ministerpräsident, aber sein Vorgänger Louis Beel ersetzte Hubertus van Mook als Generalgouverneur in Batavia. Beels katholischer Parteigenosse Emanuel Sassen wurde Minister für die Überseegebiete, der liberale Dirk Stikker Außenminister. Beel und Sassen erwiesen sich – unterstützt von Armeekommandant General Spoor – als Verfechter einer harten Linie, während sich Stikker zunehmend gegen die Linie seiner eigenen Partei wandte. Als Pragmatiker und Protagonist des Geschäftslebens nahm er das Wünschenswerte vor allem aus der Perspektive des Machbaren wahr.

Als die Gespräche zwischen den Niederlanden und der Republik Indonesien Ende November 1948 erneut ins Stocken gerieten, drohte die US-Regierung damit, die Niederlande im UN-Sicherheitsrat zur Ordnung zu rufen. Auch die Marshall-Hilfe, vorgesehen für den unter niederländischer Kontrolle stehenden Teil Indonesiens, stand auf dem Spiel. Das Kabinett in Den Haag blieb jedoch hinsichtlich der Frage, ob man weiterverhandeln oder erneut militärisch eingreifen sollte, tief gespalten. Beel und Sassen setzten ihren Ministerkollegen schließlich die Pistole auf die Brust – und da die Sozialisten ihre Regierungsbeteiligung nicht verlieren wollten, stimmte der Ministerrat am 18. Dezember 1948 einer neuen Großoffensive zu.

Die »Zweite Polizeiaktion« begann mit einem Überraschungsangriff von Luftlandetruppen auf die republikanische Hauptstadt Yogyakarta. Sie besetzten die Stadt und verhafteten Sukarno und seine Regierung. Nach diesem spektakulären Erfolg erreichten die niederländischen Truppen auch die meisten ihrer Ziele auf Java und Sumatra. Allerdings gelang es den wichtigsten Einheiten der TNI, einer Umzingelung zu entgehen und zu einem gut organisierten Guerillakampf überzugehen. Letztendlich war keine der beiden Parteien in der Lage, eine militärische Entscheidung herbeizuführen – eine Pattsituation, die beide Parteien erneut an den Verhandlungstisch und zu einer Einigung zwang.

Da Beel und General Spoor anfänglich glaubten, die Republik ausgeschaltet zu haben, hielten sie die bisherigen Abkommen über deren Anerkennung für hinfällig. Sie gingen davon aus, dass die eroberten Gebiete schnell zu befrieden seien und sich das »Problem« dann endgültig erledigt haben würde.[40] Daher sabotierten die politischen und militärischen »Falken« die Beschlüsse ihrer eigenen Regierung. Diese sahen vor, die republikanischen Anführer freizulassen und erneute Gespräche mit ihnen aufzunehmen. Ministerpräsident Drees reiste nach Batavia, wo er in einem mühsamen Manövrierprozess gemeinsam mit Stikker die Verhandlungen wieder in Gang zu bringen versuchte. Um aus der Sackgasse herauszukommen, mussten die beiden den Hardlinern klarmachen, dass es trotz des anfänglichen Erfolgsrausches eben nicht gelungen war, die Republik mit Hilfe der »Zweiten Polizeiaktion« militärisch und politisch auszuschalten.

Dabei half auch, dass die USA und der UN-Sicherheitsrat Den Haag stark unter Druck setzten, schnell wieder Verhandlungen mit den Indonesiern aufzunehmen. Das diplomatische Manövrieren Stikkers sorgte allerdings dafür, dass die USA den Niederlanden Gelegenheit gaben, ihren Standpunkt zu ändern – ohne harte Sanktionen des Sicherheitsrates fürchten zu müssen. Denn Stikker spielte beim amerikanischen Außenminister Dean Acheson die einzige Trumpfkarte aus, die den Niederlanden noch geblieben war: Die wachsende antiamerikanische Stimmung in den Niederlanden drohte die Zustimmung des Landes zum Atlantikpakt, dem internationalen Vertrag zur Gründung der NATO, zu behindern.

Vor diesem Hintergrund änderte auch der bisherige Hardliner Beel plötzlich seine Meinung und plädierte Ende Januar 1949 dafür, den Konflikt durch eine schnelle Souveränitätsübertragung zu beenden. Er ging davon aus, dass ein föderalistisch aufgebautes Indonesien stark genug sein würde, um Macht und Einfluss der Republik einzudämmen. Mit seinem Richtungswechsel setzte er nun seinem Parteivorsitzenden Romme und Minister Sassen die Pistole auf die Brust – mit Erfolg: Sassen trat zurück, und Romme gab nach. Ihr Parteigenosse Johannes van Maarseveen, der als Justizminister bereits für die Sondergerichtsbarkeit zur Bestrafung von Kollaborateuren zuständig gewesen war, wurde Sassens

Nachfolger als Minister für die Überseegebiete. Durch die Kursänderung Beels und den Rücktritt Sassens war das politische Pulverfass entschärft.

Die Regierung verfolgte nun wieder eine mehr oder weniger einheitliche Linie und setzte auf Verhandlungen. Allmählich setzte sich die Einsicht durch, dass man sich in einer militärischen Pattsituation befand und nur eine diplomatische Lösung realistisch war. In seinen Erinnerungen schilderte Stikker im Rückblick, was ihn, als Gemäßigten, während dieses langwierigen Prozesses von den katholischen Hardlinern unterschied: »Ich glaubte an eine uneingeschränkte Freiheit Indonesiens. Wenn die Föderalisten stärker bleiben sollten, *tant mieux*; wenn die Republik die Oberhand gewinnen sollte, *tant pis*; es stand uns nicht zu, darüber zu entscheiden.«[41]

Infolge dieses Kurswechsels wurden die republikanischen Anführer freigelassen, und die niederländischen Streitkräfte mussten – zu ihrer großen Enttäuschung – Yogyakarta wieder räumen. An ihrer Stelle zogen die republikanischen Truppen in die Stadt ein, wo sie als Helden empfangen wurden. Nun begannen Verhandlungen zur Vorbereitung der Souveränitätsübertragung. Am 6. Mai 1949 schlossen der niederländische und der indonesische Verhandlungsführer, Herman van Roijen und Mohammed Roem, ein erstes Abkommen, mit dem die Grundlage für den Abzug der Niederländer aus Indonesien gelegt wurde. Beel wollte diese Entwicklung jedoch nicht mittragen: Er trat als Hoher Vertreter der Krone zurück und die Heimreise in die Niederlande an. General Spoor blieb zwar vorerst noch widerwillig im Amt, erlag jedoch am 25. Mai 1949 einem Herzanfall. Die weiteren Verhandlungen zwischen Van Roijen und Roem verliefen extrem zäh, und ein erfolgreicher Ausgang war keineswegs sicher, zumal beide Parteien ihre Feindseligkeiten auch während der Verhandlungen nahezu unvermindert fortsetzten.

Parallel dazu kam es zwischen Guerilla- und Konterguerilla-Einheiten zu schweren Gefechten, die auf beiden Seiten mehr Opfer forderten als die vorigen Großoffensiven. Dennoch begann am 23. August eine *Round Table*-Konferenz, bei der die Errichtung eines Staatenbundes, der Niederländisch-Indonesischen Union, vereinbart wurde. Der neue Staat war föderal konzipiert: die Vereinigten Staaten von Indonesien.

Die niederländischen Truppen und ihr Krieg

Für eine erfolgreiche Wiederherstellung der Kolonialherrschaft in Indonesien benötigten die Niederlande Bodentruppen, über die sie zum Zeitpunkt der Befreiung von der deutschen Besatzung 1945 jedoch kaum verfügten. Die Armee, die 1940 den Krieg verloren hatte, war aufgelöst worden, und der im englischen Exil begonnene Aufbau einer neuen Truppe befand sich noch in der Anfangsphase. Eine schnelle Rekrutierung von Wehrpflichtigen war nahezu unmöglich, denn viele junge Männer, die zur Zwangsarbeit nach Deutschland verschleppt worden oder untergetaucht waren, waren noch nicht wieder an ihre früheren Wohnorte zurückgekehrt. Zudem war das Melderegister durch Widerstandsaktionen durcheinandergeraten. Schließlich war es laut Verfassung verboten, Wehrpflichtige ohne ihre Zustimmung in außereuropäische Gebiete zu schicken.

Eine »Armee« gab es jedoch – wenn auch nur leidlich entwickelt: die *Binnenlandse Strijdkrachten*, die seit September 1944 schnell gewachsen waren. Nach der Befreiung rief die Regierung die Angehörigen dieser Truppe dazu auf, sich freiwillig für den Kampf gegen Japan zu melden. Der Kommandant der friesländischen *Binnenlandse Strijdkrachten* versuchte seine Soldaten für den Einsatz zu ermutigen: »Die niederländische Trikolore liegt in Fernost im Dreck, friesländische junge Kerle müssen zusammengetrommelt werden, um die Flagge wieder aufzurichten und vom japanischen Schlamm zu säubern.«[42] Die freiwilligen Meldungen hielten sich allerdings in Grenzen, denn viele Widerstandskämpfer der ersten Stunde hatten keine große Lust auf weitere Abenteuer: »viele Menschen waren kriegsmüde und wollten Job und Frau und Braut nicht zurücklassen«.[43]

Es meldeten sich vor allem Männer, die relativ spät, nämlich erst seit September 1944, zu den *Binnenlandse Strijdkrachten* gestoßen waren. Diese Soldaten, im Volksmund »Septemberritter« genannt, wollten zeigen, dass sie einen Beitrag zum »endgültigen Sieg« leisten konnten. In den ersten Monaten nach der Befreiung waren viele von ihnen als Wachpersonal in den überfüllten Internierungslagern für Nationalsozialisten eingesetzt worden. Dabei machten sich Einheiten der *Binnenlandse Strijdkrachten* nicht nur der Misshandlung von Häftlingen schuldig, sondern waren auch für die in den Lagern herrschenden Missstände mitverantwortlich. Auch dies bewog die Regierung dazu, rasch nach anderen Einsatzmöglichkeiten für diese Männer zu suchen.[44]

Die Angehörigen der *Binnenlandse Strijdkrachten* bildeten schließlich die personelle Basis für 13 Kriegsfreiwilligen-Bataillone und eine Marineinfanteriebrigade. Hinsichtlich ihrer Vorgeschichte und ihrer Motivation bildeten diese Soldaten keine homogene Gruppe: Es gab Abenteurer und Idealisten, aber auch Opportunisten, die auf gute Posten und materielle Vorteile spekulierten.[45] Stilprägend für die Haltung dieser Truppen war die Informalität des einstigen Widerstands. So stellten britische Ausbilder bestürzt fest, dass die Soldaten ihre Offiziere häufig beim Vornamen nannten.[46] Ausrüstung, Unterbringung und Verpflegung der Kriegsfreiwilligen-Einheiten waren unzureichend, da es in den Niederlanden nach der Befreiung an allem mangelte. Besonders augenfällig wurde dies bei der Einkleidung der Männer mit gebrauchten britischen Uniformen, auf denen manchmal noch Einschusslöcher und Blutflecken zu sehen waren.[47]

Die Nachricht über die Kapitulation Japans im August 1945 versetzte der Moral der Freiwilligen einen zusätzlichen »schweren Schlag«, und viele von ihnen spielten daher mit dem Gedanken, den Dienst zu quittieren.[48] Bald jedoch berichtete die Presse über »neue Konzentrationslager« in

Niederländisch-Indien, in denen angeblich niederländische Militär- und Zivilinternierte von indonesischen Randalierern bedroht, misshandelt und ermordet würden. Vielfach wurde nun an die Freiwilligen appelliert, sie sollten in Übersee für Ruhe und Ordnung sorgen und dazu – im Interesse der »gutwilligen Bevölkerung« – »Extremisten und Böswillige« ausschalten.

Das Beispiel der *Binnenlandse Strijdkrachten* und ihrer Mobilmachung zeigt, wie die Haltung zum Konflikt in Südostasien sowohl von den Erfahrungen der deutschen Besatzungszeit als auch von vorkriegszeitlichem kolonialem Denken geprägt wurde. Die Vorstellung, dass die vormaligen Freiheitskämpfer nun an der Wiederherstellung eines repressiven Kolonialsystems mitwirken würden, spielte im Bewusstsein der Männer kaum eine Rolle. Viel wirkmächtiger und motivierender war der Gedanke, in Übersee für Ruhe und Ordnung zu sorgen. Die Begeisterung für einen freiwilligen Kampfeinsatz in Niederländisch-Indien ließ jedoch schon binnen eines Jahres stark nach.

Im September 1946 brachen auch die ersten Einheiten wehrpflichtiger Soldaten der bereits erwähnten *Zeven-December-Divisie* Richtung Indonesien auf. Am Vorabend ihrer Einschiffung in Amsterdam fehlten allerdings fast 40 Prozent der Soldaten beim Appell, und die Kommunistische Partei organisierte einen Streik, um gegen deren Entsendung zu protestieren. Oberbefehlshaber General Kruls mahnte in einer Radioansprache, dass diejenigen, die nicht zum Appell erschienen, als Deserteure zu gelten hätten. Als die Schiffe schließlich ablegen sollten, fehlten immer noch 15 Prozent – rund 450 Mann. Einige Soldaten, die doch noch erschienen waren, hatten die Waggons ihrer Züge Richtung Amsterdam mit zynischen Parolen wie »Wären wir doch NSBler« beschriftet – denn diesen politischen Delinquenten wurde der Wehrdienst jetzt verweigert.[49] Bei späteren Entsendungen kam es nicht mehr zu nennenswerten Aktionen dieser Art. Hunderte Wehrpflichtige entschieden sich jedoch dazu, den Wehrdienst aus politischen oder Gewissensgründen zu verweigern, unterzutauchen oder zu desertieren – Letzteres sowohl in den Niederlanden als auch vor Ort in Indonesien.[50] Solche Verweigerer wurden strafrechtlich verfolgt und schwer bestraft.

»Sie sind nicht hier, um Krieg zu bringen, sondern um Frieden wiederherzustellen; Sie kommen nicht als Eroberer, sondern als Befreier«, schrieb Armeekommandant General Spoor seinen Truppen in einem Tagesbefehl zu Beginn der »Ersten Polizeiaktion«.[51] Die Soldaten machten jedoch bald die Erfahrung, dass dieses hohe Ideal nicht mit militärischen Mitteln zu erreichen war. Sie fühlten sich zunehmend als Spielball – einer Regierung, die nicht verstand, was sie durchmachten, eines Gegners, der zynisch seine eigene Bevölkerung terrorisierte, und internationaler Großmächte, die die niederländischen Interessen ihren eigenen unterordneten. In den Truppenberichten kommt diese Wahrnehmung deutlich zum Ausdruck. In Erwartung politischer Zugeständnisse an den Gegner neigten die Soldaten dazu, »jeden Verlust unsererseits für ungerechtfertigt zu halten«.[52] Sie waren nicht bereit, ihr Leben zu geben, um die niederländische Position am Verhandlungstisch zu stärken. Ein Militärpolizist notierte im Oktober 1949 in sein Tagebuch: »Die Regierung hat nichts begriffen und unfassbare Entscheidungen getroffen. Am besten wäre es, dass in Den Haag alles so schnell wie möglich unterschrieben wird, damit die noch Lebenden so rasch wie möglich nach Hause fahren können.«[53]

Solche Aussagen der Soldaten zeigen, dass sich die Truppe der Diskrepanz zwischen Ideal und Wirklichkeit stets bewusst war.[54] Ihre Stimmung war dabei von allerlei ambivalenten Empfindungen geprägt: Sie wollten keine »Kolonialisten« sein, wurden aber bei einem Unterfangen eingesetzt, das grundsätzlich auf einer kolonialen Sichtweise beruhte. Sie wollten wie die alliierten Befreier in den Niederlanden bejubelt werden, begriffen aber oft nicht, was der Begriff *Merdeka* für Indonesier bedeuten konnte. Sie wollten »dem einfachen Indonesier« helfen und ihn gegen Kriminelle und »Extremisten« schützen, sollten zugleich aber auch selbst Angst verbreiten und in großem Stil Gewalt anwenden. Die zunehmende Spannung zwischen der offiziellen Rechtfertigung des Einsatzes, der Selbstrechtfertigung der Truppen und dem Unvermögen, dem Gegner den eigenen Willen aufzuzwingen, führte nicht nur zu einer Demoralisierung der Truppen, sondern auch zu einer *Mission Creep*: zur Anwendung übermäßiger Gewalt und zu normverletzendem Verhalten in Form von Kriegsverbrechen.

Im indonesischen Unabhängigkeitskrieg manifestierte sich all das, was der Historiker Christian Gerlach als die Charakteristika »multipolarer Gewalt« beschrieben hat: das Ausnutzen einer konventionellen militärischen Überlegenheit, die Instrumentalisierung ethnischer Gegensätze, eine Kumulierung von Guerilla und Konterguerilla, Massenpartizipation, der Aufstieg neuer Eliten und das Streben nach wirtschaftlicher Weiterentwicklung im Sinne einer »Stabilisierung im kapitalistischen Rahmen«.[55] Im Anschluss an Gerlach, der zwar nicht den indonesisch-niederländischen Konflikt der späten vierziger Jahre, aber das Suharto-Massaker gegen Kommunisten von 1965/66 untersucht hat, lassen sich sechs Faktoren zur Erklärung der extremen Gewaltanhäufung im Unabhängigkeitskrieg formulieren:

Erstens brachte die nach der Kapitulation Japans einsetzende *Bersiap*-Periode eine Spirale massenhafter ethnischer und politischer Gewalt mit sich – verübt von radikalen indonesischen Milizen mit unterschiedlichen politischen, religiösen und regionalistischen Agenden.

Zweitens griff diese Gewaltdynamik der *Bersiap*-Zeit bald auf die niederländische Seite über. Die Rückkehr ehemaliger Soldaten der Kolonialarmee in die KNIL war für viele von ihnen eine Überlebensstrategie angesichts des Machtvakuums nach der japanischen Kapitulation. Brutalisiert durch Kriegsgefangenschaft, Verfolgung und die Ermordung ihrer Angehörigen, organisierten sie nun Gegenterror. Die Kriegsfreiwilligen aus den Niederlanden hatten während der letzten Phase der deutschen Besatzung ebenfalls gesellschaftliche Zerrüttung und Gewalt erlebt. Nicht nur hatten sie unter dem Terror der deutschen Besatzer gelitten, sie hatten auch selbst Gewalttaten bei der Jagd auf NSBler verübt. Diese Erfahrungen standen jedoch in keinem Verhältnis zu den Vorkommnissen der *Bersiap*-Periode. Das Verhalten der niederländischen Freiwilligen in dieser Zeit zeugte vor allem von Disziplinlosigkeit sowie von mangelnder militärischer Ausbildung und Erfahrung.[56] Schon auf den Truppentransportschiffen wurde ihnen beigebracht, dass sie sich operativ an der KNIL orientieren sollten. Denn diese »Waffenbrüder« wurden – leicht romantisch verklärt – als »erfahrene Dschungel-Kämpfer« angesehen, »die ihren Mann stehen«.[57]

Drittens wurden die Einheiten aus den Niederlanden auf diese Weise innerhalb der Kolonialtruppen sozialisiert, was ihren Umgang mit Terror und Gegenterror zutiefst prägte. Die Kolonialarmee ging – oft zum Entsetzen der holländischen Truppen – mit der Einstellung »Auge um Auge, Zahn um Zahn« an den Kampf heran. Niederländische Wehrpflichtige bekamen zu hören, dass sie keine »Schlägertypen« seien, »sondern harte Kerle mit einer Mission«.[58] Diese Mission war im Wesentlichen noch immer eine koloniale, und die Einstellung der Truppen wurde durch weit verbreitete kolonialistische Vorstellungen verzerrt.

Viertens bildete die koloniale Vorkriegspraxis der Unruhebekämpfung den Ausgangspunkt der niederländischen Strategie. Die Doktrin der KNIL war in den Vorschriften für das politisch-polizeiliche Auftreten von 1928 festgelegt worden.[59] Danach handelte es sich um eine Polizeiarmee, die durch »energisches, aber humanes Auftreten« Ordnung und Frieden aufrechterhalten sollte – Vorschriften, die sich während des Unabhängigkeitskrieges jedoch nur als begrenzt verbindlich erweisen sollten.

Fünftens war der Krieg nämlich ein hybrider Konflikt, in dem Methoden konventioneller wie auch irregulärer Kriegsführung zur Anwendung kamen. Im konventionellen Kampf hatten die Niederländer aufgrund ihrer besseren Ausrüstung, Logistik und taktischen Fähigkeiten die Oberhand, wobei die beiden euphemistisch als »Polizeiaktionen« bezeichneten Offensivoperationen besonders hervorstachen. Im Guerilla- und Konterguerillakampf gewannen die indonesischen Einheiten dagegen immer mehr die Oberhand, insbesondere nachdem sich der indonesische Befehlshaber Nasution – in Reaktion auf die »Zweite Polizeiaktion« – für das Prinzip des Volkskrieges entschieden hatte und die »totale Guerilla« zu organisieren begann.[60] Von Beginn an betrachteten die niederländischen Truppen ihre eigenen Gewalttaten als gerechtfertigten Gegenterror. Das politische Ziel der Autoritätswiederherstellung geriet damit immer mehr außer Reichweite.

Sechstens schließlich scheiterte dadurch der Plan General Spoors, der Ordnung und Sicherheit durch ein Zusammenspiel von Armee, lokaler Polizei und proniederländischen Milizen wiederherzustellen hoffte. Der Archipel war so weitläufig, dass – auch nach Erreichen der maximalen niederländischen Truppenstärke – nur räumlich sehr begrenzte Gebiete wirkungsvoll befriedet werden konnten. Diese schwierigen Bedingungen sorgten schon bald dafür, dass Angst, Erschöpfung und Frustration zu Zynismus bei den niederländischen Truppen führten – mit der Folge, dass Hemmschwellen wegfielen und nur massenhafte Gewalt einen Ausweg zu bieten schien.

Der Schweizer Militärhistoriker Rémy Limpach kommt zu dem Ergebnis, dass »die große Mehrheit« der Soldaten nicht an dieser Gewalt beteiligt war.[61] Dennoch konstatiert er, dass diese Verbrechen niederländischer Truppen in Indonesien strukturell bedingt gewesen seien, vor allem weil die höheren Ränge und die Militärgerichtsbarkeit zu wenig unternommen hätten, um die Gewalttaten zu verhindern oder zu bestrafen.[62] Niederländische Politiker, Militärs und Juristen stritten damals ab, dass es sich um Kriegsverbrechen handelte, da sie den Krieg in der Kolonie als einen internen Konflikt innerhalb des niederländischen Imperiums betrachteten. Das

Nürnberger Militärtribunal legte 1945 jedoch fest, dass kein formeller Kriegszustand herrschen musste, um Verfehlungen verfolgen zu können. Und auch das damals bereits geltende Recht der Haager und Genfer Abkommen beinhaltete eine breite Palette an internationalen Kriegsgesetzen, gegen die niederländische Truppen in Indonesien verstießen: Tötung und Misshandlung von Zivilisten und Kriegsgefangenen, Deportation, Raub und Plünderung sowie die willkürliche Verwüstung von Städten und Dörfern ohne militärische Notwendigkeit.[63]

Den Kommandanten war bekannt, dass niederländische Patrouillen häufig keine Kriegsgefangenen machten, da diese als »Ballast« angesehen wurden. Gefangen genommene Gegner wurden teilweise vom militärischen Nachrichtendienst misshandelt und gefoltert, um ihnen Informationen zu entlocken – häufig mit Todesfolge. Im November 1947 ließen niederländische Marinesoldaten bei Bondowoso auf Ostjava 46 indonesische Kriegsgefangene während eines Zugtransports ersticken.[64] Als Vergeltungsmaßnahme wurden nach Angriffen indonesischer Guerillakämpfer ganze Dörfer niedergebrannt und deren Bewohner ermordet – so etwa in Rawagede auf Westjava, wo niederländische Soldaten im Dezember 1947 für den Tod von 431 Zivilisten verantwortlich zeichneten.[65]

Die blutrünstigsten Aktionen fanden im August und September 1946 im südlichen Teil der Insel Sulawesi statt. Der Kommandant einer Sondereinheit, Kapitän Raymond P. Westerling, entwickelte dort eine eigene *counterinsurgency*-Methode. Er sammelte Informationen über die Aufständischen, besetzte anschließend einen Ort und befahl der dortigen Bevölkerung, sich zu versammeln und die Guerillakämpfer zu benennen. Letztere wurden unmittelbar darauf exekutiert – manchmal auch ihre Denunzianten. Westerling und seine Nachfolger töteten auf diese Weise Tausende von Menschen: mehr als 3000 laut niederländischer Zählung, mindestens zehn Mal so viele laut indonesischer Quellen.[66]

Das extrem gewalttätige Vorgehen der niederländischen Truppen wird in der öffentlichen Diskussion heute zumeist mit situativen Faktoren erklärt: die beispiellose Schwere der Aufgabe, das Operieren in einem fremden Land, die gewalttätige Vorgeschichte des Konflikts, der niederträchtige Charakter des Gegners, die politische Führung, die beim militärischen Vorgehen auf die Bremse trat, um die Beziehungen zur internationalen Gemeinschaft nicht zu beeinträchtigen. Verstöße gegen das Kriegsrecht werden mit *Common Sense*-Argumenten gerechtfertigt: Was kann ein Soldat denn anderes tun, wenn seine Kameraden auf heimtückische und bestialische Weise von Guerillakämpfern niedergemetzelt werden oder wenn er sieht, dass Einheimische vom Gegner terrorisiert werden, während aus politischen Gründen nicht dagegen vorgegangen werden darf? Übersehen oder ignoriert wird dabei, dass im Dekolonisierungskampf sehr wohl auch andere – und nicht nur situative – Faktoren eine Rolle spielten, die sich aus den kolonialen Erfahrungen und dem kolonialistischen Denken der Niederländer ableiteten.

Denn diese hatten wenig Vertrauen in die Fähigkeit der Indonesier, eine eigene Nation aufzubauen. Sie orientierten sich an den geläufigen Vorstellungen von Imperium, Rasse, Kolonialbeziehung, Mission und Zivilisation und glaubten davon ausgehend, einen »gerechten Krieg« zu führen, mit dem Ziel, ihre eigene »gute Herrschaft« fortsetzen zu können.[67] Aufgeklärt und emanzipatorisch denkende Niederländer hatten zwar Respekt vor dem Unabhängigkeitsstreben der Indonesier, konnten sich aber dennoch nicht vorstellen, wie sich der neue Staat ohne niederländische Hilfe oder Führung entwickeln sollte. Sie unterschieden zwischen einem »gutwilligen« und einem »böswilligen« Teil der Bevölkerung und gingen davon aus, dass durch Unterstützung der ersten Gruppe eine Weiterentwicklung möglich wäre. Diejenigen, die gegen jegliche Verständigung mit der Republik waren, glaubten hingegen zu wissen, dass Asiaten derart »anders« seien, dass sie nicht zu einem effizienten *Nation Building* imstande seien – dafür aber umso mehr zu heimtückischen Kampfmethoden und zur Terrorisierung der eigenen Bevölkerung. Westerling behauptete beispielsweise, ein Kenner der »Orientalen« zu sein und zu wissen, dass diese nur durch ein hartes und schonungsloses Auftreten zum erwünschten Verhalten erzogen werden könnten.

Dass während des Konfliktes Hemmschwellen überschritten wurden, war eine Folge der polizeilich-militärischen Vorgehensweise bei der Gebietskontrolle – einer Strategie, die für gewöhnlich als »Befriedung« bezeichnet wird. Der Historiker Stathis Kalyvas betont in seiner Bürgerkriegs-Studie, wie wichtig Kenntnisse der örtlichen Gegebenheiten für eine Armee sind, die die militärische und politische Kontrolle über ein bestimmtes Gebiet erlangen will. Er weist außerdem auf eine bedeutsame Wechselwirkung hin: Je mehr Macht eine Kriegspartei über die Bevölkerung erlangt, desto eher tendiert die andere Kriegspartei zu verschärfter Gewaltanwendung.[68] Diese Eskalation schwächt wiederum die Position der ersten Partei – und genau dies wiederfuhr den niederländischen Truppen im Kampf gegen die republikanische Guerilla an vielen Orten Indonesiens.

Je misslicher die Lage der niederländischen Truppen wurde, desto größer ihr Drang, unerbittlich zurückzuschlagen. Immer dann, wenn sich der Kriegsverlauf aus ihrer Sicht ungünstig darstellte, stieg der Preis für den zu erringenden Sieg und damit auch die Zahl der Opfer auf beiden Seiten. Durch die weiträumige Verteilung der Truppen lag zudem viel Verantwortung bei den Kommandanten kleiner Einheiten im Niemandsland und im Feindgebiet – den Vorposten und Patrouillen. Die Solidarität innerhalb dieser mehr oder weniger selbstständig operierenden Kompanien und Züge sorgte dafür, dass Exekutionen von Gefangenen in den Berichten verschleiert wurden und ein durchgedrehter Kommandant, der dann und wann einem Indonesier willkürlich in den Kopf schoss, nicht zur Verantwortung gezogen wurde.

Unterdessen waren die politischen, administrativen und militärischen Anführer weiterhin auf der Suche nach Mitteln und Wegen, die zum Sieg führen konnten. Diesem Ziel ordnete die Kolonialverwaltung – erst unter Van Mook, dann unter Beel – die Einhaltung moralischer Standards und Normen unter, wobei sie mit der Armeeführung unter Spoor an einem Strang zog und von Den Haag gedeckt wurde. Erst als in den Niederlanden immer häufiger Kritik an den Kriegsverbrechen geäußert und die Frage aufgeworfen wurde, ob es nun schon so weit gekommen sei, dass »sich unsere Jungs wie SSler verhielten«,[69] wurde das Fehlverhalten der Soldaten im offiziellen Jargon als »Gewaltexzess« bezeichnet.

Wie gingen die Zivil- und Militärbehörden in Niederländisch-Indien mit den Verstößen der eigenen Truppen gegen das Kriegsrecht um? Auf Grundlage des eigenen Strafgesetzbuchs verfolgte die Militärjustiz vor allem »klassische« Vergehen gegen die militärische Disziplin wie Raub, Misshandlungen, Vergewaltigungen und die gelegentliche Ermordung von Zivilisten. Gräueltaten, die im Zuge von Kampfhandlungen begangen wurden, qualifizierte man jedoch in der Regel als »exzessive Gewalt« und überließ sie dem Feldkommandanten zur Beurteilung. Jener Ausdruck entsprach der aus der Vorkriegszeit stammenden polizeilich-militärischen Doktrin der Kolonialarmee. Diese basierte auf der Anschauung, dass man gegen Aufständische zwar hart vorgehen müsse, ein Übermaß an Gewalt aber kontraproduktiv sei, da man sich damit die Bevölkerung zum Feind mache. Zugleich handelte es sich bei »exzessiv« um einen instrumentellen Begriff: Es ging also nicht so sehr um den konkreten Schaden oder das konkrete Leid der Opfer. Zudem erweckte der Terminus »exzessive Gewalt« den Eindruck, dass es sich um unbeabsichtigte Zwischenfälle handelte.

Diese Art von Gewalttaten wurde nur in Ausnahmefällen strafrechtlich verfolgt – vor allem dann, wenn die Taten öffentlich bekannt wurden. Dies geschah im Fall der bereits erwähnten Bondowoso-Affäre, die von den Indonesiern vor den UN-Sicherheitsrat gebracht wurde. Um die Strafverfolgungspraxis vor Ort nachvollziehen zu können, ist es wichtig zu wissen, dass die strafrechtliche Verfolgung der eigenen Soldaten in der Kolonie Angelegenheit ziviler *und* militärischer Instanzen war. Die Zuständigkeiten des Generalgouverneurs, des Armeekommandanten und des Generalstaatsanwaltes waren in Niederländisch-Indien eng miteinander verwoben. Im Zeichen einer anhaltend gespannten Konfliktsituation hatte dies zur Folge, dass die Strafverfolgungspraxis auf allen Ebenen von militärischen und politischen »Opportunitätserwägungen« bestimmt war.

Was das bedeuten konnte, verdeutlicht der Fall Westerling. Im Sommer 1946 war die Kolonialbehörde in Sulawesi einer von Nationalisten begangenen »endlosen Reihe an Terrortaten« – wie die niederländische Behörde vor Ort schrieb – nicht gewachsen und bat um Hilfe. Der Generalgouverneur verhängte daraufhin den Ausnahmezustand, und die Armeeleitung schickte Sondereinheiten in das Gebiet. Westerling erhielt faktisch einen »Blankoscheck« zur Bekämpfung des Feindes. Die Resultate waren, wie ein Beamter der Staatsanwaltschaft berichtete, bereits nach einigen Wochen »fantastisch«. Jedoch räumte er ein, dass »diese ganze Vorgehensweise formell nichts anderes als Mord« gewesen sei. Sein höchster Vorgesetzter, der Generalstaatsanwalt, sprach hingegen lieber von »durch Notstandsrecht gerechtfertigte militärische Aktionen«.[70]

General Spoor bestritt nicht, dass Verstöße gegen das Kriegsrecht prinzipiell vorkamen. Er versäumte es auch nicht, die Truppen in seinen Tagesbefehlen vor Vergehen dieser Art zu warnen.[71] Gleichwohl tat er nicht viel, um diese tatsächlich zu bestrafen. Dem Vorgehen Westerlings musste er – in Absprache mit Van Mook und Felderhof – jedoch ein Ende setzen, da dessen eigenmächtige Aktionen zu sehr bekannt geworden waren und auch bei den eigenen Truppen auf Widerstand stießen. So kam es vor, dass Verstöße einzelner Soldaten gegen die militärische Disziplin – Diebstahl, Trunkenheit, Vergewaltigung oder Raubmord – bestraft wurden, die weitverbreitete Gewalt im Rahmen militärischer Operationen hingegen aus opportunistischen Gründen ignoriert, gerechtfertigt oder juristisch nicht weiter geahndet wurde. Der immer verbissenere Kampf um die territoriale Herrschaft in Indonesien entwickelte sich zu einer Spirale der Gewalt – wobei die Schuld an jeglichem normverletzenden Verhalten aus Sicht beider Kriegsparteien ausschließlich bei der gegnerischen Seite zu suchen war. Daher erstaunt auch nicht, dass beide Parteien in ihren politischen Verhandlungen vereinbarten, die Frage der Kriegsverbrechen auf sich beruhen zu lassen und keine gegenseitige Strafverfolgung einzuleiten.[72]

Narben

Am 27. Dezember 1949 fand im Königlichen Palast in Amsterdam die formelle und feierliche Übertragung der Souveränität an Indonesien statt. Königin Juliana, die 1948 ihrer Mutter Wilhelmina auf den Thron gefolgt war, fand majestätische Worte: Die Beendigung der kolonialen Verbindung sei »eines der ergreifendsten und einschneidendsten Ereignisse dieser Zeit«. Die beiden Nationen stünden sich nicht länger gegenüber, sondern nebeneinander – »wie verletzt und zerrissen und voller Narben des Grolls und Bedauerns« sie auch seien.[73] Die politische Verantwortung für die Rede der Königin trug Ministerpräsident Willem Drees. Auf dem »Schlängelpfad« zwischen Verhandlungen und Kriegsgewalt hatte er große innere Widerstände überwinden müssen, um zu dieser politischen und diplomatischen Lösung zu kommen.[74] Bei der feierlichen Übergabe blickte er ernst drein, verspürte aber auch große Erleichterung – war doch ein vermeintlich auswegloser Konflikt nun endlich aus der Welt geschaffen.[75]

Indonesien wurde bei den Feierlichkeiten von Ministerpräsident Mohammad Hatta vertreten. Noch ein Jahr zuvor war er zusammen mit Sukarno und der republikanischen Regierung von niederländischen Truppen festgenommen worden. Während das Carillon des Palastes die niederländische und die indonesische Nationalhymne spielte, stand Hatta stramm, »bleich und angespannt, erschöpft nach einem Jahr der Gefangenschaft, des Verhandelns und des erbitterten Feilschens«.[76] Am anderen Ende der Welt reiste Präsident Sukarno zur gleichen Zeit von Yogyakarta in die zukünftige Hauptstadt Indonesiens, nach Jakarta, wo ihn die Bevölkerung begeistert empfing. Endgültig vollzogen war der Machtwechsel in dem Moment, als dort die niederländische Flagge eingeholt, die indonesische gehisst und auch hier beide Nationalhymnen gespielt wurden. Mit Blick auf die Zukunft mahnte Sukarno seine Landsleute, dass sie für die Einheit der Nation noch sehr viel arbeiten und kämpfen müssten.[77]

Die niederländischen Politiker hatten lange an der Vorstellung festhalten wollen, dass ihre kleine Nation an der Nordsee zu einer großen Aufgabe in Asien berufen sei. Auch diejenigen, die schon längst für eine Selbstbestimmung Indonesiens plädierten, waren der Überzeugung, dass eine besondere Verbindung aufrechterhalten werden müsse: Wenn schon keine koloniale Verbindung, dann doch zumindest eine politische Union, ausgerichtet auf eine gemeinsame Entwicklung. Nach der Souveränitätsübertragung entwickelten sich die Beziehungen beider Länder jedoch nicht so harmonisch wie erhofft: Indonesien ging seinen eigenen Weg und wurde binnen kurzer Zeit zu einem Einheitsstaat; die Niederländisch-Indonesische Union von 1949 stellte sich bald als eine sinnlose Konstruktion heraus.

Das gemeinsame postkoloniale Erbe war eine stete Quelle der Konfrontation zwischen beiden Ländern: Zu dieser »Erbschaft« gehörten neben der erzwungenen Migration südmolukkischer KNIL-Soldaten in die Niederlande auch die Migrationswellen der Indoeuropäer, die Verstaatlichung niederländischer Unternehmen und der Streit um Neuguinea, das im gegenseitigen Einvernehmen bei der Souveränitätsübertragung zunächst außen vor gelassen worden war.

Mit der Souveränitätsübertragung an Indonesien gaben die Niederlande das Herzstück ihres kolonialen Imperiums auf. Außer Neuguinea blieben ihnen nur noch Surinam am

Nordrand Südamerikas sowie die Niederländischen Antillen in der Karibik. Wie schon zuvor der Zweite Weltkrieg zwang auch der Verlust Indonesiens die Niederlande zu der Einsicht, dass ihre Neutralitätspolitik aus den Jahren vor 1940 nicht mehr zeitgemäß und eine grundsätzliche Neuorientierung in der internationalen Politik vonnöten war. Der Dekolonisierungsprozess hatte sehr deutlich gemacht, dass selbst ein begrenzter Alleingang unmöglich war. Die Entscheidung über die Zukunft der niederländischen Außenpolitik war im Grunde einfach, denn ein dreifacher Weg war bereits geebnet: in eine internationalistische, eine atlantische und eine europäische Richtung.

Diese Neuorientierung war nicht nur eine Frage pragmatischen Umdenkens. Es ging auch um die zukünftige Einstellung zur Definition der niederländischen Nation als »Schicksalsgemeinschaft«. Nach Piet de Rooy nahm dieser Nationalstaat nach dem Zweiten Weltkrieg eine festere und homogenere Gestalt an als je zuvor, und zwar in Form der niederländischen Version des Wohlfahrtsstaates.[78] Um diesen gestalten und damit eine sicherere Zukunftsperspektive für die eigene Bevölkerung schaffen zu können, war die politische Mitte – dominiert von Christdemokraten und Sozialisten – geeint geblieben, trotz ihrer tiefgreifenden Differenzen hinsichtlich des Kolonialkrieges. Paradoxerweise war es ausgerechnet dieser Krieg, der nicht nur die wehrfähigen Männer, sondern auch die Emotionen an der Heimatfront und einen Großteil der politischen Energie mobilisierte, während das Leben gleichzeitig in gewohnten Bahnen weiterging und andere Sorgen den Alltag der Menschen dominierten. Dieses Prinzip des »einfach weitermachen« hatte man auch während der deutschen Besatzung lange Zeit durchgehalten.

Auf internationaler Ebene gingen Neuorientierung und Kontinuität Hand in Hand: Die Niederlande wurden Ende 1945 Mitglied der Vereinten Nationen, um der internationalen Rechtsordnung noch stärker Gestalt geben zu können als vor dem Krieg. Der Beitritt zur NATO stand in der Kontinuität des Bündnisses mit den USA und mit Großbritannien während des Zweiten Weltkriegs und war angesichts des nun aufziehenden Kalten Krieges zugleich eine politische Notwendigkeit. Umso größer war der Schock – und die »heilige Empörung«! –, als der Konflikt mit Indonesien offenbarte, dass diese beiden Grundpfeiler der neuen Außenpolitik – UN und NATO – keineswegs ein Garant für die Unterstützung der Bündnispartner waren und sich die internationale Gemeinschaft trotz aller guten Absichten gegen die Niederlande wandte. Die USA drohten mit dem Stopp der Marshall-Hilfe, und Außenminister Stikker spielte seinerseits die NATO-Karte aus. Was ihn am meisten beunruhigte, war die fatale innere Zerrissenheit seines Landes, die sich vor allem in der Unentschlossenheit und Zögerlichkeit der niederländischen Politik im Umgang mit dem kolonialen Konflikt äußerte.

Internationaler Prestigeverlust war unvermeidlich, und »was für ein kleines Land noch schlimmer ist«: Die Krise führte auch »zu mangelndem Vertrauen in die Aufrichtigkeit seines Handelns«.[79] Dennoch wurden die Niederlande ab 1950 zu einem »treuen Verbündeten« in der NATO. Bereits 1952 entsandte die Regierung eine Freiwilligen-Einheit, um an der Seite der Vereinten Nationen in Korea mitzukämpfen; unter den Freiwilligen befanden sich viele Soldaten mit »Indien-Erfahrung« und auch Dutzende mit »Ostfront-Erfahrung«. Die europäische Integration war bereits zuvor als notwendige Maßnahme akzeptiert worden: Wie schon nach dem Ersten Weltkrieg stand den niederländischen Führungspersönlichkeiten klar vor Augen, wie wichtig eine Integration (West-)Deutschlands für die politische und wirtschaftliche Stabilität Europas war.[80]

In der Innenpolitik führte die Dekolonisierung letztendlich zu keinen einschneidenden Veränderungen. Eine kleine Gruppe kolonialer Reaktionäre war zwar weiterhin aktiv, die zurückkehrende Armee ging jedoch in der Gesellschaft auf. Die Soldaten waren der Ansicht, dass sie nicht im Felde geschlagen, sondern von der internationalen Gemeinschaft und ihren eigenen unschlüssigen Politikern geopfert worden waren. Andererseits waren die niederländischen Soldaten primär Bürger in Uniform – und diese Uniform hängten sie nur allzu gerne wieder in den Schrank, um sich nach einem Jahrzehnt des Krieges ihrer Zukunftsplanung und ihrem Privatleben zu widmen. Das »Ehrenzeichen für Ordnung und Frieden«, mit dem sie routinemäßig ausgezeichnet wurden, kam zu den anderen Andenken in die Schublade. »Den Herren sei Dank!«, betitelte etwa ein Ex-Soldat der »vergessenen Armee« seine Memoiren.[81]

Eine Veteranenbewegung kam zunächst nicht auf. Als die massenhafte militärische Gewalt in der niederländischen Öffentlichkeit erstmals ansatzweise thematisiert wurde, zeigte sich, dass sich die Soldaten in erster Linie selbst als Opfer der Kampfweise des Gegners sahen. Sie identifizierten sich mit einem »guten Krieg« und konnten sich durch die Art und Weise, in der die politischen und militärischen Anführer viele Untaten verschleiert hatten, auch darin bestärkt fühlen. So blieben Kriegsverbrechen ausschließlich die »Verbrechen der anderen«: der Deutschen, der NSBler, der Japaner und der indonesischen »Extremisten« – eine Vorstellung, die den Umgang der Niederlande mit dieser unaufgearbeiteten Vergangenheit noch für lange Zeit prägen sollte.

6. Das lange Nachspiel des Krieges

In ihrer Ausgabe vom 31. Dezember 1949 vermeldete die progressive einstige Widerstandszeitung *Vrij Nederland* freudig die Übertragung der Souveränität an Indonesien. Unter der Schlagzeile »Zwei freie Völker« gedachte das Blatt all jener, die ihr Leben für dieses Freiheitsideal geopfert hatten, und »grüßt[e] Niederländer und Indonesier mit dem Ruf ›Merdeka‹«.[1] Henk van Randwijk, während der Besatzung einer der führenden Journalisten im niederländischen Widerstand, hatte der Zeremonie in Amsterdam beigewohnt und verlieh seiner Enttäuschung in einem Artikel Ausdruck: Die Bevölkerung sei der Sache gegenüber recht gleichgültig eingestellt, und die parlamentarische Opposition habe gar nicht erst an den Feierlichkeiten teilgenommen. Selbst frühere Mitstreiter aus dem Widerstand wie Johannes Bruins Slot, Chefredakteur der calvinistischen Widerstandszeitung *Trouw* und nun Parlamentsabgeordneter, sei der Zeremonie ferngeblieben. Entsprechend enttäuscht bilanzierte Van Randwijk: »Das ist leider ein Beweis dafür, dass unser Volk die große historische Bedeutung dieses Ereignisses nicht verstanden hat.«[2]

Der politische Kampf zwischen Befürwortern und Gegnern einer Unabhängigkeit Indonesiens hatte sich seit 1945 immer mehr verschärft. Letztere hielten an der Vorstellung fest, dass die Niederlande als Muster-Kolonisator internationale Anerkennung und Unterstützung verdienten – und nicht Kritik und Dekolonisierungsdruck von außen. Dieses positive Selbstbild regte zu einem Alleingang in der internationalen Politik an. Hinzu kam, dass der Prozess der Dekolonisierung eigentlich erst noch erfunden werden musste. Auch die anderen Kolonialmächte waren in den Nachkriegsjahren auf der Suche nach Auswegen aus dem Dilemma, den Machtverzicht einerseits zu akzeptieren, ihre Kontrolle über die jeweilige Kolonie aber andererseits nicht verlieren zu wollen.

Genau wie Frankreich strebten die Niederlande 1945 nach einer Wiederherstellung ihres Kolonialreichs in Asien auf neuer Grundlage. Was sie sich unter einer Modernisierung der Beziehungen zu den Kolonien vorstellten, war jedoch nicht mit den Zielen Sukarnos, Ho Chi Minhs und ihrer Anhänger kompatibel.[3] Die Briten waren flexibler, da sie davon ausgingen, die Kolonialherrschaft an gut vorbereitete einheimische Anführer übertragen und dadurch den Fortbestand des britischen Einflusses sicherstellen zu können. Es brauchte einige Jahre und einen blutigen Konflikt, bis die Niederlande die britische Lösung der Unabhängigkeitsfrage – in Form einer freiwilligen »Machtübertragung« – als Lösungsweg akzeptierten. Die niederländische Regierung hoffte, mittels einer kontinuierlichen Zusammenarbeit mit den »konstruktiven Elementen« unter den indonesischen Anführern die Beziehungen – wie im britischen Fall – aufrechterhalten zu können.[4]

Charakter und Verlauf des Indonesienkonflikts kollidierten hart mit der Erinnerung der Niederländer an den Zweiten Weltkrieg und mit ihrem Nationalstolz. Der für die Überseegebiete zuständige Minister Johannes van Maarseveen brachte dies im Dezember 1949 während der Parlamentsdebatte über die Souveränitätsübertragung prägnant zum Ausdruck: »Unser Volk hat die deutsche Besatzung als eine Qual, aber vor allem auch als Demütigung empfunden. Die ruhmreiche Vergangenheit unseres Volkes, unsere teuer erkämpfte Selbstständigkeit, unser durch eigene Anstrengung erworbener Wohlstand schienen 1940 unterzugehen. Fünf lange Jahre wurden wir verhöhnt, getreten, beraubt und wie Sklaven behandelt. Aber während dieser Prüfung reifte in unserem Volk der eiserne Wille, wieder aus diesem Abgrund hervorzukommen. Als 1945 die Stunde der Befreiung schlug, ertönte dann auch schnell der Ruf: Und nun Indien!«[5] Indien war »unser Stolz«, fuhr der Minister fort, aber gerade aus diesem Grund hätten die Niederländer den Anliegen der Indonesier nicht genügend Aufmerksamkeit geschenkt. Während sich

Letztere von »einem so mächtigen Gefühl wie dem Nationalismus« leiten ließen, hätten die Niederländer verbissen an der Wiederherstellung ihrer Kolonialherrschaft festgehalten.[6]

Dieser »lange Zweite Weltkrieg« der Niederlande entspricht sowohl in seiner zeitlichen wie in seiner globalen Ausdehnung dem von Eric Hobsbawm beschriebenen »Zeitalter der Extreme«.[7] In seinem gleichnamigen Buch bildet der Zweite Weltkrieg den Teil einer Epoche, die 1914 mit dem Ersten Weltkrieg begann und 1989 mit dem Zusammenbruch des Sowjetreiches endete. Zahlreiche Historiker – von Ernst Nolte bis Stanley Payne – haben die transnationalen Konflikte zwischen 1914 und 1945 als einen »europäischen Bürgerkrieg« bezeichnet; für die Zeit nach 1945 dominierte das Konzept des »Kalten Krieges« die Geschichtsschreibung. Erst seit Kurzem wird dem Prozess der Dekolonisierung und den weltweiten Nord-Süd-Gegensätzen in der Forschung mehr Beachtung geschenkt.[8] Alle transnationalen Konflikte des 20. Jahrhunderts, inklusive des Ersten Weltkriegs, haben die Niederlande stark tangiert.[9] Auch wenn man darüber streiten kann, ob das kleine Land tatsächlich Teil dieses »europäischen Bürgerkriegs« war, so weist der Begriff doch sowohl auf den grenzüberschreitenden Charakter der Konflikte als auch auf deren Auswirkungen auf die inneren Gegensätze der niederländischen Gesellschaft hin.[10]

Geopolitisch gesehen stand für die Niederlande in der Zeit der deutschen Besatzung der Fortbestand ihrer eigenen Nation auf dem Spiel. Solange Hitlerdeutschland den europäischen Kontinent beherrschte, bestand die Gefahr, dass die Niederlande und ihr Volk irgendwann als »Gau Westland« in einem Großgermanischen Reich aufgehen würden.[11] Ging es nach dem japanischen Kaiserreich, sollte Niederländisch-Indien Teil der »Großostasiatischen Wohlstandssphäre« werden. Allerdings hatten sich die Niederlande schon seit Ende des 19. Jahrhunderts auch selbst an dieser modernen imperialistischen Expansion beteiligt. Mit der Entfaltung der liberalen Demokratie und der modernen bürgerlichen Gesellschaft in den Niederlanden der Zwischenkriegszeit wuchs dann auch das nationale Selbstbewusstsein und mit ihm der Stolz auf die selbstgewählte koloniale Mission – gerade weil Letztere von der Ambition inspiriert war, die Kolonien modernisieren und wirtschaftlich in den Weltmarkt integrieren zu wollen.

In der Kriegsdekade der vierziger Jahre waren die Niederlande mit vier grenzüberschreitenden Quellen des Konfliktes und der Massengewalt zugleich konfrontiert: Nationalismus, Imperialismus, Totalitarismus und Rassismus. Der Kampf um den Fortbestand der niederländischen Nation konnte nur mit Unterstützung ihrer Verbündeten gewonnen werden. Der bewaffnete Widerstand hatte während der deutschen Besatzung kaum militärische Bedeutung, im Rahmen des Überlebenskampfes jedoch eine wichtige psychologische Wirkung gehabt. Das politisch-ideologische Ziel der deutschen Besatzer, den niederländischen Staat und die Gesellschaft zu nazifizieren, machte die einheimischen Kollaborateure zu Tätern und damit zur Zielscheibe der Aversionen ihrer Landsleute. Die Massenverhaftungen von Kollaborateuren bei der Befreiung bildeten den gewaltsamen Schlussakkord des Kampfes um die nationale Unabhängigkeit der Niederlande.[12]

Wenig später zog der Streit um die Zukunft des Überseeimperiums die Niederlande und Indonesien in einen neuen extrem gewalttätigen Konflikt hinein, der schließlich zum Ende der kolonialen Beziehungen führte. Bereits zuvor hatte die niederländische Kolonialherrschaft ihre Legitimität verloren, als Niederländisch-Indien von Japan erobert wurde. Vor Ort betonten die japanischen Besatzer zunächst, dass sie einen asiatischen Befreiungskrieg gegen westliche Kolonisatoren führten; anschließend setzten die indonesischen Nationalisten die Unabhängigkeit auf die Tagesordnung.

Die Rassenideologie der Nationalsozialisten – Triebfeder der Verfolgung und Vernichtung von Juden, Slawen und anderen »Minderwertigen« – war auch in den Niederlanden auf mancherlei Zuspruch gestoßen. Die Vorstellung, Menschen entlang von Kategorien wie »Rasse« oder »Blut« unterscheiden und bewerten zu können, hatte sich durch die Erfahrungen in den Kolonien längst auch in der niederländischen Gesellschaft verbreitet. Innerhalb der kolonialen Gesellschaft gab es sowohl offizielle als auch informelle, auf Ethnizität beruhende Trennlinien, welche die soziale Schichtung definierten.[13] Viele Niederländer sahen sich dazu berufen, die indonesische Gesellschaft zu »führen«, da sie den asiatischen Völkern die Fähigkeit zur eigenständigen »Weiterentwicklung« absprachen. Ein solcher Rassismus zielte zwar nicht auf die Eliminierung von Menschen aufgrund ihrer Herkunft, ging aber von unterschiedlichen Fähigkeiten verschiedener Ethnien aus und legitimierte damit die Diskriminierung der kolonisierten Bevölkerung. Sowohl in Europa als auch in Asien offenbarte sich in den vierziger Jahren, wie unter bestimmten Umständen aus diesem Rassismus massenhafte Gewalt und genozidale Praktiken erwachsen konnten.

Wendepunkt 1945

Nach dem Ende der deutschen Besatzung zog der Historiker Jan Romein Bilanz: »Wir leben nach einem gewonnenen Krieg in einem geretteten, aber zugleich, wie nach einem verlorenen Krieg, in einem erschütterten Land.«[14] Sein widersprüchliches Urteil zeigt, dass die Befreiung des Jahres 1945 keinen Bruch, sondern vielmehr einen Wendepunkt in der Geschichte der modernen Niederlande markierte. Mit der Wiedergewinnung der nationalen Selbstständigkeit konnten die Niederländer nun wieder eigene Entscheidungen für die Zukunft treffen – aber viel Spielraum gab es nicht: Die Welt lag in Trümmern, alte Konflikte schwelten weiter, neue loderten auf, und die kleine Nation, die den Krieg überlebt hatte, hatte große Mühe, den Frieden umzusetzen. Hinzu kam noch, dass die Demobilisierung an der Heimatfront mit der fortschreitenden Mobilmachung für den Krieg in Übersee zusammenfiel.

1955 publizierte das *Nationaal 5 Mei Comité* anlässlich der Gedenkfeier zum zehnten Jahrestag der Befreiung ein Jubiläumsbuch, das zeigen sollte, was »die Trias Widerstand – Freiheit – Arbeit zustande gebracht hat«.[15] Die Herausgeber schrieben, dass sich die Niederländer vom nationalen Widerstand gegen die Unterdrückung hätten inspirieren lassen, um gemeinsam am Wiederaufbau und an der Modernisierung des Landes zu arbeiten. Die Wiederherstellung des niederländischen Nationalstaates sei ein Grund, stolz zu sein, umso mehr, da sich der Verlust des kolonialen Imperiums als verkraftbar erwiesen habe. Der Preis für zehn Jahre Krieg sei zwar hoch gewesen, aber letztendlich habe man das Lehrgeld im Namen des Fortschritts gut angelegt.[16]

Dieser idealisierende Rückblick auf die Vergangenheit verband das *Tory*-Konzept des Krieges als »Kraftprobe« für die Nation mit der *Whig*-Idee eines allmählichen und friedlichen Fortschritts. Aus dieser Perspektive war die Kriegserfahrung ein Schock, der einen raschen und kontinuierlichen Fortschritt behinderte, ihm aber auch zu einem stärkeren mentalen Fundament verhalf. Die traumatische Erfahrung massenhafter Gewalt, Unterdrückung und Zerstörung festigte aus Sicht der Kriegsgenerationen die zentralen Werte der Gesellschaft: Frieden, Rechtsstaatlichkeit und Prosperität.

Der Politikwissenschaftler Hans Daalder kam mit einer Distanz von vierzig Jahren sogar zu dem Ergebnis, dass die deutsche Besatzung und der Zweite Weltkrieg »unter dem Strich zu einfacheren Verhältnissen in der niederländischen Politik beigetragen« hätten.[17] Dafür seien mehrere Faktoren verantwortlich gewesen: eine größere Wertschätzung der parlamentarischen Demokratie als Reaktion auf die autoritäre Diktatur; eine größere Nähe zwischen den unterschiedlichen Bevölkerungsgruppen durch die Erkenntnis, dass das »Schubladendenken« die Stärke der Nation untergraben hatte; eine größere Wertschätzung der gesellschaftlichen Institutionen, darunter auch der Monarchie; eine gewachsene Bedeutung des Staates als Motor der wirtschaftlichen Entwicklung und der sozialen Gerechtigkeit – und schließlich auch eine veränderte Sicht auf die internationale Position der Niederlande, die nun Teil des westlichen Bündnisses und mit einer neuen Mission in Sachen Entwicklungshilfe und Friedenspolitik befasst waren.

Zugleich waren aus dem langen Jahrzehnt des Krieges aber auch innenpolitische Probleme erwachsen: Stagnation im politischen Reformprozess, ein ins Stocken geratener Rechtsstaat, kollektive Armut, die langwierige Dekolonisierung und ein schwieriges Verhältnis zur Außenwelt. Im Januar 1947 schickte Königin Wilhelmina ein außerordentliches Schreiben an den Ministerrat, in dem sie das Kabinett aufforderte, Ernst zu machen mit »der Erneuerung des öffentlichen Lebens und der geistigen Gesundung unseres Volkes«. Ihre Worte blieben ohne Wirkung – Ministerpräsident Beel ging in seinem Antwortschreiben nur oberflächlich auf die Aburteilungs- und Säuberungspolitik gegen Kollaborateure ein.[18] Für die direkten Interventionen der Königin zeigten sich die politischen Anführer inzwischen weniger empfänglich als noch während des Londoner Exils. 1948 dankte Wilhelmina nach fünfzigjähriger Regierungszeit ab und übergab den Thron an ihre Tochter Juliana.

Die nun amtierende Politik- und Verwaltungselite bezog ihre Legitimation aus den vorangegangenen Prüfungen des Krieges. Um den Frieden gestalten zu können, forderte der neue Ministerpräsident Schermerhorn die Niederländer deshalb im Juni 1945 auf, sein Kabinett als den »zentralen *Knokploeg*« [als die zentrale bewaffnete Widerstandsgruppe, P. R.] des niederländischen Volkes zu betrachten. Mit dem politischen Neubeginn nach dem Krieg entstand in den Niederlanden erstmals im 20. Jahrhundert eine große, römisch-rote Koalition. Die beiden Volksparteien schufen in den folgenden zehn Jahren eine soziale *Overlegeconomie* (Verhandlungswirtschaft), welche die Grundlage für die Realisierung der zwei zentralen politischen Ziele der Koalition bilden sollte: den wirtschaftlichen Wiederaufbau und die Etablierung des Wohlfahrtsstaates.

Diese wirtschafts- und sozialpolitische Agenda genoss Vorrang vor dem anderen großen Problem, das die niederländische Regierung in der zweiten Hälfte der vierziger Jahre beschäftigte: der Dekolonisierung Indonesiens. So groß die Uneinigkeit diesbezüglich auch war, so führte sie aber dennoch nicht zu einem Bruch der römisch-roten Koalition. Die Erkenntnis, dass der »Abschied von Indien« unvermeidlich war, war offensichtlich bei beiden Koalitionspartnern gereift – nur wie dieser Abschied bewältigt werden sollte, darüber gingen die Meinungen auseinander.

Nach der Befreiung mussten die niederländischen Eliten nicht nur ihre Prinzipientreue, sondern vor allem auch ihre Fähigkeit zur Problemlösung unter Beweis stellen. Beispielhaft zeigte sich dies bei der Bestrafung der Kollaborateure. Die Anfänge waren chaotisch, aber binnen eines Jahres entschied man sich für eine pragmatische und zukunftsorientierte Politik der Reintegration der vormaligen inneren Feinde. Für die Rekonvaleszenz der Gesellschaft war es außerdem von enormer Bedeutung, dass die Besatzungszeit gleichsam als soziale »Rührschüssel« gewirkt hatte und das für die Niederlande zuvor so typische »Schubladendenken« aufzubrechen begann.

Vor allem die massenhaften Evakuierungen in den Kriegsjahren hatten soziale, politische, konfessionelle und geographische Grenzen verwischt: Menschen waren bei Unbekannten unterschiedlichster Weltanschauung und sozialer Herkunft untergetaucht, hungernde Kinder aus den Großstädten waren aufs Land verschickt worden, wo sie ganz andere Lebensweisen kennengelernt hatten. Niederländische Zwangsarbeiter in Deutschland trafen ebenso wie später auch Soldaten in Übersee auf Alters- und Schicksalsgenossen, denen sie sonst niemals begegnet wären. Die Weltanschauung blieb zwar häufig noch das wichtigste identitätsbestimmende Element, aber jene zahlreichen Begegnungen mit Menschen anderer Prägung halfen dabei, die Unterschiede und Meinungsverschiedenheiten zu akzeptieren.

Schwelle zur Gewalt

Im Herbst 1942 unternahm die niederländische Theologin und Widerstandskämpferin Hebe Kohlbrugge von den besetzten Niederlanden aus – entlang einer geheimen Route – eine gefährliche Reise in die Schweiz. Dort suchte sie den protestantischen Theologen Karl Barth auf, um ihm die Gewissensfrage zu stellen, mit der sie und ihre Gesinnungsgenossen damals kämpften: War man der fremden Obrigkeit gegenüber zu Loyalität verpflichtet, und durfte man diese Obrigkeit – wider das göttliche Gebot – belügen? Barth erwiderte, dass der deutsche Nationalsozialismus keine von Gott eingesetzte Obrigkeit sei: Diese Regierung verdiene nur äußeren und temporären Gehorsam, »in Wirklichkeit jedoch Widerstand und nichts als Widerstand, bis ihre Macht vollständig gebrochen ist«. Er fügte hinzu, dass es nur eine Wahrheit gebe – nämlich die von Gott offenbarte: »Der Gehorsam gegenüber dem erkannten Willen Gottes heiligt jedes Mittel.«[19]

Je mehr Niederländer sich unter deutscher Besatzung dazu entschlossen, die Schwelle zum Ungehorsam und zur Gewalt zu überschreiten, desto mehr verschwamm die Grenze zwischen Recht und Unrecht, desto schärfer wurden die innergesellschaftlichen Konflikte: Zivilisten kämpften gegen Zivilisten, Soldaten und Polizei verfolgten ihre eigenen Landsleute. Von Gewissensnöten wurden die Mitglieder der Widerstandsbewegung dabei nicht immer geplagt: Es ließen sich genügend Argumente zur Rechtfertigung von Mordanschlägen auf führende Nationalsozialisten und andere Verfolger (vor allem gefährliche Spitzel und Polizeiführer) finden, wie sie etwa im Januar 1943 von den kommunistischen Mitgliedern der Amsterdamer Widerstandsgruppe CS-6 durchgeführt wurden.

Wie verhielt sich die einstmals so »friedliche Nation«, »die Wiege des internationalen Rechts«, zu den massenhaften Gewaltausbrüchen, die das Leben der Niederländer in den vierziger Jahren so einschneidend veränderten? Der Krieg war ein fluider Zustand, in dem längst nicht nur zerstörerische Gewalt erlebt wurde. Es gab durchaus auch Zeiten, die sich oberflächlich nach Frieden anfühlten, obwohl der Krieg weiterging. Während der deutschen Besatzung aber konnte der niederländische Staat seine Bürger nicht länger vor Gewalt und Repression schützen. Schlimmer noch: Die etablierten staatlichen Institutionen wurden von den Besatzern als Instrument zur Sicherstellung von »Ruhe und Ordnung« genutzt. Für die niederländischen Behörden war die Kollaboration eine Art kollektive Überlebensstrategie, die jedoch zugleich Verfolgung und Massenmord erleichterte. Je offensichtlicher diese negative und demoralisierende Wirkung der Kollaboration wurde, desto mehr Menschen entschlossen sich dazu, ihrer Überzeugung zu folgen und das Recht in die eigenen Hände zu nehmen.

Der Soziologe Ton Zwaan hat in Anknüpfung an Norbert Elias gezeigt, wie und warum der lange Zivilisationsprozess der westlichen Gesellschaften durch gewaltsame Regimewechsel und eine extrem polarisierende Gruppenbildung in der ersten Hälfte des 20. Jahrhunderts in Dezivilisierung umschlagen konnte.[20] Blickt man auf die Niederlande der vierziger Jahre, so äußerte sich dieser Gezeitenwechsel vor allem in einem Wegbrechen von Hemmschwellen bei der Anwendung massenhafter Gewalt. Diese Dezivilisierung erreichte unter dem Eindruck der nationalsozialistischen Besatzungsherrschaft ungeahnte Tiefpunkte – ein »(Un-)Geist«, der nach der Befreiung erst wieder »zurück in die Flasche« gebracht werden musste. Teile der Widerstandsbewegung hielten jedoch an der Vorstellung fest, eine höhere Form der Legitimität zu verkörpern als die abstrakten Prinzipien des Rechtsstaates: »Nun am Recht festzuhalten, würde dem Unrecht in die Hände arbeiten.«[21]

Die Folge war eine zutiefst widersprüchliche Justizpolitik und -praxis: Zehntausende wurden im Zuge der Befreiung ohne ordentliche Anklage inhaftiert, wobei die Massenverhaftungen mit dem Argument gerechtfertigt wurden, dass man einer Lynchjustiz zuvorkommen müsse. Und tatsächlich gab es in den Niederlanden nicht so viele »Befreiungsmassaker« wie in Italien, Frankreich oder Belgien; allein der Sommer 1945 war von unkontrollierter Gewalt auf den Straßen und in den Internierungslagern geprägt – danach kam es relativ schnell zu einer Re-Etablierung des staatlichen Gewaltmonopols. Schon im August 1945 startete die neue Regierung eine gezielte Kampagne zur Reintegration und Rehabilitierung der vormaligen Kollaborateure, sowohl durch politische Maßnahmen als auch durch gezielte Öffentlichkeitsarbeit. Zudem plädierte der Justizminister dafür, dass höchstens ein paar Dutzend Kollaborateure und Kriegsverbrecher hingerichtet werden sollten, um dem »Sittenverfall« Einhalt zu gebieten.[22] Staatliche Maßnahmen zur Eindämmung unkontrollierter Gewalt zählten ebenso wie die Begnadigung und Reintegration der Kollaborateure und NS-Verbrecher zu den Instrumenten eines »Rezivilisierungsprozesses« in den befreiten Niederlanden.

Was sich schon kurz darauf während des Dekolonisierungskrieges in Indonesien ereignete, stand allerdings in scharfem Kontrast zu diesem Streben nach Rezivilisierung: Ungeachtet des Selbstbilds der Niederlande als einer »friedlichen Nation« hatte die Kolonie Niederländisch-Indien von Beginn an – und per Definition – auf einem strukturell gewalttätigen Gesellschaftsmodell beruht;[23] unter dem Eindruck der japanischen Besatzung und des indonesischen Unabhängigkeitskrieges hatte sich die Gewalt weiter verstärkt und verbreitet. Eingedämmt werden konnte sie weder von den britischen Alliierten noch von der indonesischen politische Führung oder den niederländischen Funktionsträgern und Soldaten. In ihrem politisch-militärischen Konflikt setzten die Niederländer genauso wie die indonesischen Gegner vielmehr selbst auf Gewalt – um die Bevölkerung einzuschüchtern und sie zu Entscheidungen zu zwingen, um den Gegner im Verhandlungsprozess zu schwächen und wenn möglich militärisch auszuschalten. Die Vorgehensweise der Niederländer basierte dabei auf einer Strategie der intensiven Gebietskontrolle. Der Kriegsveteran und Soziologe Jacques van Doorn beschrieb, wie er nach der deutschen Besatzung auch in Indonesien die Erfahrung machen musste, »dass ein Land einfach zu erobern, ein Volk aber schwer zu beherrschen ist; dass Zensur angewandt und Propaganda betrieben werden muss und dass eine aktive politische Polizei erforderlich ist.« In sein Tagebuch notierte er: »Die niederländische Obrigkeit sieht sich gezwungen, nach Gestapo-Manier zu verfahren.«[24]

Recht und Krieg

Die normüberschreitende Gewalt des Zweiten Weltkriegs veranlasste die Mitglieder der Vereinten Nationen dazu, ein neues internationales Strafrecht zur Ahndung von Kriegsverbrechen und Verbrechen gegen den Frieden und die Menschlichkeit zu schaffen. Aus diesem Entschluss resultierte die Einrichtung der Internationalen Militärtribunale von Nürnberg 1945 und Tokio 1946. In einer Notiz an Robert H. Jackson, den amerikanischen Chefankläger in Nürnberg, schrieb der niederländische Justizminister Henri Kolfschoten 1945, dass man, um »Verbrechen solchen Ausmaßes und solcher Perversität« in der Geschichte der Menschheit finden zu können, in die Tage von Timur Lenk und Dschingis Khan zurückgehen müsse. »Das Land von Grotius« werde daher, so der Minister, das Statut für das Nürnberger Tribunal als rechtliches Instrument zur Bestrafung dieser Verbrechen begrüßen.[25]

Die Äußerung Kolfschotens wirft die Frage auf, ob und inwieweit die Niederlande unter dem Eindruck der »Nürnberger Prinzipien« denn auch ihr eigenes Verhalten in Indonesien hinterfragten – fand der Dekolonisierungskrieg doch genau zu jener Zeit statt, als in Nürnberg und Tokio gerade die grauenvollsten Massenverbrechen der vorangegangenen Kriege öffentlich und auf einer neuen Rechtsgrundlage verhandelt wurden. Die innen- und außenpolitischen Interessen der Kolonialmacht der Niederlande kollidierten ganz offenkundig mit ihrer Unterstützung für eine neue internationale Rechtsordnung zur Strafverfolgung von Kriegsverbrechen. Das »Land von Grotius« tat sich jedoch ausgesprochen schwer mit der Einsicht, dass diese hehren Prinzipien sehr wohl auch auf die eigene Kriegsführung Anwendung finden müssten. Entsprechend versuchten die Niederlande die eigenen Missachtungen des Kriegsrechts aus der Völkerrechtsdebatte herauszuhalten – und betonten während der Prozesse von Nürnberg und Tokio vielmehr die eigene Opferrolle.

In Nürnberg richtete sich die Aufmerksamkeit der Niederländer vorrangig auf den früheren Reichskommissar Arthur Seyß-Inquart, der dort zusammen mit den 23 wichtigsten noch lebenden Führungspersönlichkeiten des Dritten Reiches vor Gericht stand.[26] Die niederländische Regierung legte dem Gericht ein Gutachten vor, in dem sie Seyß-Inquart für fünf Jahre Terror, Ausbeutung und Zwangsarbeit sowie für die Verfolgung und Vernichtung der niederländischen Juden verantwortlich machte. Nürnberg war jedoch weit weg, und die niederländische Presse fragte sich, ob die Stimme ihres Landes dort überhaupt genügend Gehör finden würde. Für den Fall, dass das Urteil aus niederländischer Sicht zu milde ausfallen würde, lag ein Auslieferungsantrag bereit. Der Richterspruch ließ die Kritik jedoch verstummen: Am 1. Oktober 1946 erhielt Seyß-Inquart sein Todesurteil, das am 16. Oktober 1946 mit dem Strang vollstreckt wurde.

In den Niederlanden selbst fand keine großangelegte Aburteilung von Funktionsträgern des deutschen Besatzungsregimes statt. Die Sondergerichtshöfe beschränkten sich auf wenige Spitzenfunktionäre wie den Wehrmachtsbefehlshaber Friedrich Christiansen oder den Höheren SS- und Polizeiführer Hanns Albin Rauter, auf einige Polizeichefs der Außenstellen sowie auf Personal, das in Konzentrationslagern oder als Mitglieder von Erschießungskommandos unmittelbar an der Ermordung von Menschen beteiligt gewesen war. Die Staatsanwaltschaft war der Auffassung, dass allein die Zugehörigkeit zur Besatzungsverwaltung noch kein Grund für eine Strafverfolgung sei: Das internationale Recht verlange ja immerhin, dass eine Besatzungsmacht im Interesse der Bevölkerung administrative Verantwortung übernehmen solle.[27]

Christiansen erhielt mit zwölf Jahren Haft ein moderates Urteil, und einige führende Köpfe aus dem Reichskommissariat kamen nach Internierung und Voruntersuchung sogar straffrei davon, darunter die Generalkommissare Wimmer und Fischböck. Auch ihre Rolle als »Schreibtischtäter« während der Judenverfolgung wurde in den ersten Jahren nach der Befreiung nicht als Grund für eine Strafverfolgung angesehen; sie wurden lediglich rasch des Landes verwiesen.[28] Daneben gab es durchaus auch einige Todesurteile: gegen Rauter und andere Polizeichefs – darunter den für Amsterdam verantwortlichen Willy Lages –, gegen den Organisator der Judenverfolgung Ferdinand Hugo aus der Fünten, seinen Untergebenen Franz Fischer und den brutalen Kommandanten des KZ Amersfoort, Joseph Kotälla. Rauter wurde 1949 hingerichtet – die vier anderen aber konnten dem Exekutionskommando entgehen. Wie kam es dazu?

Es war die niederländische Regierung, die sich Anfang der fünfziger Jahre für eine Begnadigung der vier Verurteilten einsetzte, und dies vor allem aus außenpolitischen Erwägungen: Die 1949 gegründete Bundesrepublik Deutschland war binnen kürzester Zeit zu einem wichtigen politischen Faktor im Nachkriegseuropa und zum größten Handelspartner der Niederlande geworden; die Regierung unter Konrad Adenauer setzte sich aktiv für die noch in Gefangenschaft befindlichen deutschen »Kriegsgefangenen« ein, wie die Verbrecher verharmlosend bezeichnet wurden. Der Entscheidungsprozess wurde noch weiter verkompliziert, als die Regierung zwar einige der schwersten zum Tode verurteilten Verbrecher hinrichten lassen wollte, Königin Juliana sich aber aus ethischen Gründen weigerte, die Verantwortung für die Abweisung der Gnadengesuche zu übernehmen. Daher stagnierten die Verfahren längere Zeit, was 1951 schließlich dazu führte, dass die zum Tode verurteilten »Vier von Breda« – benannt nach dem Ort ihrer Haft – begnadigt und ihre Strafen in lebenslängliche Freiheitsstrafen umgewandelt wurden.[29] Das Problem war damit aber noch längst nicht vom Tisch: Auf die Begnadigung reagierte die niederländische Öffentlichkeit mit Empörung, und das Parlament verlangte, dass »lebenslänglich« in diesen Fällen unbedingt wörtlich genommen werden müsse. Die Diskussion über eine mögliche Freilassung der vier Kriegsverbrecher kam in den folgenden Jahrzehnten in regelmäßigen Abständen immer wieder auf, wobei sowohl pragmatische Argumente als auch prinzipielle Erwägungen die Debatte bestimmten: Sollte das Interesse an guten Beziehungen zur Bundesrepublik, der Seelenfrieden der Opfer oder der Wunsch nach einer Humanisierung des Strafrechts an erster Stelle stehen?

Die öffentlichen Emotionen schlugen mehrfach hoch, als etwa Lages aus gesundheitlichen Gründen vorzeitig entlassen wurde oder als Kotälla 1979 im Gefängnis starb. Die letzten zwei der »Vier von Breda«, Fischer und aus der Fünten, wurden 1989 freigelassen und nach Deutschland abgeschoben. In den vier Jahrzehnten zuvor hatte sich die Angelegenheit der Kriegsverbrecher wiederholt als Belastung sowohl für das innenpolitische Klima als auch für das deutsch-niederländische Verhältnis erwiesen. Der Umgang der niederländischen Politik und Justiz mit den vier deutschen Häftlingen wurde von den Zeitgenossen häufig als symptomatisch für das Unvermögen von Exekutive und Judikative verstanden, die Verbrechen des Besatzungsregimes – insbesondere die Judenverfolgung – adäquat aufzuarbeiten.[30]

Die Niederlande der Nachkriegszeit definierten ihr Opfertum vorwiegend über die Erinnerung an das Leid unter deutscher Besatzung. Die Dekolonisierung ließ sich dagegen sehr viel schwerer in ein nationales Narrativ einbinden, da sie mehrere politische Dimensionen besaß und sich in einer gänzlich anderen Erfahrungswelt abspielte. Der koloniale Kontext wurde daher wie selbstverständlich mit Begriffen besetzt, die der niederländischen Erinnerung an den Zweiten Weltkrieg in Europa entstammten: »Japanischer Faschismus«, »Konzentrationslager«, »einheimische Kollaboration«. Während die Nachkriegsordnung in Europa – mit all ihren Unzulänglichkeiten – durch die Bestrafung der NS-Täter gewissermaßen bestätigt wurde, war die Strafverfolgung von Kriegsverbrechern in Asien dagegen Teil eines fortgesetzten politischen Machtkampfes auf nationaler wie internationaler Ebene.

Mit der Ahndung von japanischen Kriegsverbrechen und Verbrechen gegen die Menschlichkeit in Asien wollten die Westmächte vor allem demonstrieren, dass sie den Krieg gewonnen hatten. Sobald es die Situation erlaubte, ab Ende 1945, nahmen daher auch in Niederländisch-Indien sogenannte temporäre Kriegsgerichte ihre Arbeit auf, um die dort verübten Verbrechen japanischer Truppen zu bestrafen. Es wurden 19 solcher Gerichte gegründet, die bis Frühling 1949 arbeiteten. Schon bald zählte die Kolonie zu den Spitzenreitern auf dem Gebiet der Strafverfolgung von Kriegsverbrechen – und dies, obwohl die niederländische Verwaltung gar nicht den gesamten Archipel unter ihrer Kontrolle hatte.[31] Vor diesen Kriegsgerichten wurden insgesamt mehr als 1000 Japaner wegen ihrer Verbrechen verurteilt. Daneben waren die Niederlande auch als Kläger im Tokioter Militärtribunal vertreten. Wie die Ankläger in Nürnberg gingen auch die niederländischen Juristen bei der Vorbereitung des Tokioter Prozesses von einem Opfernarrativ aus, das heißt in diesem Falle von einer gemeinsamen niederländisch-indonesischen Opferperspektive. Gemäß dieser Auffassung hatte die aggressive japanische Expansion die den Niederländern wohlgesinnte einheimische Bevölkerung ebenso hart getroffen wie die Kolonialmacht selbst.

Dieses Narrativ entsprach dem Ansinnen der Niederlande, die kolonialen Verhältnisse der Vorkriegszeit wiederherzustellen. Und so gingen die niederländischen Ankläger auch kaum auf die Kollaboration einheimischer Bevölkerungsgruppen mit den japanischen Besatzern ein, wollten sie doch möglichst verschweigen, dass viele Indonesier die Japaner 1942 als Befreier empfangen hatten. Sukarno und seine Mitstreiter galten in dieser Perspektive als »unzuverlässige Typen«, bei denen die Japaner direkte Unterstützung gesucht hatten.[32] Die »Japanisierung« Niederländisch-Indiens bildete in der niederländischen Anklage den Interpretationsrahmen für das Fehlverhalten der japanischen Besatzer und das Vorspiel zur Unabhängigkeitserklärung Sukarnos und Hattas.

Kompliziert wurde es, als der niederländische Richter in Tokio, Bert V. A. Röling, grundsätzliche Vorbehalte dahingehend äußerte, ob die japanischen Anführer auf der Grundlage des geltenden Völkerrechts überhaupt für das Führen eines Angriffskrieges verurteilt werden könnten. Er sah in dieser Frage fundamentale Widersprüche in der Formulierung des Mehrheitsurteils, und diese wollte er nicht unberührt lassen. Die Regierung in Den Haag sorgte sich allerdings, dass es in den Kolonien und im Mutterland auf Unverständnis treffen könnte, wenn die japanischen Verbrechen nicht konsequent geahndet werden würden. Das Urteil des Tribunals und die abweichende Meinung Rölings wurden Anfang 1948 in den Niederlanden jedoch kaum zur Kenntnis genommen – nicht zuletzt, weil sich der Konflikt mit Indonesien gerade immer weiter zuspitzte.[33]

Es drängt sich erneut die Frage auf, ob in den Niederlanden angesichts der grundlegenden Weiterentwicklung des internationalen Strafrechts in der zweiten Hälfte der vierziger Jahre auch über die Kriegsrechtsverletzungen eigener Truppen nachgedacht wurde. Die Vermutung liegt nahe, dass man einen Vergleich des eigenen Handelns in Indonesien mit der gewaltsamen Unterdrückung während der deutschen Besatzung zu meiden versuchte. Tatsächlich jedoch wurden sowohl in der Kolonie als auch im Mutterland immer wieder recht forsche Vergleiche gezogen: Laut »einheimischer Quellen« war die Vorgehensweise Kapitän Westerlings in Indonesien sogar schlimmer als die der japanischen Besatzer, so berichtete ein niederländischer Verwaltungsbeamter vor Ort.[34] Und auch ein Vergleich niederländischer Kriegshandlungen in Indonesien mit deutschen Verbrechen in den Niederlanden – so etwa ein Vergleich der nachträglich bekannt gewordenen Auslöschung des Dorfes Rawah Gedeh auf Java mit dem 1944 von den Deutschen niedergebrannten Dorf Putten in der Provinz Gelderland – lag auf der Hand. Generalgouverneur Van Mook hielt es für »offensichtlich, dass derartige Methoden, die sehr viel mit den deutschen und japanischen gemein haben, nur unter den zwingendsten Umständen noch entschuldigt werden können«,[35] und ein niederländischer Diplomat schrieb an Ministerpräsident Beel: »Sie werden mir zustimmen, dass zu hoffen ist, dass derartige Methoden der Weltöffentlichkeit verborgen bleiben!«[36] So manche Soldaten berichteten jedoch in ihren Feldpostbriefen an Geistliche, Journalisten und Politiker detailliert über ihre Kriegserfahrungen in der Kolonie, und auch niederländische Journalisten konnten – wenn auch nur *embedded,* also kontrolliert und zensiert – die Truppen vor Ort begleiten und über sie berichten.

Auch die Presse in der Heimat berichtete regelmäßig über die Entgleisungen der eigenen Truppen. »Macht aus unseren Jungs keine SSler«,[37] warnte eine linke Zeitung. Andere Blätter veröffentlichten Briefe, die mit Abscheu über eine Mentalität à la »Befehl ist Befehl« beim Niederbrennen von Dörfern berichteten oder Vergleiche zur Gestapo und zur *Kempeitai* zogen. Die rechte Presse verurteilte solche »unverantwortlichen« und »unpatriotischen« Äußerungen hingegen scharf. Solch systematisches Schönreden der Kriegsverbrechen deutete wiederum der prominente Pastor Krijn Strijd als Zeichen einer »Vermoffung« des niederländischen Volkes: *Moffen* ist ein niederländisches Schimpfwort für die Deutschen, das während der Besatzungszeit zum Synonym für den nationalsozialistischen Terror wurde.

Die eigenen Kriegsverbrechen blieben demnach weder verborgen, noch wurden sie verschwiegen. Selbstkritische Diskussionen darüber wurden jedoch fast ausschließlich von der linken Opposition angestoßen. Für die politische Mitte und die rechten Parteien besaß der Machterhalt in der Kolonie oberste Priorität. Die politische Mehrheit sah den Fortbestand der niederländischen Kolonialverwaltung nicht nur als wirtschaftliche Lebensnotwendigkeit für die Nation, sondern auch als Segen für die indonesische Gesamtbevölkerung. Entsprechend wurde der Kampf gegen »den Extremismus« der indonesischen Nationalisten als angemessen und legitim betrachtet – eine Interpretation, die eine Vereinbarkeit der kolonialen Vorstellung des *Pax Neerlandica* mit dem Krieg gegen die junge Republik Indonesien suggerierte.

Eine Rolle für die Selbstwahrnehmung der Niederlande spielte auch, dass die Tribunale von Nürnberg und Tokio die Massenverbrechen der Achsenmächte im Zweiten Weltkrieg aufgrund ihres zuvor ungekannten Ausmaßes und Vernichtungswillens als Taten bewertet hatten, die sich nicht in herkömmliche Kategorien von Kriegsverbrechen fassen ließen. »Ganz so schlimm« waren »wir« oder »unsere Jungs« im Vergleich dazu dann doch nicht gewesen – so die Schlussfolgerung aus niederländischer Sicht. In Nürnberg und Tokio ging es aus Sicht der Niederländer um die »Verbrechen der anderen«, das heißt der Feinde – und folglich »nicht um uns«.

Dabei waren die Kriegsverbrechen in Indonesien auch nach Ende des Dekolonisierungskrieges ein Thema in der niederländischen Öffentlichkeit: Die Autobiographie *Kapitein Westerling: Mijn Memoires* wurde in den fünfziger Jahren zum Bestseller. Westerling zeichnete darin erneut sein mittlerweile bekanntes apologetisches Selbstporträt: ein Experte *par excellence* für die Kolonien, ein Mann mit Einblick in die asiatische Seele und die örtlichen Begebenheiten, ohne Furcht vor hartem Durchgreifen bei der Wiederherstellung von Ordnung und Frieden. Seinen Kritikern unterstellte er, keinerlei Ahnung von den kolonialen Verhältnissen zu haben und Indonesien in ihrer Kurzsichtigkeit politischen Extremisten überlassen zu haben, die letztlich der Sache Moskaus dienten.

De facto war die Aufregung in der Öffentlichkeit nicht besonders groß, wenn bloß über einzelne von Niederländern verübte Kriegsverbrechen gesprochen wurde. Empörung kam meist erst dann auf, wenn die Kriegsverbrechen auch als solche bezeichnet wurden. Dies war vor allem mit einiger zeitlicher Distanz zu den Ereignissen der Fall – wie etwa 1969, als der Veteran Joop Hueting im Fernsehen über systematische Kriegsverbrechen in Indonesien und seine eigene Beteiligung daran sprach,[38] oder auch 1987, als ein noch unveröffentlichtes Manuskript des Kriegshistorikers Louis de Jong über niederländische Kriegsverbrechen während der Dekolonisierung an die Öffentlichkeit geriet. Eine Lobbyorganisation von Militärveteranen forderte, De Jong solle seinen Text überarbeiten und statt »Kriegsverbrechen« den Begriff »Exzesse« verwenden – mit Erfolg. In der Begründung ihrer Beschwerde finden sich die bereits erwähnten, klassisch apologetischen Erklärungen für jene »Exzesse« niederländischer Truppen: »gute Absichten, Sachverstand und Situationszwang«.[39]

Auf diese Weise wurde eine vermeintliche Kontinuität zwischen der glorreichen Geschichte von Nation und Imperium und der problematischen Gegenwart konstruiert. Politiker, Behörden und Soldaten erhoben erfolgreich Anspruch auf die Deutungsmacht über den verlorenen Krieg in Indonesien und erreichten damit das, was – mit Wulf Kansteiner – auch den Nachkriegseliten in der Bundesrepublik gelungen war: »losing the war, winning the memory battle«.[40] Diese Durchsetzung eines bestimmten Geschichtsbildes entsprach sowohl dem Interesse der niederländischen Politik, den beendeten Konflikt ruhen zu lassen und erneute Auseinandersetzungen über die Vergangenheit zu meiden, als auch dem Bedürfnis vieler Veteranen, ihre verlorenen Jahre und ihre verlorene Unschuld hinter sich zu lassen und in die Zukunft zu blicken. Kansteiner spricht in diesem Zusammenhang von einer »organized forgetfulness« als Reaktion auf die Erfahrung der Niederlage und auf das Gefühl einer »nationalen Schande«.

So gesehen kann man im Fall des Umgangs der Niederlande mit der Vergangenheit eher von einer erfolgreichen Machtpolitik denn von einem wirksamen Tabu sprechen: Es gab ein gemeinsames Interesse der politischen Nachkriegseliten und der Veteranen, dieses dominierende Kriegsnarrativ gesellschaftlich zu verankern und an ihm festzuhalten. Dazu passte auch, dass die Regierung kurz nach der Aufregung um Hueting im Jahr 1969 eine – vom Erkenntnisinteresse her nur recht begrenzte – Studie in Auftrag gab, deren Ergebnisse unter dem bedeutungsschweren Titel *Excessennota* (Exzessebericht) veröffentlicht wurden.

Weltorientierung

Wie die Historikerin Conny Kristel gezeigt hat, waren die neutralen Niederlande während des Ersten Weltkriegs keineswegs eine »Oase der Ruhe und Selbstbeherrschung«. Der Untergang der Welt, wie man sie bisher gekannt hatte, hatte 1914 auch in der niederländischen Gesellschaft Gefühle der Unsicherheit und Ohnmacht hervorgerufen. Die Regierung konnte darauf, so Kristel, nur mit einer Stärkung ihrer eigenen Verteidigungsmacht oder mit einer Stärkung des Völkerrechts reagieren[41] – und sie entschied sich, im Sinne einer Aufrechterhaltung der Neutralität des Landes, für beide Optionen. Auch am Vorabend des Zweiten Weltkriegs stützte sich die Außenpolitik der Niederlande noch auf diese beiden Pfeiler, aber mit der Besetzung durch das nationalsozialistische Deutschland wurde diese Strategie plötzlich hinfällig.

Nach der Niederlage von 1940 war außenpolitisches Umdenken gefragt, denn die niederländische Selbstständigkeit hing nun an einem seidenen Faden. Die Selbstständigkeitspolitik stand jetzt im Widerspruch zur lange praktizierten Neutralitätspolitik, da die Selbstständigkeit nur mit Hilfe von Verbündeten wiedererlangt werden konnte. Dieses Umdenken bereitete den Niederlanden einige Mühe, auch nach der Befreiung: Der Sieg der Alliierten begründete eine neue Weltordnung, der sich das kleine Land nur fügen konnte – und dies fiel ihm angesichts der Enttäuschung über die Haltung der Verbündeten im Indonesienkonflikt besonders schwer. Aus Sicht der niederländischen Regierung wäre es die politische und moralische Pflicht von Briten und Amerikanern gewesen, nach der Befreiung der Niederlande auch deren Kontrolle über die Kolonie in Südostasien wiederherzustellen.

Weil sich dies jedoch nicht mit den neuen geopolitischen Realitäten vertrug, drängte sich die Wahl einer neuen »Doppelstrategie« der Niederlande auf: zum einen der endgültige Abschied von der Selbstständigkeitspolitik und vom Neutralitätsdenken, zum anderen die militärische, politische und wirtschaftliche Integration in das westeuropäische und atlantische Bündnis.[42] Mangels erfolgversprechender außenpolitischer Alternativen zu einer solchen Westorientierung gingen die Niederlande diesen Weg mit: 1948, als der Brüsseler Pakt unterzeichnet wurde, 1949, als sie der NATO beitraten, und 1951, als die EGKS gegründet wurde. Der Dekolonisierungskrieg jedoch ließ den Wunsch der Niederländer nach außenpolitischen Alleingängen hin und wieder zurückkehren – genährt vom Glauben an die essentielle Bedeutung der kolonialen Beziehung zwischen den Niederlanden und Indonesien, die von rechten Calvinisten gar als göttlicher Auftrag betrachtet wurde.

Gemäß der Überzeugung, dass die Niederlande als vorbildlicher Kolonisator stets besser als die politischen Anführer der Indonesier gewusst hatten, was gut für die dortige Bevölkerung war, galt eine Rückkehr der niederländischen Obrigkeit auch nach dem Zweiten Weltkrieg als erstrebenswert und sinnvoll. In der Annahme, dass London und Washington diese Position letztendlich als gerechtfertigt, politisch vernünftig und strategisch klug anerkennen würden, testeten die Niederlande in der Folgezeit mehrfach den Spielraum für einen außenpolitischen Alleingang aus – als sie die Vereinten

Nationen etwa mit ihren beiden militärischen Großoffensiven gegen die indonesische Republik provozierten oder als Außenminister Dirk Stikker der US-Regierung mit einer Nicht-Unterzeichnung des NATO-Vertrags drohte.

Die Niederlande hatten bereits früher gelernt, wie belastend solche Bündnisse sein konnten – allen voran die Allianz mit der Sowjetunion zwischen 1941 und 1945. Einerseits war die Rote Armee im Kampf gegen Nazi-Deutschland unverzichtbar, andererseits war das Bündnis mit der UdSSR eine zwangsweise Folge von Hitlers Politik – und mit dem in den Niederlanden vorherrschenden Antikommunismus eigentlich nicht vereinbar. In der Vorkriegszeit hatte der Antikommunismus sowohl in den Niederlanden als auch in den Kolonien als politischer, weltanschaulicher und sozioökonomischer Schutzwall gegen eine mögliche Bedrohung der bestehenden Ordnung durch den Kommunismus fungiert. Selbst nach dem deutschen Einmarsch in die Sowjetunion hatte sich Königin Wilhelmina noch einige Zeit geweigert, die UdSSR diplomatisch anzuerkennen.

Die niederländische Kommunistische Partei hatte in der Innenpolitik zunächst nur eine marginale Rolle gespielt, wurde in der Zeit des Widerstands jedoch bedeutend genug, um als permanenter Quell von Unruhe und Bedrohung wahrgenommen zu werden. Während der Besatzung definierte sich die CPN als nationale Widerstandspartei neu und gewann dadurch an Anziehungskraft und Legitimität. Die Kommunisten erbrachten große Opfer im Kampf gegen die Deutschen, und ihre Partei verkörperte den Glauben an eine gerechtere Nachkriegsordnung. Die politische Klasse schwankte anfangs zwischen einer strikten Ausgrenzung der Kommunisten und einer vorsichtigen strategischen Kooperation mit dem Ziel ihrer Disziplinierung und Einhegung. Als das Bündnis zwischen den beiden großen Alliierten nach Ende des Zweiten Weltkriegs faktisch zerbrach, verschärfte sich auch in den Niederlanden der Konflikt mit den Kommunisten. Dies zeigte sich etwa an den CPN-Aktionen gegen die Versendung von

Truppen nach Indonesien oder auch an der wachsenden Kritik der Partei an der milden Bestrafung der Kollaborateure.

Der Kalte Krieg bestimmte nun die internationalen Beziehungen ebenso wie den innenpolitischen Umgang mit der CPN: 1948 führte die kommunistische Machtübernahme in der Tschechoslowakei dazu, dass die Kommunisten in den Niederlanden noch weiter an den Rand gedrängt wurden. Der Zugang zum Staatsdienst war ihnen fortan per Gesetz verboten, und auch die Organisationen der ehemaligen Widerstandskämpfer schlossen sie nun aus. Immer häufiger wurden die niederländischen Kommunisten, ähnlich wie früher die NSBler, als eine potenzielle »fünfte Kolonne« im Fall einer sowjetischen Invasion dargestellt – befeuert durch eine Äußerung des CPN-Vorsitzenden Paul de Groot vom März 1949, wonach seine Partei die Rote Armee unterstützen werde, sollte diese sich zum Krieg gegen das »niederländische Großkapital« entschließen.[43]

Nach dem Krieg bereitete es den Niederländern zudem Mühe und Schmerzen, alte Feindschaften zu begraben und in Begriffen der Freundschaft zu denken. Aus Vernunftgründen blieb ihnen jedoch nicht viel anderes übrig, als eine friedliche Zusammenarbeit mit Deutschland und Japan anzustreben – und zwar weit über die Aufhebung des Kriegszustandes und eine offizielle »Entfeindung« hinaus. In beiden Fällen ging es um den schwierigen Wiederaufbau der einstmals guten, aber durch den Krieg massiv zerstörten Beziehungen. Die Beendigung des Kriegszustandes mit Deutschland und die Normalisierung der Beziehungen zur Bundesrepublik wurden im Juli 1951 gesetzlich besiegelt.[44]

Mit Blick auf die niederländischen Wirtschafts- und Sicherheitsinteressen war vor allem die Wiederannäherung an die Bundesrepublik ein unverzichtbarer Schritt, aber er stellte das Land auch vor neue Dilemmata und Herausforderungen: Einerseits befürworteten die Niederlande eine Wiederbewaffnung Westdeutschlands, andererseits fürchteten sie eine neue deutsche Dominanz in Europa. Die Lösung bestand in einer stärkeren europäischen und atlantischen Orientierung, die insbesondere auf Großbritannien und die USA ausgerichtet war.[45] Auch auf politisch-psychologischer Ebene mussten erst noch große Barrieren und Hemmschwellen überwunden werden, vor allem hinsichtlich des *unfinished business* des Krieges: Fragen rund um die Entschädigung von Kriegsschäden und Verfolgungsopfern, um deutsche Kriegsverbrecher und Gebietsstreitigkeiten. Noch bis weit in die sechziger Jahre prägten zähe Verhandlungen um die Wiedergutmachung und um die Auslieferung nach Deutschland geflohener Kriegsverbrecher die Atmosphäre zwischen beiden Ländern. Zugleich gründeten sich auch schon bald nach Kriegsende erste Bürgerinitiativen, die – unterstützt von den jeweiligen Regierungen – das Verhältnis beider Länder zueinander durch Austausch und Dialog zu verbessern suchten.

Die Entfeindung von Japan dauerte länger und ging mit weniger Wiederannäherung einher, auch aufgrund der niederländischen Rückzugsbewegung aus Asien. Als Anfang September 1951 in San Francisco der Internationale Friedensvertrag mit Japan unterzeichnet werden sollte, waren es vor allem die Nachwirkungen der Dekolonisierung, die den Vertragsabschluss aus niederländischer Sicht erschwerten. Die Delegation aus Den Haag musste sich mit minimalen Entschädigungen für einige wenige Gruppen niederländischer Kriegsgeschädigter aus der Kolonie zufriedengeben. Zivilinternierte aus Niederländisch-Indien waren gänzlich von einer Entschädigung ausgeschlossen, ehemalige Kriegsgefangene erhielten pro Kopf nur einen sehr geringen Betrag.[46] Nach heftiger Kritik aus der Bevölkerung handelten die Niederlande und Japan 1956 zwar noch eine Zusatzentschädigung aus, kamen aber auch überein, dass die »Rechnung« damit ein für alle Mal beglichen sein sollte. Auf diese Weise brachte die niederländische Regierung ihre eigenen Bürger um die Möglichkeit, weitere Rechtsansprüche auf Entschädigungsleistungen aus Japan anzumelden. Eine *Stichting Japanse Ereschulden* (Stiftung für japanische Ehrenschulden) kämpft deshalb bis heute für eine großzügigere Entschädigung durch den japanischen Staat.

Die Nachkriegsdebatte über die niederländische Außenpolitik wurde in hohem Maße durch das Primat der Innenpolitik geprägt. Die Alleingang-Idee besaß mobilisierendes Potenzial und bot den Politikern wiederholt Gelegenheit zu einer positiven Darstellung der niederländischen Verdienste um die internationale Zusammenarbeit. Unterdessen bemühten sich Spitzenbeamte darum, die politischen Voraussetzungen für mehr Wohlstand und Existenzsicherheit zu schaffen. Geleitet wurden sie dabei von den Krisenerfahrungen der dreißiger Jahre und des Krieges. Durch den Aufbau einer niederländischen Version des Wohlfahrtsstaates sollte auch dem Rechts- und Linksradikalismus der Wind aus den Segeln genommen werden.[47]

Um diese Ziele erreichen zu können, war aber auch eine Zusammenarbeit mit gleichgesinnten europäischen Staaten vonnöten – nun aber auf föderativer und freiwilliger Basis und nicht, wie zuvor, durch deutsche Kriegsgewalt erzwungen. In diesem neuen europäischen Kontext gewann der während des Krieges fast verschwundene Nationalstaat wieder an Elan und Bedeutung. Nach Alan Milward basierte das Engagement für die europäische Idee und die Gründung einer Europäischen Gemeinschaft auch auf einem »aspect of national reassertion«.[48] In den Niederlanden waren es Politiker wie Hans Max Hirschfeld oder Hans Linthorst Homan, die die Integration ihres Landes in die atlantischen, europäischen und internationalen Strukturen maßgeblich vorantrieben. Sie personifizierten darüber hinaus eine Kontinuität zur Vorkriegs- und Besatzungszeit, in der Hirschfeld das Wirtschaftsministerium und Linthorst Homan die attentistische *Nederlandse Unie* geleitet hatte.[49] Auch führende Persönlichkeiten wie Edmund Wellenstein, Sicco Mansholt und Max Kohnstamm verknüpften ihr ehemaliges Widerstandsengagement mit diesem transnationalen Streben nach internationaler Zusammenarbeit und Modernisierung.

Das politische System, die sozialen Einrichtungen und die weltanschaulichen Organisationen sorgten dafür, dass die Niederlande ihre traumatischen Kriegs-, Besatzungs- und Dekolonisierungserfahrungen verarbeiten oder zumindest kompensieren konnten. Das Bedürfnis nach außenpolitischen Alleingängen war jedoch weiterhin latent vorhanden.[50] Zu fatalen Folgen führte dies beinahe, als zu Beginn der sechziger Jahre der zwischenzeitlich auf Eis gelegte niederländisch-indonesische Konflikt um Neuguinea/Westirian wieder entbrannte und einen erneuten Krieg zu entfesseln drohte. Sukarno erhöhte den Druck: Jetzt wollte er jenes Gebiet, das man bei der Souveränitätsübertragung 1949 noch vorübergehend außen vor gelassen hatte, in die Republik Indonesien eingliedern.

Aus verschiedenen Gründen wollten die Niederlande an diesem letzten Stück Kolonialreich festhalten: wirtschaftliche Interessen, außenpolitisches Prestige und die Überzeugung, weiterhin die Verantwortung für die Entwicklung der Papua-Bevölkerung tragen zu müssen. Erneut weigerte sich die amerikanische Regierung – nun unter John F. Kennedy –, die Niederlande zu unterstützen, und erneut war es der Diplomat Herman van Roijen, der seinem Außenminister Joseph Luns klarmachte, dass nun, »da Weltbelange auf dem Spiel stehen, moralische Verantwortung nicht ausschlaggebend sein« könne.[51] Die niederländische Variante der *Manifest Destiny*-Idee schien immer noch das Maß aller Dinge zu sein: die Niederlande als Beschützer der Schwachen, die von politischen Extremisten bedroht und dadurch in ihrer harmonischen Entwicklung gehemmt wurden. Und so schickte das Land zwischen 1960 und 1962 erneut Wehrpflichtige, Kriegsschiffe und Flugzeuge gen Osten.

Auf Druck der USA gab die niederländische Regierung schließlich doch noch nach: Westneuguinea ging *de facto* in den Herrschaftsbereich Indonesiens über – unter der letztlich inhaltsleeren und folgenlosen Bedingung, dass eine von der UN organisierte Volksabstimmung über den Anschluss an

Indonesien stattfinden sollte. Die Dekolonisierung Indonesiens war damit abgeschlossen, die Unzufriedenheit darüber jedoch weiterhin latent vorhanden. Die freigewordenen Energien wurden in den darauffolgenden Jahrzehnten in den »Export« von Entwicklungspolitik investiert – vorzugsweise in Form von Know-how und Technik, aber auch zunehmend im Rahmen multilateraler Operationen zur Friedenssicherung und Friedenserzwingung.

Auf diese Weise versuchten die Niederlande, ihre selbstgewählte Rolle als »Leuchtturm des Rechts und der Gerechtigkeit« mit neuen Inhalten zu füllen. Fünfzig Jahre nach Ende des Zweiten Weltkriegs sollte das Debakel von Srebrenica die Niederländer 1995 erneut – wenn auch unter ganz anderen Umständen – mit der eigenen Machtlosigkeit auf internationaler Ebene konfrontieren: Die bosnisch-serbischen Milizen konnten jenes Blutbad anrichten, weil es den niederländischen UN-Truppen nicht gelungen war, die muslimische Bevölkerung zu schützen.[52]

Opfernarrative

Am 7. Mai 1945, dem Tag der deutschen Kapitulationserklärung, wurde in Amsterdam das *Rijksbureau voor de Geschiedenis van Nederland in Oorlogstijd* (Reichsamt für die Geschichte der Niederlande in Kriegszeiten) gegründet, das später *Rijksinstituut voor Oorlogsdocumentatie* (Reichsinstitut für Kriegsdokumentation) hieß und seit 1999 als *NIOD Instituut voor Oorlogs-, Holocaust- en Genocide Studies* (NIOD Institut für Kriegs-, Holocaust- und Genozidstudien) fortbesteht. Gedacht war diese Einrichtung von Beginn an als Teil eines großangelegten sozialpädagogischen Projekts – mit dem Ziel, die einschneidende Kriegserfahrung der Niederländer für die Nachwelt zu dokumentieren und zu erforschen. Die Gründung des Instituts war einer von vielen Bausteinen einer staatlich initiierten Erinnerungspolitik der Niederlande, deren Etablierung unmittelbar nach Kriegsende in Europa begann.

Der langjährige Direktor des Instituts, Louis de Jong (1914-2005), wurde während seiner Amtszeit zum berühmtesten niederländischen Historiker der Nachkriegszeit.[53] Im Epilog seines Großwerks *Het Koninkrijk der Nederlanden in de Tweede Wereldoorlog*, dessen 26 Bände zwischen 1969 und 1988 erschienen, fasste De Jong die aus dem Krieg zu ziehenden Lehren wie folgt zusammen: »dass es übel ist, wenn ein Volk von einem anderen Volk überfallen und beherrscht wird, dass die parlamentarische Demokratie, egal welche Mängel sie hat, jeder anderen Staatsform vorzuziehen ist, dass demokratische Freiheiten es wert sind, verteidigt zu werden, dass jedwede Diskriminierung oder Verfolgung von Menschen von Übel ist und dass Deportation und Massenmord das *à fortiori* sind«.[54] Dies war, kurz gefasst, der Haupttenor der gesamten nachkriegszeitlichen Erinnerungspolitik in den Niederlanden.

Die vierziger Jahre hatten das Verhältnis zwischen Bürgern, Gesellschaft und Nation auf vielfältige Weise auf die Probe gestellt. Die extremen Spannungen, die daraus resultierten, mussten nach der deutschen Besatzung und der Dekolonisierung Indonesiens individuell und kollektiv verarbeitet werden. Die Aufmerksamkeit der breiten Öffentlichkeit richtete sich jedoch auf die Zukunft, wodurch diejenigen Menschen, die weiterhin an den Folgen des Krieges litten, aus dem gesellschaftlichen Blickfeld gerieten. Laut dem belgischen Historiker Pieter Lagrou begriffen sich die Niederländer selbst als »Opfer, Märtyrer und Helden«.[55] »Opfer-Sein ist in den Niederlanden kein schmerzhaftes Schicksal, sondern Quelle des stolzen Bewusstseins, zum besseren Teil der Menschheit zu gehören«, so der Soziologe Jacques van Doorn.[56]

Dieser Opferbegriff wurde zu einem bestimmenden Element des niederländischen Umgangs mit der Kriegsvergangenheit. Das Opfer konnte – so die damals dominierende Lesart – vor allem dann stolz sein, wenn seine Leidensgeschichte auch von Kampfeswillen zeugte. Denn die Devise lautete: Kein Leiden ohne Kampf, wobei mit »Kampf« die

Geschichte des Widerstands gegen die feindliche Übermacht und die skrupellose Unterdrückung gemeint war – auch bezogen auf den Krieg in Übersee, der Indonesien wieder »Ordnung und Frieden« bringen sollte. Dieses Narrativ half dabei, individuelle Kriegserfahrungen als sinnvollen Beitrag zum Wiederaufstieg von Nation und Imperium zu begreifen.

Die ersten zwei Nachkriegsjahrzehnte bildeten den Auftakt zu einer behutsamen, aber gezielten Modernisierung der niederländischen Gesellschaft. Industrialisierung, Wohlfahrtsstaat und Pluralismus waren die Schlüsselwörter dieses Modernisierungsprozesses. Unter veränderten Rahmenbedingungen bekam die Idee der Staatsbürgerschaft – als Inbegriff der formellen, politischen, sozialen und ethnischen Beziehungen zwischen den Mitgliedern der nationalen Gemeinschaft[57] – eine vielseitigere Bedeutung, wobei der Umgang mit der Kriegsvergangenheit eine wichtige Rolle spielte.

Das Konzept der Staatsbürgerschaft war in den Niederlanden während des Krieges massiv bedroht worden; ihren staatsbürgerlichen Pflichten konnten die Menschen unter deutscher Besatzung immer weniger nachkommen. Die am stärksten verfolgten Gruppen, allen voran die Juden, verloren sämtliche Bürger- und Menschenrechte, bevor sie deportiert und ermordet wurden. Nach der Befreiung 1945 verloren dann wiederum diejenigen, die dem Feind gedient hatten, ihre Staatsbürgerschaft. Kollaborateuren wurden zudem für begrenzte oder unbegrenzte Zeit die sozialen und politischen Rechte entzogen: Erst ab der zweiten Hälfte der fünfziger Jahre durften ehemalige NSB-Mitglieder wieder an Wahlen teilnehmen und einstige Mitglieder der Waffen-SS Anträge auf Wiedererlangung der niederländischen Staatsbürgerschaft stellen.

Diese neuen Restriktionen gegen die ehemaligen Kollaborateure kollidierten in gewisser Weise mit der Überzeugung, dass der Kampf gegen die deutschen Besatzer als ein Kampf gegen Diktatur und Unrecht geführt worden war. Die Nachkriegsdemokratie wollte sich jedoch gegen ihre Feinde wappnen, zu denen außerdem die Kommunisten zählten. Sie wurden nach der Befreiung als eine noch akutere Bedrohung wahrgenommen als die Kollaborateure und deshalb politisch an den Rand gedrängt. Im Zeichen des Kalten Krieges entstand eine offene Feindseligkeit zwischen der Mitte der Gesellschaft und den Kommunisten. Eine zunehmende »Fanatisierung« auf beiden Seiten führte zu einer Spaltung der einstigen Widerstandsbewegung und ihrer ursprünglich überparteilich konzipierten Erinnerungsgemeinschaft.[58] Diese offene Feindseligkeit zeigte sich etwa 1951, als die Regierung die Gedenkfeier für die kommunistische Widerstandsheldin Hannie Schaft auf dem Ehrenfriedhof für Widerstandsopfer in Bloemendaal bei Haarlem verbot und dies mit Hilfe von Polizeitruppen durchsetzte.

In den ersten Jahrzehnten nach Kriegsende wurde in ganz Europa die Erinnerung an den Zweiten Weltkrieg in die traditionellen religiösen und politischen Vorstellungen, in den Nationalismus und den Fortschrittsglauben eingebettet, so der Historiker Frank van Vree. Ab den sechziger Jahren sollte sich diese Erinnerungskultur einschneidend verändern: Sie wurde pluralistischer, schloss immer mehr Opfergruppen ein und stellte verstärkt Bezüge zur Gegenwart her. Insbesondere die Verfolgung und Vernichtung der Juden geriet nun, symbolisiert durch die Metapher »Auschwitz«, zunehmend ins Zentrum der Erinnerung.[59] Dieser Entwicklungsprozess ging mit einem Kampf bislang »vergessener« Opfergruppen um eine Integration in das nationale Gedächtnis einher, das erst durch deren Anerkennung wirklich pluralistisch werden konnte.

Es gab zahlreiche solcher Gruppen, die ich als »subalterne Erinnerungsgemeinschaften« bezeichne: Das »Nacherleben« ihrer Kriegsvergangenheit, deren Interpretation und das Opfergedenken fanden anfangs nur in ihren jeweils eigenen Kreisen statt. Die staatliche Erinnerungspolitik war zwischen 1945 und 1955 ganz auf den Widerstand ausgerichtet, beruhte dabei allerdings auf einem sehr schlichten, stilisierten und undifferenzierten Opferbegriff, der die unterschiedlichen Erfahrungen und spezifischen Bedürfnisse vieler Gruppen nicht berücksichtigte. So fand etwa die größtenteils vernichtete jüdische Gemeinschaft, deren Überlebende nach dem Krieg mit vielen offenen Fragen zurückblieben, in den nationalen Gedenkfeiern kaum Beachtung. Auf ihrer einst so selbstverständlichen Zugehörigkeit zur niederländischen Gesellschaft lag seit der Besatzungszeit ein Schatten.

Auch Menschen, die infolge der Dekolonisierung zur Rückkehr in die Niederlande gezwungen worden waren und dort ein neues Leben aufbauen mussten, wurden marginalisiert: Zivilisten und Soldaten, Europäer, Indoeuropäer und antirepublikanische Indonesier. Die staatliche Erinnerungspolitik bezog ihre Erfahrungen nicht mit ein: Sie galten als weniger wichtig als die der Widerstandskämpfer und Kriegsopfer im Mutterland, und ihr Status als Staatsbürger litt zudem noch unter ethnischen Stereotypisierungen und rassistischen Vorurteilen. Von den Gedenkfeiern explizit ausgeschlossen wurden die ehemaligen Nationalsozialisten und Kollaborateure. Auch wenn sie Schritt für Schritt als Mitbürger reintegriert wurden, zählten sie doch zu den Feinden: Ihrer Toten wurde am jährlichen Nationalen Totengedenktag des 4. Mai nicht gedacht, und auch der Nationale Befreiungstag am 5. Mai galt nicht ihrer Befreiung.

Auch andere Gruppen fühlten sich marginalisiert und klagten über fehlende Anerkennung: das »Fußvolk« der einstigen Widerstandsbewegung – Menschen, die nach dem Krieg nicht in die Führungsriege der politischen und gesellschaftlichen Institutionen aufgenommen worden waren –, die Veteranen des Dekolonisierungskrieges oder auch die Männer, die während der Besatzung Zwangsarbeit in Deutschland hatten leisten müssen. Dass ihre Erfahrungen und Anerkennungsbedürfnisse so weit wie möglich aus der staatlichen Erinnerungspolitik herausgehalten wurden, war das Ergebnis einer bewussten politischen Entscheidung.

Entsprechend hielten sich die jeweiligen Regierungen von den Interessenvertretern und Organisationen dieser Gruppen fern – in der Absicht, sich ausschließlich um deren soziale Probleme kümmern zu wollen.[60] Zur Regelung der Kriegsfolgen wurde ein Rentensystem geschaffen, das der besonderen Verantwortung der nationalen Gemeinschaft für die Widerstands-, Verfolgungs- und Kriegsopfer Rechnung tragen sollte. Mit staatlichen Fürsorgeleistungen für diese spezifischen Kategorien von Betroffenen wurde allmählich auch die Vorstellung einer einheitlichen und homogenen Opfergemeinschaft aufgebrochen.[61] Dieser Prozess nahm jedoch viel Zeit in Anspruch und war unverkennbar an die Entwicklung der allgemeinen Erinnerungs- und Gedenkpolitik verknüpft, die den Umgang der niederländischen Gesellschaft mit der Kriegsvergangenheit dominierte.

Entschädigung und Unterstützung erhielten zuallererst die Hinterbliebenen getöteter Soldaten und Widerstandskämpfer, die ihren Lebensunterhalt nicht mehr selbst bestreiten konnten. Die sehr rasch nach Kriegsende getroffenen Renten- und Unterstützungsregelungen für diese Menschen wurden noch in den späteren vierziger Jahren auf Hinterbliebene von Seeleuten ausgeweitet, die während der Kriegsjahre für die Alliierten zur See gefahren waren. Andere Opfergruppen konnten zunächst keine Ansprüche auf besondere Unterstützung geltend machen, selbst wenn sie in besonderer Weise und schwerer vom Krieg getroffen worden waren als die Durchschnittsniederländer. Dazu zählten die jüdischen Niederländer, die postkolonialen Migranten, ehemalige Zwangsarbeiter sowie Soldaten, die am indonesischen Unabhängigkeitskrieg teilgenommen hatten. Erst seit den sechziger Jahren gelang es ihnen, öffentliche Aufmerksamkeit für ihre spezifischen Erfahrungen und Nöte zu gewinnen. Mit der Entfaltung des Wohlfahrtsstaates und der Gewährung von Renten- und Unterstützungsleistungen für Senioren, Arbeitslose und Arbeitsunfähige wurde die Verantwortung des Staates für das Wohlergehen seiner Bürger und die Anerkennung von »Problem-« und Randgruppen zunehmend zur Selbstverständlichkeit.

Anfangs unterschied der Staat jedoch sehr genau zwischen aktiven und passiven Kriegsopfern: Während die »Aktiven« im Widerstand, in den Streitkräften oder in der Handelsmarine gekämpft hatten, hatten die »Passiven« Verfolgung und Gewalt eben nur passiv – und nicht im Kampf – erlitten. Spezielle Rentenregelungen für die erste Kategorie galten in der Nachkriegszeit als vertretbar, für Menschen der zweiten Kategorie galt jedoch, dass sie im Grunde genauso wie das gesamte niederländische Volk zu Opfern geworden waren, aber mehr auch nicht. Daher hatten sie lediglich Anspruch auf Leistungen aus dem regulären Sozialleistungssystem, das schrittweise aufgebaut wurde und dessen Kernstück das Allgemeine Sozialhilfegesetz von 1965 bildete.[62]

Somit standen die subalternen Opfergruppen vor der Aufgabe, für die Anerkennung ihres spezifischen Status zu kämpfen: als Gruppen, die aufgrund ihrer besonderen Erfahrungen während des Krieges auch Anspruch auf »besondere Solidarität« besaßen.[63] Nur durch den politischen Druck ihrer Interessenvertretungen kam es letztlich dazu, dass die ursprüngliche Gesetzgebung mit dem *Wet Uitkeringen Vervolgingsslachtoffers* (Gesetz zur Unterstützung von Verfolgungsopfern, WUV) von 1973 auch auf andere Gruppen ausgeweitet wurde – insbesondere auf die jüdischen Opfer. Daraufhin verlangten wiederum andere subalterne Gruppen von Kriegsgeschädigten eine Ausdehnung der Renten- und Unterstützungsgesetze auf ihre Mitglieder. Die Folge war, dass in den achtziger Jahren entsprechende Gesetze für zivile Kriegsopfer, ehemalige Zwangsarbeiter, Widerstandskämpfer und Lageropfer aus dem ehemaligen Niederländisch-Indien erlassen wurden.[64] Daneben stellte die Regierung in den neunziger Jahren auch Gelder für eine Kompetenzförderung im Bereich des Gesundheitswesens zur Verfügung. Sie unterstützte zudem die *Werkgroep Herkenning* (Arbeitsgruppe Anerkennung), eine Selbsthilfegruppe für die Nachkommen von Kollaborateuren, die Pionierarbeit in der Auseinandersetzung mit der NS-Vergangenheit ihrer Vorfahren leisteten.

Diese Ausdifferenzierung des Opferbegriffs machte sich auch in der Erinnerungs- und Gedenkkultur bemerkbar. Zwar blieb der nationale Rahmen bestehen, ebenso die Verquickung von Leid und Kampf, aber nun forderten immer mehr Gruppen eine Einbeziehung ihrer Erfahrungen und sorgten für ihre zunehmende Sichtbarkeit: Opfer der Judenverfolgung, Sinti und Roma, Homosexuelle, Opfer aus den Kolonien, Veteranen des Zweiten Weltkriegs und des Dekolonisierungskrieges sowie alle anderen bereits genannten Gruppen. Hinzu kam, dass mit einer zunehmenden Hinwendung zur Alltags- und Mikrogeschichte des Krieges der menschliche Faktor mehr und mehr in den Vordergrund rückte und an die Stelle jener stilisierten, abstrahierten und homogenisierten Gedenksprache der ersten Nachkriegsjahrzehnte trat.

Das führte unweigerlich zu neuen Debatten und Konflikten: über die moralischen Aspekte von Kollaboration und Widerstand sowie über die Frage, wer und wer nicht an den Gedenkfeiern beteiligt sein sollte und durfte. Auch seit Beginn des 21. Jahrhunderts ist es anlässlich nationaler und lokaler Gedenkfeierlichkeiten mehrfach zu heftigen Kontroversen gekommen, als es etwa um das Gedenken an deutsche Kriegsopfer, um die Teilnahme deutscher Gäste oder um den Umgang mit niederländischen SS-Mitgliedern ging.

Die niederländische Geschichtsschreibung leistete einen wesentlichen Beitrag zur Integration der subalternen Opfergruppen in die nationale Erinnerungskultur. Sehr ähnlich wie in der Bundesrepublik begann auch die erste Nachkriegsgeneration der Niederlande in den sechziger Jahren, ihre Eltern mit Fragen nach deren Kriegsvergangenheit zu konfrontieren. Dem Schicksal der jüdischen Bevölkerung wurde nun vermehrt Aufmerksamkeit geschenkt, wobei schmerzhaft deutlich wurde, dass sie nicht nur Opfer deutscher Verfolgungswut geworden waren. Die Geschichte der Judenverfolgung in den Niederlanden, die der Historiker Jacob Presser 1965 unter dem Titel *Ondergang* (»Untergang«) publizierte, schlug wie eine Bombe ein: In seinem Buch warf er den Niederländern, ihren Beamten und Institutionen vor, sich durch Passivität und Gehorsamkeit mitschuldig gemacht zu haben.

In der Folge verschob sich die Perspektive der niederländischen Geschichtsschreibung hin zu neuen Themen und Fragen: Eine Debatte über die einheimische Kollaboration begann, insbesondere mit Blick auf Behörden und gesellschaftliche Institutionen. Historiker beschäftigten sich zunehmend mit der Struktur- und Ereignisgeschichte des Krieges, aber auch mit der Mentalitäts- und Alltagsgeschichte, mit lokalen, regionalen und nationalen Aspekten und mit einzelnen Lebensgeschichten. Vergleicht man jedoch den Gang der Forschung zur Geschichte der besetzten Niederlande und des Zweiten Weltkriegs mit der Forschung zur Geschichte des besetzten Niederländisch-Indien und des Dekolonisierungskrieges, fällt eine große Diskrepanz ins Auge: Die Geschichtsschreibung über den langen Zweiten Weltkrieg in Übersee kam erst viel später in Gang. Sie war anfangs eher fragmentiert und konzentrierte sich vor allem auf die Betroffenen selbst: auf die Internierten und Kriegsgefangenen, die Veteranen, *Bersiap*-Opfer und postkolonialen Migranten. Letztlich scheint das Narrativ der besetzten Niederlande im Zweiten Weltkrieg immer noch eindeutiger und »einfacher« zu sein als das Narrativ vom Untergang des niederländischen Kolonialreiches.

Primat der guten Absichten

Der »lange Zweite Weltkrieg« war ein Sturm der Gewalt globalen Ausmaßes,[65] der auch die Niederlande traf. Die Intensität der Gewalt schwankte jedoch: Im Laufe der vierziger Jahre gab es Zeiten, in denen beinahe Frieden zu herrschen schien. Vor allem aber brach in diesem Jahrzehnt eine regelmäßig wiederkehrende und zerstörerische Welle der Kriegsgewalt, der Unterdrückung und Verfolgung, der Deportationen und des Massenmordes, der Zwangsarbeit, der Armut, des Hungers und der sozialen Not über die Niederlande und ihre Kolonie in Südostasien herein. Das Wechselspiel von gelegentlicher Normalität und wiederkehrender Gewalt führte dazu, dass sich die Niederländer und ihre Institutionen immer wieder neu orientieren und nach Antworten auf so grundsätzliche Fragen suchen mussten wie: »Was geschieht gerade eigentlich?«, »Welche Handlungsspielräume gibt es?« und »Wie können wir unser individuelles und kollektives Leben zukünftig schützen?«.

In der Zeit vor 1940 war die niederländische Gesellschaft von einem Zusammenspiel verschiedener gesellschaftlicher Schichten und weltanschaulicher Milieus geprägt – ein System, in dem von jedem erwartet wurde, dass er seinen Platz kennt. Die Eliten gaben die Richtung vor und rechtfertigten dies mit ihrer politischen, sozialen, wirtschaftlichen und ideologischen Bedeutung; sie hielten sich für befugt, über den gesellschaftspolitischen Kurs der Nation zu entscheiden. Der Schock der Niederlage und Besatzung setzte dem kein wirkliches Ende: Während die politischen Anführer auf dem Abstellgleis landeten, profilierten sich leitende Beamte, Unternehmer und prominente Persönlichkeiten aus der Zivilgesellschaft als Hüter der gesellschaftlichen Kontinuität. Zumindest bis Anfang 1943 gelang es ihnen, den Großteil der Bevölkerung von der Notwendigkeit einer Anpassung an den Willen der Besatzer zu überzeugen. Der Verwaltungschef des Innenministeriums, Frederiks, war sich einer baldigen Niederlage der Deutschen ganz sicher – und daher sollten die Niederländer Ruhe bewahren.[66]

Diese Politik des »kleineren Übels« diente dazu, Ruhe und Ordnung aufrechtzuerhalten, die niederländischen Nationalsozialisten außen vor zu halten und so weit wie möglich Herr im eigenen Haus zu bleiben. Letzteres war man definitiv nicht mehr, auch wenn es den Anschein haben konnte – zumindest bis die Besatzer die ersten antijüdischen Maßnahmen trafen und hart gegen den frühen Widerstand vorzugehen begannen. Die Streiks des Frühjahrs 1943 machten deutlich, dass sich die unzufriedene Gesellschaft nicht mehr länger von der Verwaltung ins Schlepptau nehmen lassen wollte. Die Politik des »kleineren Übels« geriet bei der gesamten Bevölkerung in Misskredit – aber nicht etwa in Reaktion auf die ersten antijüdischen Maßnahmen Ende 1940 und auch nicht zu Beginn der systematischen Judendeportationen im Juli 1942, sondern erst 1943, als die Verschickungen zur Zwangsarbeit in Deutschland immer größere Ausmaße annahmen und sich nach »Stalingrad« eine Kriegswende abzeichnete.

Während der politischen Säuberungen der Nachkriegszeit diente der Verweis auf jene Politik des »kleineren Übels« den Kollaborateuren zur Rechtfertigung und Selbstentlastung. Wer aus politischen Gründen mit dem Feind kooperiert hatte, wurde entlassen und verhaftet, die anderen konnten auf das Verständnis der verantwortlichen Instanzen setzen. Auch im Konflikt um die Dekolonisierung spielte das Argument des »kleineren Übels« eine Rolle – was nicht erstaunt, übernahmen doch diejenigen Politiker und Beamten, die diese Strategie bereits während der deutschen Besatzung angewandt hatten, nun auch die Verantwortung für die Lösung der Krise in Niederländisch-Indien. Das größere Übel wäre ihrer Ansicht nach gewesen, dem indonesischen Unabhängigkeitsstreben nachzugeben und Verhandlungen mit Sukarno und anderen ungeliebten indonesischen Anführern zu führen. Sich auf einen bewaffneten Konflikt einzulassen, betrachteten sie als das vermeintlich kleinere Übel – wobei die Verantwortlichen in Militär und Verwaltung in Kauf nahmen, dass dabei systematisch Kriegsverbrechen begangen wurden.

Nach dem Krieg dauerte es mindestens eine Generation, bis diese Entscheidung für das »kleinere Übel« kritisch reflektiert wurde. Noch länger dauerte es, bis in der Folge dieses Umdenkens Opfer entschädigt und Entschuldigungen öffentlich ausgesprochen wurden. Erst gegen Ende des 20. Jahrhunderts wandte der niederländische Staat dieses »Repertoire« an Aufarbeitungsmaßnahmen an, um mit der problematischen Vergangenheit ins Reine zu kommen. Dieser Prozess vollzog sich zögerlich und schrittweise – und kann auch heute nicht als abgeschlossen gelten. Vorangetrieben wurde diese Entwicklung weniger durch einen grundlegend veränderten Blick auf die Kriegsvergangenheit, sondern vielmehr durch eine gewisse Justizialisierung des Umgangs mit der Vergangenheit. So führte etwa das Verfahren um die Vermögenswerte jüdischer Opfer bei Schweizer Banken in den späten neunziger Jahren auch in den Niederlanden zu einer Neuaufnahme der Diskussion über die Beteiligung des eigenen Staates an der Entrechtung und Enteignung der Juden, woraufhin Entschädigungsmaßnahmen für Juden, Sinti und Roma und die niederländisch-indische Gemeinschaft getroffen wurden.[67] Privatwirtschaftliche Unternehmen wie Versicherungsgesellschaften, Banken und die privatisierte niederländische Eisenbahn gestanden ihre Mitverantwortung ein und entschuldigten sich bei den Opfern.

Die niederländische Regierung drückte – in Person von Ministerpräsident Wim Kok – zwar ihr Bedauern darüber aus, wie die Juden nach dem Krieg behandelt worden waren, entschuldigte sich aber nicht für die staatliche Beteiligung an der Judenverfolgung in der Besatzungszeit. Im Nachgang erklärte Kok, dass es »mit Blick auf seine integeren Vorgänger zu einfach gewesen wäre«, zu den Opfern zu sagen: »Ich entschuldige mich bei Ihnen, [...] auch für sie [Koks Vorgänger, P.R.] und in ihrem Namen, denn sie haben das falsch gemacht.«[68] Der Ministerpräsident selbst empfand solche Entschuldigungen als eine leere Geste; diejenigen aber, die sie einforderten, verstanden sie als einen unabdingbaren Bestandteil der niederländischen Vergangenheitsbewältigung.

Die Bereitschaft der Niederländer zu Entschädigungen und Entschuldigungen wurde auch durch die globale Entwicklung des Umgangs mit historischem Unrecht vorangetrieben. Infolge der politischen Umwälzungen in Afrika, Lateinamerika und Osteuropa entstanden neue Mechanismen der *Transitional Justice* zur Bestrafung von Verbrechen diktatorischer Regime sowie zur materiellen Restitution und Entschädigung. Parallel dazu entwickelten sich weltweit sogenannte Wahrheitskommissionen und andere Formen und Modelle öffentlicher Entschuldigung und Versöhnung. Ein transnationales Menschenrechtsregime entstand, das Ruti G. Teitel mit dem Begriff *Humanity's Law* bezeichnet.[69] Und so machten vor wenigen Jahren auch die Witwen des im Dezember 1947 von niederländischen Truppen angerichteten Massakers von Rawagede auf Java erfolgreich Entschädigungsansprüche vor einem Zivilgericht in den Niederlanden geltend. Zusätzlich zu den 2014 geleisteten Entschädigungszahlungen sprach der niederländische Botschafter in Jakarta während einer Gedenkzeremonie in Rawagede eine Entschuldigung im Namen seiner Regierung aus – ein Meilenstein in der Aufarbeitung dieses Kapitels. Zuvor hatte Außenminister Ben Bot zwar bereits erklärt, dass die Niederlande während des Krieges mit Indonesien »auf der falschen Seite der Geschichte« gestanden hätten, damit aber keine besonders treffende Formulierung für die dort begangenen Verbrechen gefunden.[70]

Die Zurückhaltung der niederländischen Regierungen, sich für das von ihren Vorgängern verschuldete historische Unrecht zu entschuldigen, bildet eine Konstante in der niederländischen Nachkriegsgeschichte und lässt sich auch nach den Ereignissen in Srebrenica immer noch beobachten. Eine Erklärung für dieses Verhaltensmuster ist die Furcht vor einem »Dominoeffekt«, da solche Aussagen weitere Entschädigungsforderungen nach sich ziehen könnten. Koks Bemerkung über die Integrität seiner Vorgänger weist aber auch auf einen weiteren, tiefer liegenden Grund hin. Die niederländische Erinnerungspolitik der Nachkriegszeit basierte auf einem *gesinnungsethischen* Ansatz: auf der Vorstellung nämlich, dass die Nation und ihre Anführer stets für die Bewahrung hoher moralischer Tugenden gekämpft hatten.

Ging es jedoch um die Bewertung individueller und kollektiver Verantwortung für schwierige Entscheidungen in Konfliktsituationen, bestimmte ein *verantwortungsethischer* Ansatz im Sinne Max Webers den niederländischen Diskurs über die Vergangenheit: die Rechtfertigung vergangenen Verhaltens auf Grundlage der ursprünglich angestrebten Ergebnisse. Waren die Ergebnisse auch schlecht, so sollten doch zumindest die guten Absichten anerkannt werden. Auf diese Weise geriet die öffentlich beteuerte *Gesinnungsethik* in Konflikt mit den Zugeständnissen, die zum Überleben notwendig gewesen waren – mit dem »kleineren Übel« also. Das ursprüngliche und verbindende Narrativ der Kriegsjahre hatte die guten Absichten betont, Konflikte, Widersprüche und Gegensätze dabei aber weitgehend verhüllt und ignoriert. Auf diese Weise wurde die niederländische Erinnerung verzerrt und überformt, die vorherrschende Lebensrealität des langen Krieges rückwirkend an jenes verbindende Narrativ angepasst. Bei einem solch paradoxen Blick auf die Vergangenheit ist das Überleben zwar keine Schande, bleibt aber durchaus eine Last.

1. Eine tugendhafte Nation

_1 Proklamation von Königin Wilhelmina, Radio Hilversum, 10.5.1940, zit. in: Louis de Jong, Het Koninkrijk, Bd. 3, Mai '40, S. 41. _2 Ebenda. _3 Hendrikus Colijn, Op de grens van twee werelden, Amsterdam 1940. _4 Doeko F. J. Bosscher, Om de erfenis van Colijn. De ARP op de grens van twee werelden (1939-1952), Alphen a/d Rijn 1980, S. 52. _5 J. den Hertog/S. Kruizinga, Introduction, in: dies. (Hg.), Caught in the Middle. Neutrals, Neutrality and the First World War, Amsterdam 2011, S. 15 f. _6 So der Cartoonist L. J. Jordaan, abgedruckt in: Ismee M. Tames, Oorlog voor onze gedachten, Oorlog, neutraliteit en identiteit in het Nederlandse publieke debat, Hilversum 2006, S. 102. _7 Johannes Th. M. Houwink ten Cate (Hg.), Bruins Berlijnse besprekingen. Een selectie uit het archief van prof.mr. dr. G.W.J. Bruins, in het bijzonder de jaren 1924-1930, Den Haag 1989, S. 6 f. _8 Duco Hellema u.a. (Hg.), De Nederlandse ministers van Buitenlandse Zaken in de Twintigste Eeuw, Den Haag 1999; ders./Rolf Schuursma, De beste van het Interbellum, S. 94 f.; Ton van Zeeland, Onder Wilhelmina's vleugels. Frans Beelaerts van Blokland (1927-1933), in: Hellema, De Nederlandse ministers, S. 105. _9 Tames, Oorlog voor onze gedachten, S. 265. _10 Bob G.J. de Graaff, Een welwillend man met een vrij gering werkelijkheidsbegrip, in: Hellema u.a. (Hg.), De Nederlandse ministers van Buitenlandse Zaken, S. 123 f.; Hein A. Klemann, Colijns Marionet op het Plein, in: ebenda, S. 134 f. _11 Cees Fasseur, Nederland en het Indonesische Nationalisme. De balans nog eens opgemaakt, in: BMGN/Low Countries History Review Vol. IC (1984) I, S. 44. _12 Jacob van Gelderen u.a., Nederland Erfdeel en Taak, Amsterdam 1940 S. 187 ff. _13 Piet de Rooij, Ons stipje op de waereldkaart, Amsterdam 2014, S. 300 f. _14 Geert J. Somsen, A small people but a great nation. Scientific prestige and international mediation in the Netherlands, in: Madelon de Keizer/Ismee Tames (Hg.), Small Nations. Crisis and Confrontation in the 20th Century, Zutphen 2008, S. 47-63. _15 Bland, zit. in: Tobias van Gent, Het falen van de Nederlandse gewapende neutraliteit, september 1939 - mei 1940, Amsterdam 2009, S. 239. _16 Van Gent, Het falen van de Nederlandse gewapende neutraliteit, S. 405. _17 Johannes Ch. H. Blom/Jaap Talsma (Hg.), De verzuiling voorbij. Godsdienst, stand en natie in de lange negentiende eeuw, Amsterdam 2000. _18 Jacques Bosmans, Het maatschappelijk-politieke leven in Nederland 1918-1940, in: Geschiedenis van het modern Nederland. Politieke, economische en sociale ontwikkelingen, Houten 1988, S. 404. _19 Piet de Rooy, Openbaring en openbaarheid, Amsterdam 2009, S. 35. _20 Remieg Aerts, Civil Society or Democracy? A Dutch paradox, in: Klaas van Berkel/Leonie de Goei (Hg.), The International Relevance of Dutch History – BMGN The Low Countries Historical Review Vol. 125, 2-3

(2010), S. 215f. _21 Dirk Jan Wolffram, Schikken en inschikken, in: Blom/Talsma (Hg.), De verzuiling voorbij, S. 102. _22 Henk te Velde, Gemeenschapszin en plichtsbesef. Liberalisme en Nationalisme in Nederland, 1870-1918, Den Haag 1992, S. 268f. _23 Ivo Schöffer, Veelvormig verleden. Zeventien studies in de vaderlandse geschiedenis, Amsterdam 1987, S. 131-138; Cees Fasseur, Wilhelmina Krijgshaftig in een vormeloze jas, Amsterdam 2001; De Jong, Het Koninkrijk, Bd. 9, London, Den Haag 1979, S. 108-126. _24 Titel des 4. Kapitels in: De Jong, Het Koninkrijk, Bd. 1, Voorspel, Den Haag 1969, S. 72. _25 Hans Righart, Religie en de perceptie van nationaliteit, in: Dirk Jan Wolffram (Hg.), Om het christelijk karakter der natie. Confessionelen en de modernisering der maatschappij, Amsterdam 1994, S 11. _26 Madelon de Keizer, Inleiding, in: dies. (Hg.), Moderniteit. Modernisme en massacultuur in Nederland 1914-1940, Zutphen 2004, S. 15ff.; Johan de Vries, Economisch leven, in: Geschiedenis van het moderne Nederland, S. 361. _27 Ferdinand Sassen, Volkskarakter, eigen cultuur en nationaal besef, in: Van Gelderen u. a. (Hg.), Nederland Erfdeel en taak, S. 163. _28 De Vries, Economisch leven, S. 396f. _29 Jan Luiten van Zanden, Een Klein Land in de 20^E^ eeuw. Economische geschiedenis van Nederland 1914-1995, Utrecht 1997, S. 48. _30 Johannes Th. M. Houwink ten Cate, Mannen van de daad en Duitsland 1919-1939. Het Hollandse zakenleven en de vooroorlogse buitenlandse politiek, Amsterdam 1995. _31 J. W. Schot/A. Rip, Techniek en de geschiedenis van Nederland in de twintigste eeuw, in: J. W. Schot u. a. (Hg.), Techniek in Nederland in de twintigste eeuw VII Techniek en modernisering. Balans van de twintigste eeuw, Bd. VII, Zutphen 2003, S. 19ff. _32 Tessel Pollmann, Van waterstaat tot wederopbouw. Het leven van dr. J. A. Ringers, 1885-1965, Amsterdam 2006. _33 Sophie M. Elpers, Erfenis van het verlies. De strijd om de wederopbouw van boerderijen tijdens en na de Tweede Wereldoorlog, Diss., Universität Amsterdam 2014. _34 Righart, Religie en de perceptie van moderniteit, S. 11. _35 Van Zanden, Een klein land in de 20^E^ eeuw, S. 148-170. _36 De Vries, Het economische leven in Nederland, S. 387. _37 Van Zanden, Een klein land in de 20^E^ eeuw, S. 152. _38 Centraal Bureau voor de Statistiek, Rijswijk: Terugblikken. Een eeuw in statistieken, www.cbs.nl/NR/rdonlyres/C764113B-F596-461D-9573-3BCA4617996E/0/2010terugblikken.pdf (3.4.2015); Piet de Rooij, Werklozenzorg en werkloosheidsbestrijding, 1917-1940. Landelijk en Amsterdams beleid, Amsterdam 1979. _39 Johannes C. H. Blom, Een harmonisch gezin en individuele ontplooiing, in: ders., Burgerlijk en beheerst. Over Nederland in de twintigste eeuw, Amsterdam 1996, S. 227f. _40 Arend Lijphart, Verzuiling, pacificatie en kentering in de Nederlandse politiek, Amsterdam 1982, S. 136f. _41 Wichert ten Have, De Nederlandse Unie. Aanpassing, vernieuwing en confrontatie in bezettingstijd 1940-1941,

Amsterdam 1999, S. 20. _42 Maarten van der Linde, Het visioen van Eijckman. Dr. J. Eickman, de Amsterdamse Maatschappij voor Jongemannen en de vernieuwing van Nederland 1892-1945, Hilversum 2003, S. 198. _43 Willem H. van Helsdingen/Hendrik Hoogenberk (Hg.), Daar wèrd wat groots verricht... Nederlandsch-Indië in de XXste eeuw, Amsterdam 1941. _44 Jennifer L. Foray, Visions of Empire in the Nazi-Occupied Netherlands, Cambridge 2012. _45 Robert Elson, zit. bei: Remco Raben/Peter Romijn, States of Transition. Modernisation, Performance and Meaning of State and Authority in the Era of Decolonisation, in: Itinerario – International Journal on the History of European and Global Interaction, Vol. XXXIII (2009), Nr. 2, S. 83 f. _46 Wim van den Doel, Zo ver de wereld strekt. De geschiedenis van Nederland overzee vanaf 1800, Amsterdam 2011, S. 303. _47 Pankaj Mishra, From the Ruins of Empire. The Revolt against the West and the Remaking of Asia, London 2012. _48 Marieke Bloembergen, De geschiedenis van de politie in Nederlands-Indië. Uit zorg en angst Amsterdam, Leiden 2009, S. 251-262. _49 Van den Doel, Zo ver de wereld strekt, S. 290; Lambert Giebels, Soekarno Nederlands onderdaan. Een biografie 1901-1950, Bd. 1, Amsterdam 1999, S. 103 ff. _50 Fasseur, Balans, S. 31. _51 Van den Doel, Zo ver de wereld strekt, S. 176 f. _52 Fasseur, Balans, S. 32. _53 Max van Poll, in: Handelingen van de Tweede Kamer der Staten-Generaal (Protokolle des niederländischen Parlaments, II. Kammer), 1937-1938, S. 1194-1293. _54 De Jong, Het Koninkrijk, Bd. 1, Voorspel, Den Haag 1969, S. 594. _55 T. van der Eyden, Arts en gezin in de Oost 1928-1946, Zutphen 2006, S. 64.

2. Krieg und Besatzung

_1 De Jong, Het Koninkrijk, Bd. 3: Mei '40, Den Haag, 1970, S. 499. _2 Peter Romijn, Burgemeesters in oorlogstijd. Besturen onder Duitse bezetting, Amsterdam 2007, S. 82. _3 Ebenda, S. 89-93. _4 Aanwijzingen etc. voor het geval van een vijandelijken inval, vastgesteld door de Raad van Ministers, mei 1937, in: J. J. van Bolhuis u. a. (Hg.), Onderdrukking en Verzet. Nederland in oorlogstijd, Bd. 1, Arnhem, Amsterdam. _5 Text des Abkommens abgedruckt in: Onderdrukking en Verzet, Bd. 1, S. 268. _6 Vereniging van Nederlandsche Gemeenten, 's Gravenhage: Reeks Officiëele Bekendmakingen 1940, no. 1 (17 mei 1940). _7 Protokoll der Sitzung des Gemeinderates Haarlem vom 5.6.1940, in: NIOD, Amsterdam, Archief Collectie DOC II, 1170. _8 Vermerk des Generalsekretärs im Ministerium für Unterricht, Künste und Wissenschaften, Gerrit A. van Poelje, 18 mei 1940, in: NIOD Amsterdam, Collectie CNO 216 AA, 1A. _9 De Jong, Het Koninkrijk, Bd. 4, S. 20. _10 Johannes

Koll, Arthur Seyß-Inquart und die deutsche Besatzungspolitik in den Niederlanden (1940-1945), Wien, Köln, Weimar, 2015. _11 Isabel Gallin, Rechtsetzung ist Machtsetzung. Die deutsche Rechtsetzung in den Niederlanden 1940-1945 Frankfurt am Main 1999, S. 80-89. _12 A.E. (Dolf) Cohen, Het ontstaan van het Duitse Rijkscommissariaat voor Nederland in: NIOD Amsterdam: reeks Notities voor het Geschiedwerk Nr. 91, S. 5 f. _13 Gallin, Rechtsetzung ist Machtsetzung, S. 81. _14 Parlementaire Enquete Regeringsbeleid 1940-1945, Bd. 2c, S. 106. _15 Gallin, Rechtsetzung ist Machtsetzung, S. 81. _16 Joggli Meihuizen, Noodzakelijk Kwaad. De Bestraffing van economische collaboratie in Nederland na de Tweede Wereldoorlog, Amsterdam 2003, S. 103-107. _17 De Jong, Het Koninkrijk, Bd. 4, S. 189. _18 H. J. Reinink, zit. in: Romijn, Burgemeesters in oorlogstijd, S. 170. _19 Pieter J. Oud, Herinneringen aan Rotterdam in een bewogen tijd, in: R.A.D. Renting (Hg.), Rotterdams Jaarboekje 1965, 7. Reihe, 3. Jahrgang, S. 135. _20 De Jong, Het Koninkrijk, Bd. 9, S. 74. _21 De Jong, Het Koninkrijk, Bd. 4, Mei '40 - Maart '41, Den Haag 1972, S. 336. _22 Gerhard Hirschfeld, Fremdherrschaft und Kollaboration. Die Niederlande unter deutscher Besatzung 1940-1945, Stuttgart 1984, S. 22 ff. _23 Nationaal Archief Den Haag, Inventar Nummer. 2.04.53.19 Archief ministerie van Binnenlandse Zaken, Kabinet: Personalakte A. van Walsum; Kees Ribbens, Bewogen jaren. Zwolle in de Tweede Wereldoorlog, Zwolle 1995, S. 56. _24 Aanwijzingen etc. voor het geval van een vijandelijken inval, vastgesteld door de Raad van Ministers, mei 1937, in: J.J. van Bolhuis u.a. (Hg.), Onderdrukking en Verzet. Nederland in oorlogstijd, Bd. 1, Arnhem, Amsterdam, S. 387-394. _25 Karel J. Frederiks, Op de bres 1940-1944, Den Haag 1945, S. 9 ff. _26 Programm der NSB, abgedruckt in: Cornelis van Geelkerken (Hg.), Voor Volk en vaderland. De strijd der Nationaal-Socialistische Beweging 14 december 1931 - mei 1941, Utrecht 1941, S. 313 ff. _27 Hans Fredrik Dahl, Quisling. A Study in Treachery, Cambridge 1999, S. 169. _28 Peter Romijn, Snel, streng en rechtvaardig. De afrekening met de ›foute‹ Nederlanders, 2. Aufl., Amsterdam 2002, S. 30. _29 Wichert ten Have, De Nederlandse Unie. Aanpassing, vernieuwing en confrontatie in bezettingstijd, 1940-1941, Amsterdam 1999. _30 Romijn, Snel, streng en rechtvaardig, S. 30. _31 De Jong, Het Koninkrijk, Bd. 5, Maart '41 - Juli'42, Den Haag 1974, S. 102. _32 Romijn, Burgemeesters in Oorlogstijd, S. 667; Guus Meershoek, Zonder de wolven te prikkelen – Ambtelijke dienstverlening bij de arbeidsinzet en de vervolging van de joden, in: Henk Flap/Marnix Croes (Hg.), Wat toeval leek te zijn, maar niet was. De organisatie van de jodenvervolging in Nederland, Amsterdam 2001, S. 100. _33 Jennifer L. Foray, Visions of Empire in the Nazi-Occupied Netherlands, Cambridge 2012. _34 Verordnungsblatt für die besetzten niederländischen Gebiete (Den Haag, 1941), Verordnung 151/41. _35 Rundschreiben des Kommissars der Provinz Zuid-Holland in: NIOD, Amsterdam, CNO-BiZa, 110, Akte 166d. _36 Romijn, Burgemeesters in oorlogstijd, S. 233-237. _37 Boot, Burgemeester in bezettingstijd, Anlage iv, S. 370. _38 Ebenda, S. 271 _39 Erste Lagebericht Seyß-Inquarts an Hitler vom 19.7.1940, in: Konrad Kwiet, Reichskommissariat Niederlande. Versuch und Scheitern nationalsozialistischer Neuordnung, Stuttgart 1968, S. 106. _40 Romijn, Burgemeesters in oorlogstijd, S. 335-338. _41 Cyrille Fijnaut, De geschiedenis van de Nederlandse politie, Amsterdam 2007, S. 111-120. _42 Geraldien von Frijtag Drabbe Künzel, Het Recht van de sterkste. Duitse strafrechtspleging in bezet Nederland, Amsterdam 1999. _43 Hein A. M. Klemann, Nederland 1938-1948 Economie en samenleving in jaren van oorlog en bezetting, Amsterdam 2002. _44 Marloes van Westrienen, Dwangarbeiders. Nederlandse jongens tewerkgesteld in het Derde Rijk Amsterdam 2008, S. 33. _45 Romijn, Burgemeesters in Oorlogstijd, S. 475. _46 Ebenda, S. 465. _47 Ebenda, S. 490f. _48 A. Kleijn, Oorlogsherinneringen van een dorpsburgemeester, Alphen a/d Rijn 1945, S. 65. _49 Ernst H. Kossmann, De Lage Landen 1780-1980. Twee eeuwen Nederland en België, Bd. 2 1914-1980, Amsterdam 2002, S. 204. _50 Ingrid de Zwarte, Coordinating Hunger. The Evacuation of Children during the Dutch Food Crisis 1945, in: War and Society, Vol. 35:2 (May 2016), S. 132-149. _51 Hans Mommsen, Cumulative Radicalisation and progressive self-destruction as structural determinants of Nazi-dictatorship, in: Ian Kershaw/Moshe Lewin (Hg.), Stalinism and Nazism. Dictatorship in Comparison, Cambridge 1997, S. 75-87. _52 Van Westrienen, Dwangarbeiders, S. 37. _53 Gerhard Hirschfeld, Niederlande, in: Wolfgang Benz (Hg.) Dimension des Völkermords. Die Zahl der jüdischen Opfer des Nationalsozialismus, München 1991, S. 165. _54 Zu den Zahlen der unterschiedlichen Opfergruppen vgl. http://www.niod.nl/nl/vraag-en-antwoord/verliezen-nederlandse-bevolking (22.10.2015).

3. Die Judenverfolgung

_1 Louis de Jong, Herinneringen, Bd. 1, Den Haag 1993, S. 88 ff. _2 De Jong, Het Koninkrijk, Bd. 3, S. 433-443; Jacques Presser, Ondergang. De vervolging en verdelging van het Nederlandse jodendom 1940-1945, Den Haag 1965, Bd. 1, S. 13. _3 Wout Ultee/Ruud Luijkx, De schaduw van een hand. Joods-gojse huwelijken en Joodse zelfdodingen in Nederland 1946-1943, in: Henk Flap/Wil Arts (Hg.), De organisatie van de bezetting, Amsterdam 1997, S. 62 f. _4 De Jong, Het Koninkrijk, Bd. 3, S. 196-200. _5 Hannah Arendt, Antisemitism. Part one of the Origins of Totalitarianism, San Diego, New

York, London 1968, S. 3; Jeffrey Herf, The Jewish Enemy. Nazi Propaganda during World War II and the Holocaust, Cambridge, MA, London 2006. _6 Bob Moore, Refugees from Nazi-Germany in the Netherlands 1933-1940, Dordrecht, Boston, Lancaster 1986. _7 Johannes C.H.Blom/Jael Cahen, Jewish Netherlanders, Netherlands Jews, and Jews in the Netherlands, 1870-1940, in: Johannes C. H. Blom/Renate Fuks-Mansveld/Ivo Schöffer (Hg.), The History of the Jews in the Netherlands, Oxford, Portland, OR, 2002, S. 293-296. _8 Sam de Wolf, Geschiedenis der joden in Nederland. Laatste bedrijf, o.O. 1945, S. 2f.; S. van den Bergh, Deportaties. Westerbork Theresiënstadt Auschwitz Gleiwitz, Bussum (o.J.), S.7. _9 Philip Friedman, Problems of Research on the Holocaust. An overview (1957), in: ders., Roads to Extinction. Essays on the Holocaust, New York, Philadelphia 1980, S. 565. _10 Wout C. Ultee/Henk D. Flap, De Nederlandse paradox. Waarom overleefden zoveel Nederlandse joden de Tweede Wereldoorlog niet?, in: Harry B.G. Ganzenboom/Sieuwert Lindenbergh (Hg.), Verklarende sociologie. Opstellen voor Reinhard Wippler, Amsterdam 1996, S. 185-197; Raul Hilberg, The Destruction of European Jews, New York 1985 (Student Edition), S. 267. _11 Gerhard Hirschfeld, Niederlande, in: Wolfgang Benz (Hg.), Dimension des Völkermords. Die Zahl der jüdischen Opfer des Nationalsozialismus, München 1991, S. 165; De Jong, Het Koninkrijk, Bd. 7, Mei '43 - Juni '44, Den Haag 1976, S. 318. _12 David Koker, Dagboek geschreven in Vught, 3. Aufl., Amsterdam 1993, S. 123. _13 Sem Dresden, Vervolging, vernietiging, literatuur, Amsterdam 1991, S. 111. _14 De Jong, Het Koninkrijk, Bd. 4, S. 747f. _15 Michael Marrus/Robert O. Paxton, The Nazis and the Jews in Occupied Western Europe, in: Journal of Modern History 54 (1982), S. 687-714. _16 Verordnungsblatt für die besetzten niederländischen Gebiete, Verordnung 80/1940 zur Vermeidung von Tierquälerei beim Viehschlachten des 31. Juli 1940. _17 Romijn, Burgemeesters in oorlogstijd, S. 172f. _18 De Jong, Het Koninkrijk, Bd 4, S. 752f.; Pauline Micheels, Muziek in de schaduw van het Derde Rijk. De Nederlandse symfonie-orkesten 1933-1945, Zutphen 1993, S. 165-170; Dick Verkijk, Radio Hilversum 1940-1945. De omroep in de oorlog, Amsterdam 1974, S. 252-257. _19 Bild abgedruckt in: Presser, Ondergang, S. 32f. _20 Romijn, Burgemeesters in oorlogstijd, S. 232, 248, 454. _21 Corjo Jansen (mit Derk Venema), De Hoge Raad en de Tweede Wereldoorlog. Recht en rechtsbeoefening in de jaren 1930-1950, Amsterdam 2011, S. 91-94. _22 De Jong, Het Koninkrijk, Bd. 4, S. 869f.; C. van Dam, Jodenvervolging in de stad Utrecht, Zutphen 1985, S. 49f. _23 Presser, Ondergang, Bd. 1, S. 96f. _24 Ansprache Cleveringas, 26.11.1940, in: Presser, Ondergang, Bd. 1, S. 43. _25 Verordnung 189/40 (22. Oktober 1940); De Jong, Het Koninkrijk, Bd. 4, S. 760f.; Presser, Ondergang, Bd. 1, S. 54-

57. _26 NIOD, Amsterdam: A. Veffer, Statistische gegevens van de joden in Nederland. Deel 1, S. 3; Abel J. Herzberg, Kroniek der Jodenvervolging 1940-1945, 5. Aufl., Amsterdam 1985, S. 66f. _27 Ebenda, S. 64. _28 Benjamin A. Sijes, The position of the Jews during the German Occupation of the Netherlands. Some Observations, in: Michael R. Marrus (Hg.), The Nazi Holocaust IV. The »Final Solution« outside Germany, Westport, London 1989, S. 155; Sijes schätzt, dass sich insgesamt nicht mehr als 50 Juden der Anmeldepflicht entziehen konnten. _29 Dan Michman, De oprichting van de »Joodsche Raad voor Amsterdam« vanuit een vergelijkend perspectief, in: Oorlogsdocumentatie '40-'45, Jaarboek van het Rijksinstituut voor Oorlogsdocumentatie, Bd. 3, Zutphen 1992, S. 75-100; Johannes Th. M. Houwink ten Cate, Heydrich's Security Police and the Amsterdam Jewish Council (February 1941- October 1942), in: Dutch Jewish History, Vol. 3, Jerusalem 1993, S. 381-393. _30 De Wolff, Geschiedenis der joden in Nederland laatste bedrijf, S. 42. _31 Presser, Ondergang, Bd. 1, S. 89-92; A. J. (Hans) van der Leeuw, Meer slachtoffers dan elders in West-Europa, in: NIW, 15. November 1985 (2 kislew 5748). _32 Ben A. Sijes, De Februaristaking, 25-26 februari 1941, Den Haag 1954, S. 179f.; Arthur Seyß-Inquart, Vier Jahre in den Niederlanden. Gesammelte Reden, Amsterdam 1944, S. 57. _33 Vgl. Zygmunt Bauman, Modernity and the Holocaust, Cambridge, Oxford 1989, S. 121. _34 Romijn, Burgemeesters in Oorlogstijd, S. 451-454. _35 Frits Boterman, Duitse daders. De Jodenvervolging en de nazificatie van Nederland (1940-1945), Amsterdam 2015, S. 371-374. _36 Bob Moore, Slachtoffers en overlevenden. De nazi-vervolging van de Joden in Nederland, Amsterdam 1998, Anlage: Vervolging van de Joden in Nederland – Chronologie, S. 315-321. _37 Verordnungsblatt VO 48/1941 vom 12.3.1941. _38 Gerard Aalders, Roof. De ontvreemding van joods bezit tijdens de Tweede Wereldoorlog, Den Haag 1999, S. 149-169; Wouter J. Veraart, Ontrechting en rechtsherstel in Nederland en Frankrijk in de jaren van bezetting en wederopbouw, Rotterdam 2005, S. 48-56; Regina Grüter, Strijd om gerechtigheid. Joodse verzekeringstegoeden en de Tweede Wereldoorlog, Amsterdam 2015; Max de Hes, Land loopt niet weg. Drie eeuwen Joods sociaal-economisch leven in Hoogeveen, Voorburg 1994. _39 Bauman, Modernity and the Holocaust, S. 125. _40 De Jong, Het Koninkrijk, Bd. 5, S. 1102. _41 [Joods Historisch Museum Amsterdam], Documenten van de jodenvervolging in Nederland 1940-1945, Amsterdam 1979, S. 55. _42 Herzberg, Kroniek, S. 65. _43 De Jong, Het Koninkrijk, Bd. 5, S. 1089. _44 Henk J. van Baalen, Joods leven te Deventer & omstreken, Deventer 1998, S. 87. _45 Geraldien von Frijtag Drabbe Künzel, Kamp Amersfoort, Amsterdam 2003, S. 61. _46 Geheimbrief von Seyß-Inquart an die Generalkommissare vom 2.7.1942, zit. bei: De Jong, Het Koninkrijk, Bd. 7,

S. 1081. _47 Robert Gerwarth, Hitler's Hangman. The life of Heydrich, New Haven, London 2011; Peter Longerich, Heinrich Himmler, München 2008. _48 Jacob Boas, De misleidingstactieken van de nazi's bij de liquidatie van de Europese joden, in: N. D. J. Barnouw u. a. (Hg.), Oorlogsdocumentatie '40-'45. Vijfde Jaarboek van het Rijksinstituut voor Oorlogsdocumentatie, Zutphen 1994, S. 69-96. _49 Veraart, Ontrechting en rechtsherstel, S. 48-52. _50 Marnix Th. Croes/ Peter J. R. Tammes, Gif laten wij niet voortbestaan. Een onderzoek naar de overlevingskansen van joden in de Nederlandse gemeenten 1940-1945, Amsterdam 2004, Kapitel 3: Sicherheitspolizei en Sicherheitsdienst, S. 65-259. _51 De Jong, Het Koninkrijk, Bd. 6, Juli '42 - Mei '43, Den Haag 1975, S. 1 ff.; Herzberg, Kroniek, S. 135-139; Presser, Ondergang, Bd. 1, S. 245-250. _52 Hirschfeld, Niederlande, S. 137; De Jong, Het Koninkrijk, Bd. 5, S. 1027; Moore, Slachtoffers en overlevenden, S. 107; Insa Meinen/Ahlrich Meyer, Vervolgd van land tot land. Joodse vluchtelingen in West-Europa 1938-1944, Antwerpen 2014. _53 Romijn, Burgemeesters in Oorlogstijd, S. 335-339. _54 Brief Frederiks an Seyß-Inquart und Rauter vom 16.3.1942, zit. bei: Romijn, Burgemeesters in oorlogstijd, S. 452. _55 Frank A. M. van Riet, Handhaven onder de nieuwe orde. De politieke geschiedenis van de Rotterdamse politie tijdens de Tweede Wereldoorlog, Rotterdam 2008, S. 234 ff.; Bart van der Boom, Den Haag in de Tweede Wereldoorlog, Den Haag 1995, S. 163 f.; Guus Meershoek Dienaren van het gezag. De Amsterdamse politie tijdens de bezetting, Amsterdam 1999, S. 232-237. _56 Romijn, Burgemeesters in oorlogstijd, S. 457-460. _57 Bart van der Boom, Wij weten niets van hun lot. Gewone Nederlanders en de Holocaust, Amsterdam 2012, S. 415. _58 Bauman, Modernity and the Holocaust, S. 118. _59 De Jong, Het Koninkrijk, Bd. VI, S. 226-233, 272 f.; J. Th. M. Houwink ten Cate, Het Jongere Deel. Demografische en sociale kenmerken van het jodendom in Nederland tijdens de vervolging, in: Oorlogsdocumentatie I, Zutphen 1989, S. 16-35. _60 Hirschfeld, Niederlande, S. 153 ff. _61 Geraldien von Frijtag Drabbe Künzel, Het geval Calmeyer, Amsterdam 2008. _62 Jaap F. Cohen, De onontkoombare afkomst van Eli d'Oliveira. Een Portugees-Joodse familiegeschiedenis, Amsterdam 2015, S. 364-454. _63 De Jong, Het Koninkrijk, Bd 6, S. 305-315, schätzt die Anzahl der von Calmeyer geretteten Menschen auf ungefähr 3000; dazu auch Herzberg, Kroniek, S. 179-184; pro Calmeyer: Peter Niebaum, Ein Gerechter unter den Völkern. Hans Calmeyer in seiner Zeit (1903-1972), Osnabrück 2001; Mathias Middelberg, »Wer bin ich, dass ich über Leben und Tod entscheide?«. Hans Calmeyer – »Rassereferent« in den Niederlanden 1941-1945, Göttingen 2015; contra Calmeyer: C. J. F. Stuldreher, De legale rest. Gemengd gehuwde joden onder de Duitse bezetting, Amsterdam, 2007; contra Von Frijtag: Ruth van Galen-Hermann, Calmeyer: dader of mensenredder? Visies op Calmeyer's rol in de jodenvervolging, Soesterberg, 2009. _64 Hans Schippers, De Westerweelgroep en de Palestinapioniers. Non-conformistisch verzet in de Tweede Wereldoorlog, Hilversum 2015. _65 Agnes Dessing, Tulpen voor Wilhelmina. De geschiedenis van de Engelandvaarders, Amsterdam, 2004, S. 208 f.; Joseph Michman/Hartog Beem/Dan Michman, Pinkas. Geschiedenis van de joodse gemeenschap in Nederland, Amsterdam 1985, S. 204; sie schätzen die Zahl der ins Ausland entkommenen niederländischen Juden auf 2700. _66 Marjolein J. Schenkel, De Twentse Paradox. De lotgevallen van de joodse bevolking van Hengelo en Enschede tijdens de Tweede Wereldoorlog, Zutphen 2003, S. 85-89. Laut Schenkel überlebten in Enschede 634 Juden und damit mehr als die Hälfte der 1203 jüdischen Bewohner zum Zeitpunkt des Kriegsbeginns; ebenda, S. 94. _67 Bert Jan Flim, Saving the Children. History of the Organized Effort to Rescue Jewish Children in The Netherlands 1942-1945, Bethesda, MD, 2005. _68 Blom, Vervolging van joden, S. 144. _69 Croes/Tammes, Gif laten wij niet voortbestaan, S. 195. _70 De Jong, Het Koninkrijk, Bd. 7, S. 718-728; Ben Braber, This cannot happen here. Integration and Jewish Resistance in the Netherlands 1940-1945, Amsterdam 2013, S. 146 f. _71 Ben Braber, Zelfs als wij zullen verliezen. Joods verzet en illegaliteit 1940-1945, Amsterdam 1990, S. 82-90, 142; ders., This cannot happen here. Integration and Jewish Resistance in the Netherlands 1940-1945, Amsterdam 2013, S. 121 ff.; Croes/Tammes, Gif laten wij niet voortbestaan, S. 195. _72 De Jong, Het Koninkrijk, Bd. 8, S. 755; J. Schelvis,Vernietigingskamp Sobibor, Amsterdam 1993, S. 223; Croes en Tammes, Gif laten wij niet voortbestaan, S. 194 f. _73 Ad van Liempt, Kopgeld. Nederlandse premiejagers op zoek naar joden 1943, Amsterdam 2002. _74 Eva Moraal, Als ik morgen niet op transport ga ... Kamp Westerbork in beleving en herinnering, Amsterdam 2014, S. 350 f. _75 Marieke Meeuwenoord, Het hele leven is hier een wereld op zichzelf. De Geschiedenis van Kamp Vught, Amsterdam, 2014, S. 108; Coenraad J. F. Stuldreher, Deutsche Konzentrationslager in den Niederlanden, in: Wolfgang Benz/Barbara Distel (Hg.), Dachauer Hefte. Studien und Dokumente zur Geschichte der nationalsozialistischen Konzentrationslager, Bd. V: Die vergessenen Lager, München 1989 S. 141-173; zu Vught S. 152-161. _76 NIOD Instituut voor Oorlogs-, Holocaust-, en Genocide Studies Amsterdam: Dr. H. O. Ottenstein, Lager: Westerbork. Een persoonlijk verslag (eingeliefert 1946), S. 97 f. _77 B. de Munnick, Uitverkoren in uitzondering? Het verhaal van de Joodse »Barneveldgroep« 1942-1945, Barneveld 1992; Presser, Ondergang, Bd 1, S. 437 ff.; Romijn, Burgemeesters in oorlogstijd, S. 405. _78 Ph. Mechanicus, In depot. Dagboek uit Westerbork, Amsterdam 1964. _79 Willy Lindwer, Kamp van hoop en wanhoop Getuigen van Westerbork 1939-1945, Amsterdam 1990, S. 109; De Jong,

Het Koninkrijk, Bd. 8, Gevangenen en gedeporteerden, Den Haag 1978, S. 722f., 750. _80 Moraal, Als ik morgen niet op transport ga ..., S. 170f. _81 Mechanicus, In depot, S. 88. _82 E. Hillesum, Het denkend hart van de barak. Brieven van Etty Hillesum, Haarlem 1982, S. 94-100. _83 Koker, Dagboek geschreven in Vught, S. 98-101. _84 Lindwer, Kamp van hoop en wanhoop, S. 80. _85 Jules Schelvis, Vernietigingskamp Sobibor, Amsterdam 1993, S. 70. _86 Eugen Kogon u. a., Nationalsozialistische Massentötungen durch Giftgas. Eine Dokumentation, Frankfurt am Main 1983, S. 212. _87 Schelvis, Vernietigingskamp Sobibor, S. 184f. _88 Blom, Vervolging van de Joden in Nederland, S. 148. _89 Ebenda. _90 I. Trunk, Jewish responses to Nazi Persecution. Collective and Individual Behaviour in Extremis, New York 1979, S. 10-14; Ab Caransa, Verzamelen op het Transvaalplein. Ter nagedachtenis van het Joodse proletariaat van Amsterdam Baarn 1984, S. 24f. _91 Ido de Haan, An Unresolved Controversy. The Jewish Honor Court in the Netherlands, 1946-1950, in: L. Jokusch/G. N. Finder (Hg.), Jewish Honor Courts. Revenge, Retribution, and Reconciliation in Europe and Israel after the Holocaust, Detroit 2015, S. 105-136. _92 De Wolff, Geschiedenis der Joden in Nederland, S. 42; Wielek, De oorlog die Hitler won, S. 108. _93 Pim Griffioen/Ron Zeller, Jodenvervolging in Nederland, Frankrijk en België 1940-1945. Overeenkomsten, verschillen, oorzaken, Amsterdam 2011, Kapitel 13: Bezetters, S. 395-455. _94 Herzberg, Kroniek, S. 322ff. _95 Blom, De vervolging van joden in Nederland, S. 149. _96 Schlussfolgerungen bei Griffioen/Zeller, Jodenvervolging in Nederland, Frankrijk en België 1940-1945, Kapitel 16, S. 637-686.

4. Kriegsende und Nachkriegszeit

_1 Remco Campert, Niet te geloven, in: ders., Dit gebeurde overal, Amsterdam 1962, S. 30. _2 Zum Kontext vgl. Ian Buruma, '45. Die Welt am Wendepunkt, München 2014. _3 Ebenda, S. 24f. _4 F. J. J. Buytendijk, De vitale uitingen der bevrijding, in: Rijksuniversiteit Groningen, De reactie van ons volk op de bevrijding, Groningen, Batavia 1946, S. 60. _5 Nele K. Beyens, Overgangspolitiek. De strijd om de macht in Nederland en Frankrijk na de Tweede Wereldoorlog, Amsterdam 2009. _6 Widerstandzeitung *Trouw* (März 1944), zit. in: Jack Kooistra (u. a.) (Hg.), Represailles in Nederland. Gewapend verzet en bloedige wraak 1940-1945, Grou 2014, S. 95. _7 Romijn, Burgemeesters in oorlogstijd, S. 514f. _8 Ebenda, S. 580. _9 Ebenda, S. 588ff. _10 Beijens, Overgangspolitiek, S. 91. _11 De Jong, Het Koninkrijk, Bd. 9, S. 1453-1467; Fasseur, Wilhelmina, S. 486-492. _12 Hans Daalder, Gedreven en behoedzaam: Willem Drees 1886-1988. De jaren 1940-1948, Amsterdam 2003, S. 161 ff. _13 So J. G. de Beus, zit. in: De Jong, Het Koninkrijk, Bd. 9, Londen, S. 1361. _14 Daalder, Gedreven en Behoedzaam: Willem Drees, S. 196. _15 Für die niederländischen Gebiete bekanntgegeben am 16.5.1944; vgl. Harry L. Coles/Albert K. Weinberg, U. S. Army in World War II Special Studies, Civil Affairs: Soldiers become Governors, Washington, D. C., 1986, S. 660, 822. _16 H. W. Sandberg, Witboek van de Grote Advies-Commissie der Illegaiteit, Amsterdam 1950, S. 21 _17 Telegramm der Regierung an die nationalen Wiederstandsgruppen, 8.6.1944, in: ebenda, S. 21. _18 Verordnungsblatt VO 15/1944 vom 4. September 1944. _19 Hans Mommsen, Cumulative radicalisation and progressive self-destruction as structural determinants of the Nazi-dictatorship, in: Ian Kershaw/Moshe Lewin (Hg.), Stalinism and Nazism. Dictatorships in Comparison, Cambridge 1977, S. 75-87. _20 »Niedermachungsbefehl«, in: NIOD Amsterdam, Akte 249-0557. _21 Romijn, Burgemeesters in oorlogstijd, S. 508 f. _22 Ingrid J.J. de Zwarte, ›Voedsel, spoedig en radicaal!‹. Voedseldistributie en hulpverlening in Amsterdam, Eindhoven en Groningen tijdens de Hongerwinter, 1944-1945, Masterarbeit, Universität Amsterdam, 2013. _23 Romijn, Burgemeesters in oorlogstijd, S. 590. _24 Ingrid de Zwarte, Coordinating Hunger, S. 132-135. _25 Romijn, Burgemeesters in oorlogstijd, S. 591. _26 Herman de Liagre Böhl/Guus Meershoek, De bevrijding van Amsterdam. Een strijd om macht en moraal, Zwolle, Amsterdam 1989, S. 55-62. _27 De Zwarte, Coordinating Hunger, S. 144-147. _28 Korrespondenz zwischen den Vertrauensmännern und der Widerstandsführung, Mai 1945, veröffentlicht in: Sandberg, Witboek van de GAC, S. 96-99. _29 Ebenda, S. 116. _30 Romijn, Snel, Streng en Rechtvaardig, S. 51. _31 Zit. in ebenda, S. 51. _32 Adriaan F. Manning, »Het bevrijde zuiden«. Kanttekeningen bij het historisch onderzoek, in: Peter W. Klein/Gees N. van der Plaat (Hg.), Herrijzend Nederland. Opstellen over Nederland in de periode 1945-1950, Den Haag 1981, S. 17. _33 Fasseur, Wilhelmina, S. 456. _34 Romijn, Snel, streng en rechtvaardig, S. 53. _35 Ebenda, S. 58. _36 Madelon de Keizer, Het Parool 1940-1945. Verzetsblad in oorlogstijd, Amsterdam 1991, S. 534. _37 Martin Bossenbroek/Gerard Nijssen/Erik Willems, Oranjebitter. Nederland Bevrijd, Zwolle, Den Haag 2010, S. 26 ff. _38 V: Oorlogswetten (1944-1986), in: Martin Bossenbroek, De Meelstreep. Terugkeer en opvang na de Tweede Wereldoorlog, Amsterdam 2001, S. 367-452. _39 Regina Grüter, Strijd om gerechtigheid. Joodse verzekeringstegoeden en de Tweede Wereldoorlog, Amsterdam 2015; Hinke Piersma/Jeroen Kemperman, Openstaande rekeningen. De gemeente Amsterdam en de gevolgen van roof en rechtsherstel 1945-1950, Amsterdam 2015. _40 Klemann, Nederland 1938-1948, S. 486 f. _41 De Jong, Het Koninkrijk, Bd. 10, B 2,

Het laatste jaar, S. 1443 ff. _42 Klemann, Nederland 1938-1948, S. 574 f. _43 Ebenda, S. 301 f. _44 Zit. in: Romijn, Burgemeesters in oorlogstijd, S. 601. _45 Trouw: ›Bevrijdingsnummer‹, S. 1 ff., in: Trouw Een ondergrondse krant. Heruitgave van alle Trouw-nummers uit de Tweede Wereldoorlog, Kampen 1978. _46 Martin Conway, The Sorrows of Belgium. Liberation and Political Reconstruction, 1944-1947, Oxford 2012, S. 66. _47 Peter Romijn, »Liberators and Patriots«. Military Interim Rule and the Politics of Transition in the Netherlands, 1944-1945, in: Stefan-Ludwig Hoffmann/Sandrine Kott/Peter Romijn/Olivier Wieviorka (Hg.), Seeking Peace in the Wake of War. Europe 1943-1947, Amsterdam 2015, S. 140. _48 Romijn, Snel, streng en rechtvaardig, S. 90. _49 Ebenda, S. 256 f. _50 Ebenda, S. 256. _51 Ebenda, S. 56 f. _52 Ebenda, S. 294. _53 Van Maarseveen an GAC, 22. August 1946, zit. in: Romijn, Snel, streng en rechtvaardig, S. 158. _54 Ebenda, S. 156-160 _55 Gerard Mulder/Paul Koedijk, H. M. van Randwijk. Een biografie, Amsterdam 1988, S. 713 f. _56 Romijn, Snel, streng en rechtvaardig, S. 29. _57 Vermerk des MG, zit. in: Helen Gevers, Van landverraders tot goede vaderlanders. De opsluiting van collaborateurs in Nederland en België, 1944-1950, Amsterdam 2013, S. 63. _58 Tweede Kamer der Staten-Generaal, Den Haag, Enquete Commissie Regeringsbeleid 1940-1945, Bd. 5-A, S. 527. _59 Frans F. J. M. Duynstee in der Zeitung *Het Binnenhof*, zit. in: Romijn, Snel, streng en rechtvaardig, S. 54. _60 Statististische Daten des Justizministeriums, zit. in: Romijn, Snel, streng en rechtvaardig, S. 212. _61 Rijksinstituut voor Oorlogsdocumentatie, Amsterdam, Het proces-Mussert, Den Haag 1948, S. 73. _62 Harald Fühner, Nachspiel. Die niederländische Politik und die Verfolgung von Kollaborateuren und NS-Verbrechern, 1945-1989, Münster u. a. 2005. _63 Foray, Visions of Empire, S. 152 f. _64 Beijens, Overgangspolitiek, S. 217 ff. _65 Ebenda, S. 222-231. _66 Jan Th. M. Bank, Opkomst en ondergang van de Nederlandse Volksbeweging (NVB), Deventer 1978. _67 J. C. H. Blom, Jaren van tucht en ascese. Enige beschouwingen over de stemming in Herrjzend Nederland (1945-1950), in: Klein/Van der Plaat (Hg.), Herrijzend Nederland, S. 128.

5. Krieg in Übersee

_1 David B. Abernathy, The Dynamics of Global Dominace. European Overseas Empires 1415-1980 New Haven, London 2000, S. 143 f. _2 Raymond F. Betts, Decolonization, New York, 2. Aufl., London 2004, S. 28. _3 Martin Shipway, Decolonization and its Impact. A Comparative Approach to the End of the Colonial Empires, Oxford 2008, S. 87 ff. _4 Abgedruckt in: De Jong, Het Koninkrijk,

Bd. 9, S. 1108. _5 J. J. P. de Jong, Avondschot. Hoe Nederland zich terugtrok uit zijn Aziatisch imperium, Amsterdam 2011, S. 10-14. _6 Elly Touwen-Bouwsma, De Indonesische nationalisten en de oorlog met Japan: houding en reacties, in: Petra Groen/Elly Touwen-Bouwsma (Hg.), Nederlands-Indië 1942. Illusie en ontgoocheling, Den Haag 1992, S. 59. _7 De Jong, Het Koninkrijk, Bd. 11B: Nederlands-Indië 2, Leiden 1985, S. 602-605. _8 H. P. Willmott, Empires in the Balance. Japanese and Allied Pacific Strategies to April 1942, London, Annapolis 1982, S. 266. _9 Eveline M. J. M. Buchheim, Passie en missie. Huwelijken van Europeanen in Nederlands-Indië en Indonesië, 1920-1950, Diss., Universiteit van Amsterdam 2009, S. 97. _10 De Jong, Het Koninkrijk, Bd. 11A: Nederlands-Indië, 1, Leiden 1984, S. 730. _11 Zit. in: J. J. Nortier, De landstrijdkrachten van het KNIL, in: Groen/Touwen-Bouwsma (Hg.), Nederlands-Indië 1942. Illusie en ontgoocheling, Den Haag 1992, S. 95. _12 http://www.niod.nl/nl/vraag-en-antwoord/japanse-bezetting-pacific-oorlog-en-indonesische-onafhankelijkheidsstrijd (6.4.2016). _13 Christopher Bayly/Tim Harper, Forgotten Wars. The End of Britain's Asian Empire, London 2007, S. 162. _14 Ebenda, S. 164. _15 Jan Bouwer, Het vermoorde land, Franeker 1988. _16 Ebenda, 11. August 1945, S. 371. _17 Ebenda, 23. September 1945, S. 404. _18 Hubrecht Willem van den Doel, Afscheid van Indië. De val van het Nederlandse imperium in Azië, Amsterdam 2001, S. 86f. _19 Bayly and Harper, Forgotten Wars, S. 158-188. _20 »World Assembly to Enforce Peace«, in: The Times (London), 24.11.1945, S. 4. _21 Bayly and Harper, Forgotten Wars, S. 180f. _22 William H. Frederick, The Killing of Dutch and Eurasians in Indonesia's national revolution (1945-1949). A »brief genocide« reconsidered, in: Bart Luttikhuis/Dirk A. Moses (Hg.), Colonial Counterinsurgency and Mass Violence, London, New York 2014, S. 133 ff. _23 Herman Th. Bussemaker, Bersiap! Opstand in het paradijs. De Bersiap-periode op Java en Sumatra 1945-1946, Zutphen 2005. _24 Frederick, The Killing, S. 143 f. _25 Ebenda; Bussemaker, Bersiap!, S. 331, 342. _26 Tom van den Berge, H. J. van Mook. Een vrij en gelukkig Indonesië, Bussum 2014, S. 204 f. _27 Van den Doel, Afscheid van Indië. De val van het Nederlandse imperium in Azië, Amsterdam 2001, S. 130 ff. _28 Verslag van de raad voor oorlogvoering op 10 augustus 1945; in: Simon L. van der Wal (Hg.) Officiële Bescheiden betreffende de Nederlands-Indonesische betrekkingen, 1945-1950, Bd. 1, Den Haag 1971, Nr. 7. _29 »Hirohito beveelt: Staakt de vijandelijkheden«, in: Het Vrije Volk, 17.8.1945, S. 1. _30 Foray Visions of Empire, S. 284 f. _31 Ebenda, S. 238 f. _32 Joop J. P. de Jong, De terugtocht. Nederland en de dekolonisatie van Indonesië, Amsterdam 2015, S. 37; Van den Berge, H. J. van Mook, S. 207. _33 L. G. W. van den Vrande M. S. C., Ons groot avontuur. Met 2-14 RI Bataljon ›Zeeland‹ naar Indië, Tilburg 1948,

S. 77 f. _34 T. Kingma, Friesland was hier 1-9 RI bataljon Friesland, Leeuwarden 1948, S. 49; Stef Scagliola, Last van de oorlog. De Nederlandse oorlogsmisdaden in Indonesië en hun verwerking, Amsterdam 2002, S. 44-47. _35 Sytze van der Zee, Harer Majesteits loyaalste onderdaan. François van 't Sant, Amsterdam 2015. _36 J. J. P. de Jong, Terugtocht, S. 47. _37 Ebenda, S. 94. _38 Ebenda, S. 133 f. _39 Douwe J. Elzinga/Gerrit Voerman, Om de stembus. Verkiezingsaffiches 1918-1998, Amsterdam, Antwerpen 2002, S. 92-103. _40 Jaap A. de Moor, Generaal Spoor. Triomf en tragiek van een legercommandant Amsterdam 2011, S. 342 f. _41 Dirk U. Stikker, Memoires. Herinneringen uit de lange jaren waarin ik betrokken was bij de voortdurende wereldcrisis, Rotterdam, Den Haag, 1966, S. 131. _42 Kingma, Friesland was hier, S. 7. _43 Ebenda, S. 12 _44 Parlementaire Enquete Regeringsbeleid, Bd. 5B, Anlage 153. _45 J. H. Sillevis Smit, Demobilisatie-studiedag van de Nationale federatie voor Geestelijke Volksgezondheid, Den Haag 1947, S. 15 f. _46 Rundschreiben des Chef-Staf Koninklijke Landmacht vom 11.2.1946 und vom 14.3.1946, in: Nationaal Archief Den Haag, Archief Ministerie van Defensie, Inventar Nr. 2.12.46/47. _47 Kingma, Friesland, S. 9. _48 Ebenda, S. 34. _49 Zit. in: De Jong, Het Koninkrijk, Bd. 12: Epiloog Leiden 1988, S. 824. _50 Ebenda, S. 825 f. _51 Tagesbefehl des Generals Spoor vom 21.7.1947 in: Nationaal Archief, Den Haag, Archief Algemene Secretarie Batavia, Inventar Nr. 3741. _52 »Verslag over het 2^E kwartaal 1949, 4^E Bat. Regt. Stoottroepen, Sumatra's Westkust«, in: Nationaal Archief Den Haag, Archief Ministerie van Defensie, Inv. Nr. 3236. _53 Henk Jongen, Agent in Indië, Dagboekbreven van en MP'er (1949-1950), Zutphen 2007, S. 123. _54 Gert Oostindie, Soldaat in Indonesië 1945-1950. Getuigenissen van een oorlog aan d everkeerde kant van de geschiedenis Amsterdam 2015. _55 Christian Gerlach, Extremely Violent Societies. Mass Violence in the Twentieth-Century World, Cambridge 2010, S. 200-213, 233 f. _56 Peter Romijn, Learning on »the Job«. Dutch war volunteers entering the Indonesian war of independence, 1945-1946, in: Luttikhuis/Moses (Hg.), Colonial Counterinsurgency, S. 97. _57 Ebenda, S. 100. _58 [Ministerie van Oorlog, Legervoorlichtingsdienst, Batavia]: Lichtspoor, [Juli] 1947. _59 Petra Groen, Colonial warfare and military ethics in the Netherlands East Indies, 1816-1941, in: Luttikhuis/Moses (Hg.), Colonial Counterinsurgency, S. 39. _60 Wouter Benedek, Schoon schip. Hybride oorlogvoering van de Nederlandse krijgsmacht in de dekolonisatie van Nederlands-Indië, B. A.-Arbeit, Universität Amsterdam 2015. _61 Rémy Limpach, Business as usual. Dutch mass violence in the Indonesian war of independence 1945-49, in: Luttikhuis/Moses (Hg.), Colonial Counterinsurgency, S. 85. _62 Rémy Limpach, De brandende kampongs van general Spoor, Amsterdam 2016. _63 Kevin Johm Heller, The Nuremberg

Military Tribunals and the Origins of International Criminal Law, Oxford 2012, S. 202 _64 De Excessennota – Nota betreffende het archiefonderzoek naar de gegevens omtrent excessen in Indonesië begaan door Nederlandse militairen in de periode 1945-1950 [Ingeleid door Jan Bank], Den Haag 1995, S. 82 _65 Jacques A. A. van Doorn/ Wim J. Hendrix, Ontsporing van geweld. Het Nederlands-Indonesisch Conflict, 4. Aufl., Zutphen 2012, S. 302. _66 Limpach, Brandende kampongs, S. 306 ff. _67 Peter Romijn, Myth and Understanding. Recent Controversy about Dutch Historiography on the Netherlands-Indonesian Conflict, in: Robert S. Kirshner (Hg.), The Low Countries and Beyond, Lanham, New York, London 1993, S. 219-231. _68 Stathis N. Kalyvas, The Logic of Violence in Civil War, New York, 2006, S. 388-392. _69 Eén [Zeitung des kommunistischen Jugendverbandes ANJV], April 1947; Leo Molenaar, Nooit op de knieën: Marcus Bakker (1923-2009): Communist en Parlementariër, Amsterdam 2015; Urteil der Militärgerichtsbarkeit, zit. in: De Gooi – en Eemlander, 17.11.1948. _70 Bericht Felderhof für Van Mook vom 27.1.1947, in: S. L. van der Wal (Hg.), Officiële bescheiden betreffende de Nederlands-Indonesiche betrekkingen 1945-1950, Bd. 7, Den Haag 1978, Nr. 76, S. 253. _71 Berichte des General Spoor, 1946-48, in: Nationaal Archief Den Haag: Archief Algemene Secretarie Batavia, 1942-1950, Akte Nr. 3769. _72 Niederländisch-Indonesisches Abkommen vom 3. November 1949, in: Bank (Hg.), De Excessennota, Nr. 10, S. 157 f. _73 Hans Daalder, Willem Drees 1886-1988. Vier jaar nachtmerrie – De Indonesische kwestie, Amsterdam 2004, S. 396. _74 J. J. P. de Jong, De terugtocht., S. 300. _75 Daalder, Drees – De Indonesische kwestie, S. 397. _76 Mavis Rose, Indonesia Free. A Political Biography of Muhammad Hatta, Ithaca, New York 1987, S. 162 _77 Remco Raben, Hoe wordt men vrij? De lange dekolonisatie van Indonesië, in: Els Bogaerts/Remco Raben (Hg.), Van Indië tot Indonesië, Amsterdam 2007, S. 13. _78 Piet de Rooy, Ons stipje op de waereldkaart. De politieke cultuur van modern Nederland in de negentiende en twintigste eeuw Amsterdam 2014, S. 298 f. _79 Stikker, Memoires, S. 132 _80 Friso Wielenga, West-Duitsland. Partner uit Noodzaak. Nederland en de Bondsrepubliek 1949-1955, Utrecht 1989, S. 525 f. _81 Anthonie P. de Graaff, De heren worden bedank. Met het vergeten leger in Indië, 1945-1950, Franeker 1986.

6. Das lange Nachspiel des Krieges

_1 Vrij Nederland, 31.12.1949, zit. in: Paul Koedijk/Gerard Mulder, H. M. van Randwijk. Een biografie, Amsterdam 1988, S. 647. _2 Ebenda, S. 647. _3 Martin Shipway, Decolonization and its Impact. A

Comparative Approach to the End of the Colonial Empires, Malden, MA, Oxford 2008, S. 87 f. _4 Elizabeth Buettner, Europe after Empire. Decolonization, Society, and Culture, Cambridge 2016, S. 38 f. Der Minister für die Überseegebiete, Johannes H. van Maarseveen, sprach am 8.12.1949 von »konstruktiven Elementen«; in: Verslag van de Handelingen der Tweede Kamer (Akten der Zweiten Kammers des niederländischen Parlaments), Jahrgang 1949-1950, S. 1478. _5 Ebenda. _6 Ebenda. _7 Eric Hobsbawm, Age of Extremes. The Short Twentieth Century 1914-1991, London 1994. _8 Ernst Nolte, Der europäische Bürgerkrieg, 1917-1945. Nationalsozialismus und Bolschewismus, Frankfurt am Main 1987; Stanley G. Payne, Civil War in Europe, 1905-1949, Cambridge 2011. _9 Kaat Wils u.a., Forum: Commemorating War 100 Years after the First World War, in: The Low Countries Historical Review, Volume 131, 3/2016, S. 74-109. _10 Ido de Haan, Imperialism, Colonialism and Genocide, in: Klaas van Berkel/Leonie de Goei (Hg.), The International Relevance of Dutch History. Special issue of The Low Countries Historical Review, Vol. 125, 1, 2-3, 2010, S. 301-327. _11 Peter Romijn, Reichskommissariat Niederlande oder Gau Westland?, in: Johannes Bähr/Ralf Banken (Hg.), Das Europa des »Dritten Reichs«. Recht, Wirtschaft, Besatzung, Frankfurt am Main 2005, S. 123-140. _12 Martin Conway/ Peter Romijn (Hg.), The War on Legitimacy in Politics and Culture, Oxford 2008. _13 Freek Colombijn, Under Construction. The Politics of Urban Space and Housing during the Decolonization of Indonesia, 1930-1960, Leiden 2010, S. 77-80. _14 Jan Romein, Nieuw Nederland. Algemene beginselen ener hervorming in hoofd en leden, Amsterdam 1945, S. 34. _15 »Ten Geleide«, in: Nationaal 5-Mei Comité – Den Haag (Hg.), Herrezen Nederland 1945-1955, S. 7. _16 Ebenda, S. 51-55. _17 Hans Daalder, De Tweede Wereldoorlog en de binnenlandse politiek, in: D. Barnouw/M. De Keizer/G. P. van der Stroom (Hg.), 1940-1945: Onverwerkt verleden? Lezingen van het symposium georganiseerd door het Rijksinstituut voor Oorlogsdocumentatie, 7 en 8 mei 1985, Utrecht 1985, S. 27-44, Zitat auf S. 27. _18 De Jong, Het Koninkrijk, Bd. 12, Epiloog, S. 250-255; Fasseur, Wilhelmina, S. 517. _19 De Jong, Het Koninkrijk, Bd. 6, Juli '42 - Mei '43, S. 162. _20 Ton Zwaan, Civilisering en decivilisering. Studies over staatsvorming en geweld, nationalisme en vervolging, Amsterdam 2001, S. 373 ff. _21 Vrij Nederland, zitiert in: Bert Bakker u.a., Visioen en werkelijkheid. De illegale pers over de toekomst der samenleving, Den Haag 1963, S. 104. _22 Romijn, Snel, streng en rechtvaardig, S. 243. _23 Henk Schulte Nordholt, A Geneology of Violence in Indonesia, in: Freek Colombijn/J. Thomas Lindblad (Hg.), Roots of Violence in Indonesia. Contemporary Violence in Historical Perspective, Leiden 2002, S. 33-61. _24 Jacques A.A. van Doorn, Nederlandse democratie. Historische en sociologische waarnemingen, hg. v. Jos de Beus und Piet de Rooy, Amsterdam 2009, S. 411. _25 Entwurf Anfang 1945, in: Nationaal Archief Den Haag: Inventar Nummer 2.05.117.6655, Archiv Ministerie van Buitenlandse Zaken, UNWCC. _26 Koll, Arthur Seyß-Inquart, S. 577-617. _27 August D. Belinfante, In plaats van bijltjesdag. De geschiedenis van de bijzondere rechtspleging na de Tweede Wereldoorlog, Assen 1978, S. 495. _28 Christian Ritz, Schreibtischtäter vor Gericht. Das Verfahren vor dem Münchener Landgericht wegen der Deportation der niederländischen Juden (1959-1957), Paderborn 2012, S. 60. _29 Harald Fühner, Nachspiel. Die niederländische Politik und die Verfolgung von Kollaborateuren und NS-Verbrechern, 1945-1989, Münster 2005. _30 Romijn, Snel, streng en rechtvaardig, S. 246; Christiaan F. Rüter, Enkele aspecten van de strafrechtelijke reactie op oorlogsmisdaden en misdaden tegen de menselijkheid, Amsterdam 1973, S. 370. _31 Yuma Totani, The Tokyo War Crimes Trial. The Pursuit of Justice in the Wake of World War II, Cambridge, MA, 2008. _32 Bericht K. de Weerd vom 23.8.1946, in: NIOD, Amsterdam, Indische Collectie 40, 09.2.10, Nr. 731. _33 Lambertus van Poelgeest, Nederland en het Tribunaal van Tokio. Volkenrechtelijke polemiek en internationale politiek rond de berechting en gratiëring van de Japanse oorlogsmisdadigers, Arnhem 1989. _34 Aufzeichnungen vom 22. Februar 1947, in: Van der Wal (Hg.), De Nederlands-Indonesische betrekkingen, Bd. 7, Nr. 194, S. 534. _35 Vermerk Van Mook vom 30. Januar 1947, in: ebenda, Nr. 93, S. 284. _36 Notiz vom 1. Februar 1947, in: ebenda, Nr. 105, S. 303. _37 Pressespiegel zu niederländischen Kriegsverbrechen bei: Bank (Hg.), De Excessennota, S. 254 ff. _38 Stef Scagliola, Cleo's »unfinished business«. Coming to terms with Dutch war crimes in Indonesia's war of Independence, in: Littikhuis/Moses (Hg.), Colonial Counterinsurgency, S. 244-247. _39 F. van der Veen, Het optreden van de Nederlandse en republikeinse strijdkrachten, in: De Jong, Het Koninkrijk, Bd. 12, Epiloog, S. 1134-1148. _40 Wulf Kansteiner, Losing the War, Winning the Memory Battle. The Legacy of Nazism, World War II, and the Holocaust in the Federal Republic of Germany, in: Richard Ned Lebow u. a. (Hg.), The Politics of Memory in Postwar Europe, London, Durham, NC, 2006, S. 102-146. _41 Conny Kristel, De oorlog van anderen. Nederlanders en oorlogsgeweld, 1914-1918, Amsterdam 2016, S. 271 f. _42 Bart Tromp, De ontwikkeling van internationale verhoudingen, in: Hans Daalder u. a. (Hg.), De draagbare Tromp. Geschriften van een intellectuele glazenwasser, Amsterdam 2010, S. 159. _43 De waarheid, März 1949, zit. in: Jolande Withuis, Na het kamp. Vriendschap en politieke strijd, Amsterdam 2005, S. 139. _44 Wielenga, West-Duitsland, S. 62. _45 Ebenda, S. 109. _46 Hans Meijer, Indische rekening. Indië, Nederland en de backpay-kwestie 1945-2005, Amsterdam 2005, S. 155 ff. _47 Robin J. de Bruin, Elastisch Europa. De integratie van Europa en de Nederlandse politiek, 1947-1968, Amsterdam 2014, S. 88-102. _48 Alan S. Milward/George Brennan/Frederico Romero, The European Rescue of the Nation-State, London 1992, S. 3. _49 De Bruin, Elastisch Europa, S. 87-115. _50 Van Doorn, De vormkracht van het verleden, in: Nederlandse democratie, S. 261. _51 Rimko van der Maar/Hans Meijer, Herman van Roijen (1905-1991). Een diplomaat van klasse, Amsterdam 2013, S. 376. _52 Vgl. www.niod.knaw.nl/en/srebrenica-report. _53 Boudewijn J. Smits, Loe de Jong 1914-2005. Historicus met een missie, Amsterdam 2014. _54 Johannes C. H. Blom, In de ban van goed en fout. Geschiedschrijving over de bezettingstijd in Nederland, 3. Aufl., Amsterdam 2007, S. 122. _55 Pieter Lagrou, The Legacy of Nazi Occupation. Patriotic Memory and National Recovery in Western Europe, 1945-1965, Cambridge 1999. _56 Van Doorn, De vormkracht van het verleden, in: Nederlandse democratie, S. 261. _57 Andreas Fahrheimer, Citizenschip. The Rise and Fall of a Modern Concept, New Haven, London 2007, S. 166-202. _58 Withuis, Na het kamp, S. 145-149. _59 Frank van Vree, De dynamiek van de herinnering. Nederland in een internationale context, in: Frank van Vree/Rob van der Laarse, De dynamiek van de herinnering. Nederland en de Tweede Wereldoorlog in een internationale context, Amsterdam 2009, S. 17-40. _60 De Jong, Het Koninkrijk, Bd. 12, Epiloog, S. 50-67; Romijn, Snel, streng en rechtvaardig, S. 261-265. _61 Hinke Piersma, Bevochten recht. Politieke besluitvorming rond de wetten voor oorlogsslachtoffers, Amsterdam 2010. _62 Ebenda, S. 272 f. _63 Ismee Tames, Stichting 1940-1945 en »bijzondere solidariteit« Rede, Amersfoort 2015, www.st4045.nl/sites/default/files/domain-18/documents/jubileum_i_tames-18-14460280991046440410.pdf. _64 Romijn/Schumacher, Transitional Justice in the Netherlands, S. 162 ff. _65 Volker Berghahn, Europe in the Era of Two World Wars. From Militarism and Genocide to Civil Society 1900-1950, Princeton, Oxford 2006, S. 3. _66 Peter Romijn, Kein Raum für Ambivalenzen. Der Chef der niederländischen inneren Verwaltung K. J. Frederiks, in: Gerhard Hirschfeld/Tobias Jersak (Hg.), Karrieren im Nationalsozialismus. Funktionseliten zwischen Mitwirkung und Distanz, Frankfurt am Main 2004, S. 147-171. _67 Romijn/Schumacher, Transitional Justice in the Netherlands, S. 164. _68 So Premierminister Wim Kok, zit. in: Manfred Gerstenfeld, Judging the Netherlands, in: NRC-Handelsblad, 4.1.2012. _69 Ruti G. Teitel, Humanity's Law, Oxford, New York 2011. _70 So Außenminister Bernard Bot am 15. August 2005, www.novatv.nl/page/detail/nieuws/532/Volledige+toespraak+van+minister+Ben+Bot.

Zeitgeschichte in den Niederlanden

Ein Gespräch über Erinnerungskultur, Geschichtspolitik und Auftragsforschung

Herr Romijn, der erste Satz Ihrer Doktorarbeit von 1989 lautet: »Dieses Buch fragt mit der Neugier eines 1955 geborenen Mitglieds der Nachkriegsgeneration nach der Art und Weise, wie mit den deutschen Besatzern und ihren niederländischen Handlangern abgerechnet wurde.« Wie ist dieses Interesse des Spätgeborenen zu erklären? Gab es in Ihrer Biographie Personen oder Ereignisse, die diese Neugier weckten?

Ich glaube, wenn Sie sagen »Spätgeborener«, dann bin ich meines Erachtens auch irgendwie zugleich ein »Frühgeborener«. Denn als Zeithistoriker habe ich immer das Gefühl gehabt, diese Zeitgeschichte sei in meinem Leben stets ganz nah und daher auch meine Zeit. Dieses Bewusstsein hat grundsätzlich meine Neugier genährt. Zugleich muss ich gestehen, dass ich einen direkten, persönlichen Bezug zu meiner professionellen Spezialisierung als Zeithistoriker öfters geleugnet habe. Während ich an meiner Dissertation über die Strafverfolgung und Reintegration niederländischer Nationalsozialisten schrieb, nahm das öffentliche Interesse an der Besatzungszeit in den Niederlanden vor allem mit Bezug auf die Kollaboration merklich zu. Daher wurde ich häufiger gefragt, ob meine Eltern Nazis oder Kollaborateure gewesen seien. Ich habe darauf immer geantwortet, dass ich mich nicht dazu äußern möchte. Denn es wäre zu einfach gewesen zu sagen: Nein, meine Eltern waren keine Nazis. Es wäre auch zu einfach gewesen zu sagen, dass mein Vater während des Krieges untergetaucht ist, um sich dem Arbeitseinsatz zu entziehen, und dass meine Mutter dies ebenfalls tat, weil mein Großvater Eisenbahner war und sich im Winter 1944/45 am großen Eisenbahnerstreik beteiligt hatte. Ich wollte mich als Zeithistoriker einfach nicht über meine Herkunft als Kind »guter« Eltern definieren.

In meiner Zeit am Amsterdamer Institut für Kriegsdokumentation (NIOD) versuchte ich zu vermitteln, dass meine persönliche Vorgeschichte genauso wichtig ist wie jede andere. Dass sich im Leben meiner Familie die ganze Bandbreite der Erfahrungen der niederländischen Gesellschaft spiegelte, war naheliegend. Es gab in der entfernteren Verwandtschaft sowohl vereinzelte Anhänger der NSB als auch jüdische Familienmitglieder. Aber das entsprach im Grunde der Normalität bei den meisten Mitgliedern der niederländischen Nachkriegsgesellschaft, und aus diesem Grund wehre ich mich dagegen, in meiner Familiengeschichte etwas Besonderes zu sehen. Als ich am NIOD anfing, wurden wir von Besuchern oft gefragt, ob unsere Mitarbeiter jüdisch seien oder nicht, und ich antwortete darauf immer, dass ich selber jüdische Familienmitglieder habe. Punkt. Und meinem Sohn habe ich einmal gesagt, er solle eine solche Frage niemals mit ja oder nein beantworten – und wenn doch, dann mit ja und nicht mit nein. Ich wollte aber meine Forschungsthemen nicht mit meiner Vorgeschichte legitimieren.

Wie beurteilten Ihre Eltern Ihren beruflichen Werdegang?

Ich wurde 1955 als ältestes von drei Kindern geboren. In meiner Familie war ich der Erste, der das Gymnasium besuchte und anschließend studierte. Meine jüngeren Geschwister sind mir auf diesem Weg gefolgt. Meine Eltern legten sehr großen Wert darauf, dass wir eine möglichst gute Ausbildung bekommen, denn sie selbst hatten keinen freien Zugang zur Bildung gehabt: Zu ihrer Jugendzeit hing es noch stark vom sozialen Hintergrund ab, welchen Bildungsweg man einschlagen durfte oder konnte – mehr als die Realschule war für sie nicht möglich. Hinzu kam, dass mein Vater während der Kriege in den Niederlanden und in Indonesien zwischen 1943 und 1949 gar keinen Schulunterricht hatte. Aus dieser Erfahrung heraus hegten meine Eltern die Hoffnung und die Erwartung, dass ich die Möglichkeit freier Bildungschancen nutzen sollte, um einen möglichst hohen Bildungsgrad zu erreichen. Sie haben aber nie von mir erwartet, ein »nützliches« Fach zu studieren. Meine Eltern interessierten sich für Geschichte und verstanden, dass mich das Fach faszinierte. Während meiner Schulzeit überlegte ich noch, ob ich Geschichte oder Jura studieren sollte, und entschied mich letztlich für Geschichte.

Ergaben sich aus diesem Interesse für Geschichte auch Fragen an Ihre eigenen Eltern – Fragen nach dem Untertauchen Ihres Vaters im Zweiten Weltkrieg oder nach seiner Teilnahme am Kolonialkrieg in Indonesien?

Mein Vater war während des Krieges bei einem Bauern im Norden untergetaucht. Er kam aus der Umgebung von Rotterdam, und so lag sein Versteck in einer für ihn völlig neuen Umgebung. Über diese Zeit gibt es einige abenteuerliche Geschichten. Später versteckte er sich in einer Höhle und wurde von einem Landwirt versorgt. Diesen Bauern haben wir dann nach dem Krieg auch als Familie regelmäßig besucht. Mein Vater sprach sehr offen über seine Vergangenheit, und seine Geschichten waren immer sehr spannend und glanzvoll. Auch vom Militärdienst erzählte er wie von einem Abenteuer. Die anderen Aspekte blieben dagegen immer etwas ungeklärt. Wenn ich darüber mehr wissen wollte, bestand er darauf, dass der Militärdienst auch für mich eine wertvolle Ergänzung meiner Bildung bedeuten könnte.

Haben Sie Wehrdienst geleistet oder haben Sie ihn verweigert?

Ich war wehrpflichtig, aber ich stamme aus einem so geburtenstarken Jahrgang, dass nicht alle jungen Männer eingezogen werden konnten. Zur Musterung ging ich mit dem Buch *Der Brave Soldat Schwejk* unterm Arm, und der Oberst fragte mich danach. Ich erklärte ihm, das sei ein Buch über einen Soldaten, der in den Krieg zieht und allerhand Abenteuer erlebt, als Soldat jedoch scheitert. Ich fügte hinzu, dass Schwejk mein Vorbild sei. Daraufhin wurde ich gefragt, ob ich vielleicht den Kriegsdienst verweigern wolle. Ich antwortete, dass dies nicht meine Absicht sei, denn dann hätte ich schwören müssen, dass ich niemals eine Waffe tragen würde – und das konnte ich nicht versprechen. Zum Glück hatten sie an einem Studenten wie mir keinen Bedarf. Schon vorher hatte ich mir überlegt, im Fall einer Einberufung LKW-Fahrer oder Sanitäter beim Militär zu werden, denn da lernt man immerhin etwas. Ein Freund aus meinem Heimatort war mit mir bei der Prüfung und wollte sehr gerne eingezogen werden. Er hatte zwar durch einen Unfall das Augenlicht auf einem Auge verloren, doch das wurde bei der Musterung nicht bemerkt.

Gab es damals einen allgemein spürbaren Hass auf die Deutschen? Wie sprach Ihr Vater über die Deutschen?

Meine Eltern sind beide 1926 geboren. Meine Mutter konnte die Deutschen noch längere Zeit nach dem Krieg nicht ausstehen. Als meine Eltern in den siebziger Jahren ein deutsches Ehepaar in ihrem Alter kennenlernten, war diese Abneigung allerdings bald Geschichte. Meine Mutter hatte in der Nachkriegszeit als Bürokraft bei der politischen Recherche gearbeitet, jener Polizeibehörde, die gegen Kollaborateure ermittelte. So richtig erfuhr ich davon erst, als ich an meiner Dissertation schrieb. Denn dafür interviewte ich unter anderen einen ehemaligen Tribunal-Vorsitzenden als Zeitzeugen, und in diesem Zusammenhang erzählte mir meine Mutter, dass sie eine Zeitlang seine Sekretärin gewesen war. Mein Vater hasste die Deutschen überhaupt nicht, er konnte sich irgendwie mit den deutschen Wehrpflichtigen identifizieren. Aber es war nicht immer leicht, mit ihm über problematische Themen zu sprechen; für seine Generation war die persönliche Erfahrung generell maßgebend. Er war im Einsatz in Indonesien nur Schreiber gewesen und betonte stets, dass er niemals jemanden erschossen oder in irgendeiner anderen Form getötet habe. Und als die öffentliche Debatte über den Indonesienkrieg aufkam, fühlte er sich als Zeitzeuge angesprochen. Seiner Ansicht nach wusste nur derjenige Bescheid, der den Krieg selbst miterlebt hatte. Wir hatten uns eigentlich vorgenommen, noch einmal zusammen nach Sumatra zu fahren, aber es hat leider nicht geklappt. Später war ich dann selbst einmal da und habe bei einer Rundfahrt versucht, mit Hilfe von Fotos, die er während seines Militärdienstes dort gemacht hatte, seine Einsatzorte wiederzufinden. Aber die Erforschung dieser Familiengeschichte war kein Ziel meiner Arbeit.

Sicher bringt es nichts, jemanden zum »Gefangenen« seiner eigenen Biographie zu machen. Aber Historiker sind auch nur Menschen – und es scheint, als ob die Idee einer sich objektivierenden Geschichtswissenschaft heute stärker in Frage gestellt wird als vor 20 oder 30 Jahren, oder?

Ich glaube nicht, dass eine bestimmte familiäre Vorgeschichte einen Historiker für bestimmte Forschungsthemen besonders legitimiert. Denn meiner Meinung nach geht es in erster Instanz um die Auseinandersetzung mit der Geschichte; der Autor mit seiner Vorgeschichte sollte nur von nachgeordnetem Interesse sein. Wäre meine Vorgeschichte stark von anderen Erfahrungen geprägt gewesen, dann hätte ich mich vielleicht auch anders geäußert oder anders orientiert. Aber ich habe immer betont, dass mein Hintergrund historisch betrachtet ein eher »unspektakulärer Fall« ist. Zudem habe ich als Geschichtsstudent auch lange Zeit nicht gedacht, dass ich mich überhaupt einmal mit der Thematik der deutschen

Besatzung beschäftigen würde. Denn es gab so viele andere interessante Forschungsgebiete. Ich habe mich beispielsweise intensiv mit den Anhängern des niederländischen Frühmarxismus beschäftigt – mit der linken Strömung sozusagen, die damals aktueller war als heute. Dabei fand ich besonders interessant, dass Lenin in Schriften wie *Staat und Revolution* (1917) und *Der »Linke Radikalismus«, die Kinderkrankheit im Kommunismus* (1920) die niederländischen Radikalen wie Herman Gorter oder Anton Pannekoek scharf kritisierte und ihnen Besserwisserei vorwarf, obwohl sie noch nie eine Revolution gemacht hatten. Die niederländischen Genossen wiederum warfen Lenin vor, dass die russischen Bolschewiki keine »richtige« Revolution im marxistischen Sinne zustande gebracht hätten.

In meinem weiteren Studium beschäftigte ich mich dann mehr mit Zeitgeschichte sowie mit Wirtschafts- und Sozialgeschichte. Ursprünglich wollte ich meine Magisterarbeit über die niederländische Entwicklungshilfe für Peru zwischen 1968 und 1975 verfassen – ein sehr reichhaltiges Forschungsthema, zu dem unerwartet umfangreiche Quellenbestände existierten. In Den Haag gab es auch schon das International Institute of Social Studies, an dem ausländische Experten ausgebildet wurden. Dort arbeitete damals eine Gruppe peruanischer Studenten, mit denen ich das Thema gemeinsam erforschen wollte.

Dass aus diesem Projekt nichts wurde, lag daran, dass zeitgleich rund um den Prozess gegen den Kriegsverbrecher Pieter Menten ein öffentlicher Aufruhr in den Niederlanden entstand. Menten war Kunsthändler, hatte im Generalgouvernement mit den deutschen Besatzern kollaboriert und sich an der dort sichergestellten Raubkunst enorm bereichert. Als ihm 1976 in Amsterdam der Prozess gemacht wurde, entfachte dies eine öffentliche Debatte über die Kollaboration und die von Niederländern begangenen Kriegsverbrechen. In dieser Situation brachten einige Kommilitonen und ich einen Dozenten dazu, ein Seminar über die Strafverfolgung solcher

Verbrechen nach dem Zweiten Weltkrieg abzuhalten. Daraus ergab sich für mich dann die Möglichkeit, als studentische Hilfskraft zu arbeiten, was mich wiederum dazu bewog, meine »peruanische« Karriere zu beenden. Seitdem habe ich mich hauptsächlich mit dem Zweiten Weltkrieg und dessen Folgen beschäftigt.

Welche Rolle spielte Ihr Doktorvater Ernst Kossmann für Sie?

Eigentlich übernahm er mehr zufällig die Betreuung meiner Dissertation. Ich landete bei ihm, weil es in meiner Fachgruppe Zeitgeschichte Konflikte gab und man mir dann Kossmann, den Inhaber des Lehrstuhls für Neueste Geschichte, als Alternative vorschlug. Davor waren wir einander nur im Institutsrat begegnet. Damals durften die Studierenden noch mitreden, und es gab manchmal auch etwas Streit. Mit der Zeit akzeptierte Kossmann mich auf eine »väterliche« Weise, und ich wiederum verstand nach und nach, woher sein Interesse an der Kriegsvergangenheit rührte. Er war vor allem ein angesehener Kulturhistoriker des 18. und 19. Jahrhunderts. Als *intellectual historian* vertrat er ferner den Grundsatz, dass nur das, was schon gedruckt worden ist, für den Historiker wichtig sei. Mein Forschungsvorhaben beruhte dann allerdings vor allem auf Primärquellen aus den Archiven.

Auch in Kossmanns Biographie gab es Anknüpfungspunkte: Anfang 1943 unternahmen die deutschen Besatzungsbehörden eine Aktion gegen sogenannte »Plutokratensöhne«. Kossmann studierte zu dieser Zeit, und nachdem eine Gruppe Studierender einen führenden niederländischen Nationalsozialisten erschossen hatte, verhafteten die Deutschen 200 Studierende. Auch Kossmann war für einige Wochen in Haft und wurde anschließend zum Arbeitseinsatz nach Frankreich geschickt, an die Grenze nahe Straßburg. Dort musste er gemeinsam mit seinem Zwillingsbruder zwei Jahre Zwangsarbeit leisten. Diese Erfahrung hat er später gerne ein bisschen ironisiert. Er war ohnehin der Meister der ironischen Geschichtsschreibung und wollte auf keinen Fall als Opfer betrachtet werden. Zu einer Zeit, in der sich ehemalige Zwangsarbeiter in der Öffentlichkeit als Opfer präsentierten, war sein Standpunkt recht eigenwillig. Er sagte immer, dass er ohne diese zwei Jahre Zwangsarbeit bestimmt nicht so gut Französisch und Deutsch gelernt hätte. Aus seiner Sicht war diese Erfahrung ein Segen gewesen: Jeden Samstag sei er in Straßburg in die Oper gegangen und habe eigentlich kaum gearbeitet. Erst nach und nach begriff ich, dass diese Erfahrung für ihn doch emotional belastender gewesen war, als er es zugeben wollte. Kossmann interessierte sich sehr für meinen Forschungsgegenstand, eine alternative Geschichte der Nachkriegszeit, und er konnte das auch gut mit seiner eigenen Arbeit verbinden: Gerade hatte er eine vergleichende Geschichte der Niederlande und Belgiens veröffentlicht und sich darin auch mit der Kriegsvergangenheit beider Nationen auseinandergesetzt. Er engagierte sich wirklich sehr für meine Arbeit, und das war ein wahres Geschenk, denn ich war auf ehrliche Unterstützung für mein Forschungsvorhaben angewiesen.

Erinnerungskultur

Als der Prozess gegen Pieter Menten 1976 in den Niederlanden ein bis dahin ungekanntes Interesse an Besatzungszeit und Kollaboration auslöste – lag das Thema zu diesem Zeitpunkt generationell bereits in der Luft?

Das Interesse daran war teilweise generationell bedingt, und zwar in zweierlei Hinsicht. Es gab die ältere Historikergeneration, darunter Ivo Schöffer in Leiden und sein Schüler Hans Blom, der vom Alter her zwar nicht dazugehörte, aber von seinem Doktorvater stark geprägt war. Im Auftrag der niederländischen Regierung schrieben die beiden einen

Bericht über die Verhandlungen im Fall Menten. Für die nachfolgende Generation von Historikern, zu der ich gehöre, markierte dieser Bericht im Grunde den Einstieg in die Forschung zur Besatzungszeit. Denn mit ihm hatte die zuvor sehr abstrakt gebliebene niederländische Kollaboration ein Gesicht bekommen. In den von grundlegender Gesellschaftskritik geprägten siebziger Jahren galt bereits das Überleben *an sich* während der Besatzungszeit als potenzielle Kollaboration, und wir Studenten fanden dieses Thema damals sehr spannend. Zunächst vertiefte ich mich in die Frage der Ahndung von Kriegsverbrechen. Darauf aufbauend beschäftigte ich mich dann mit dem Umgang der niederländischen Nachkriegsgesellschaft mit der Kollaboration und insbesondere mit der damit verbundenen Umerziehungspolitik. Mich trieb die Frage um, warum bereits eine Generation später nur noch so wenig über die Gerichtsverfahren, die Säuberungsgeschichte, aber auch über den öffentlichen Diskurs darüber bekannt war. Scheinbar wussten wir alles, faktisch aber wussten wir nur sehr wenig. Aus dieser Beobachtung heraus hat sich mein Erkenntnisinteresse entwickelt.

Inwieweit haben Sie damit auch einen aus dem Widerstand stammenden Diskurs aufgegriffen? Die alten Widerstandskämpfer, die in der unmittelbaren Nachkriegszeit über die inkonsequente Säuberung geklagt hatten, waren ja danach zunächst ins Schweigen verfallen; erst in den sechziger Jahren kehrten sie mit ihren Anliegen an die Öffentlichkeit zurück und schrieben ihre Erfahrungen auf. Hier kommt also eine ältere Generation der »guten Väter« ins Spiel.

Ich griff diesen Diskurs insofern auf, als ich in meiner Dissertation die »verpfuschte« Säuberung thematisieren und kritisieren wollte. Aber es waren weniger die Historiker, sondern vielmehr einige jüngere, kritische Journalisten, die dieses Thema plötzlich publik machten und dabei eine Reihe von Skandalen aufdeckten[1] – »Affären« wurden diese Fälle damals in den Niederlanden genannt. Diese Affären-Atmosphäre gab mir wichtige Impulse für weitere Forschungsarbeiten. Von besonderer Bedeutung für diese kritische Debatte war die CPN, die Kommunistische Partei in den Niederlanden. Viele Kommunisten waren während des Krieges im Widerstand aktiv gewesen, aber seit Beginn des Kalten Krieges galten sie als politische Außenseiter. Erst seit den späten sechziger Jahren versuchte die Partei, sich über das Thema der Kriegs- und Heldenvergangenheit wieder als »nationale Kraft« zu etablieren, sich als prominente Interessenvertretung und Sprachrohr der Widerstandsbewegung, vor allem der Lagerinsassen, zu profilieren. Sie sorgten für die Durchsetzung eines sehr spezifischen Säuberungsnarrativs: Danach hatten die Eliten triumphiert, die kleinen Widerstandskämpfer waren marginalisiert und die einstigen Kollaborateure rehabilitiert worden. Die Kritik der CPN hatte ihre Berechtigung, aber sie griff deutlich zu kurz und war ganz gewiss keine historische Deutung.

In meiner Doktorarbeit versuchte ich die Integrationspolitik der Nachkriegseliten genau zu rekonstruieren. Ich fand heraus, dass sie die politischen Verbrechen der Kollaboration binnen ein oder zwei Jahren entpolitisiert hatten, indem sie sie schlicht mit dem Unvermögen des nationalsozialistisch »anfälligen« Menschen zur vollständigen Integration in die Gesellschaft erklärten. Solche psychopathologischen »Defekte« hätten dann unter dem Eindruck von Krieg und Repression zur Kollaboration geführt. So hat es auch Jean-Paul Sartre (»*Qu'est ce que c'est un collaborateur?*«) aus existenzialistischer Sicht interpretiert. Die niederländische Kriminologie, die nach dem Krieg ihre Blütezeit erlebte, übernahm diese Interpretation, verband sie aber auch mit der Suche nach Reintegrationstechniken. Auf diese Weise entstand eine Atmosphäre, in der selbst der schlimmste Verbrecher irgendwie »verstanden« werden konnte – als jemand, der aufgrund persönlicher Defizite während der Besatzungszeit nicht in der Lage gewesen war, als normaler Bürger zu funktionieren. Aus dieser Perspektive galt es als nachvollziehbar, dass und warum ein Mensch im Zeichen von Krieg und Besatzung derart schreckliche Taten begangen hatte.

Sehen Sie darin eine gewisse Parallele zur Vergangenheitspolitik der frühen Bundesrepublik – nur die obersten Funktionsträger wurden juristisch belangt, während die Täter auf den mittleren und unteren Kommandoebenen reibungslos in die Gesellschaft integriert wurden?

Selbstverständlich gibt es da Ähnlichkeiten – mit dem Unterschied, dass in den Niederlanden zunächst alle Kollaborateure interniert wurden, auch die kleinen Mitläufer und Mitglieder der NSB. Die allermeisten von ihnen wurden aber nach einiger Zeit unter Auflagen entlassen und in die Gesellschaft reintegriert. Anschließend wurden sie unter die Aufsicht einer speziellen, neu geschaffenen Behörde gestellt: der »Stiftung zur Aufsicht über politische Delinquenten«. In diesem Rahmen haben freiwillige Reintegrationsbegleiter aus der Zivilgesellschaft mehr als 60000 Freigelassene betreut. Die Stiftung funktionierte also wie eine Art »Reintegrationsfabrik«.

Würden Sie die Stiftung als eine Frühform der »Wahrheitskommission« bezeichnen, wie wir sie zum Beispiel aus Südafrika kennen?

Nein. Die freigelassenen Kollaborateure wurden einfach dazu angehalten, sich im täglichen Leben wie »gute« Niederländer zu verhalten. Man sollte sich als »normaler« Bürger in die Gesellschaft reintegrieren, wobei aber erwartet wurde, dass man sich zu seiner Schuld bekannte. Die Begleiter übernahmen dabei eine doppelte Funktion: Zum einen sorgten sie dafür, dass die betreffende Person nicht erneut radikales Gedankengut entwickelte und äußerte – und dazu zählte in der unmittelbaren Nachkriegszeit bald auch immer mehr das kommunistische Gedankengut. Zum anderen mussten sie den Freigelassenen dabei helfen, ihren Platz in der Gesellschaft wiederzufinden, indem sie zum Beispiel Mitglied im örtlichen Fußballverein wurden oder wieder in die Kirche eintraten. Es ging also um die Rückkehr in die aktive Bürgerschaft derjenigen, die sich eigentlich von ihrer Staatsbürgerschaft verabschiedet hatten. Denn Nationalsozialisten wurden nach der damals herrschenden Auffassung nicht etwa als Menschen mit einer anderen Meinung oder Einstellung betrachtet, sondern als Personen, die einfach zu antisozialem oder kriminellem Verhalten neigten und daher als Bürger nicht funktioniert hatten. Dies sollten sie nun unter der Aufsicht der freiwilligen Begleiter wieder lernen.

Konnten Sie aus Ihren Forschungen zur niederländischen Gesellschaft der Kriegs- und Nachkriegszeit auch allgemeine Erkenntnisse zum Thema Kollaboration und Besatzung ableiten?

Die Deutung des Umgangs einer Gesellschaft mit dem Phänomen der Kollaboration verändert sich ständig und spiegelt die jeweils zeitgenössische Auseinandersetzung von Politik und Gesellschaft mit einer diktatorischen Vergangenheit. Der Umgang der ersten niederländischen Nachkriegsgeneration mit der Kollaboration zeichnete sich dadurch aus, dass sie die ehemaligen Nationalsozialisten zu ihren eigenen Bedingungen entwaffnete und reintegrierte. Dann gab es seit den späten sechziger Jahren eine jüngere, kritische Generation, die die Kollaboration der »Väter« – beziehungsweise ihren Vätern gegenüber – energisch zur Sprache brachte. Ihr ging es nicht mehr primär um die NSB-Kollaboration, sondern um die viel weiter verbreitete Kollaboration der Führungseliten und der Gesellschaft im Ganzen.

1971 erschien der berühmte französische Dokumentarfilm *Le chagrin et la pitié* von Marcel Ophüls, über den Alltag in Clermont-Ferrand während des Krieges. Dieser Film reflektierte jenen neuen, breiteren Ansatz – und kurz darauf entstand auch das niederländische Pendant: *Vastberaden, doch soepel en met mate* [»Fest entschlossen, aber flexibel und mit Maß«] (1974). Mit ihren Befragungen der »kleinen Leute« gelang es den Filmemachern, die damals vertraute Dichotomie von Kollaboration und Widerstand als sinnstiftende Klammer der Besatzungsgeschichte aufzulösen. Stattdessen trennten sie zwischen Konformisten und Nonkonformisten, und die Kollaborateure wurden nun auf einmal als interessante Nonkonformisten wahrgenommen. Zwanzig Jahre lang hatte man sie verleumdet und vergessen – und plötzlich, in den unruhigen siebziger Jahren, kehrte jenes Interesse am Nonkonformismus zurück. Das Bild vom »kleinen« Nationalsozialisten kam nun auf, der irgendwie auch Opfer gewesen war, und auch der Gedanke, dass es an beiden Rändern der Gesellschaft fünf Prozent gegeben hatte, die entweder überzeugte Nazis oder überzeugte Widerständler gewesen waren. Der Rest bildete die »graue« Mitte der Gesellschaft und hatte sich ferner auch nicht besonders verdient gemacht. Dieses Bild wurde 2001 von dem Historiker und Journalisten Chris van der Heijden wiederaufgegriffen und existiert bis heute. Mittlerweile fokussiert sich die Historiographie mehr auf die Motive und Mechanismen der gesellschaftlichen Kollaboration, auch in Bezug auf die Judenverfolgung. Ich wollte einen Beitrag dazu leisten, dass diese Geschichte nicht *factfree* oder mit vorgefertigten Interpretationen geschrieben wird. Nach Abschluss meiner Doktorarbeit über die politische Säuberung entschloss ich mich daher, die Kollaboration zu erforschen, beginnend mit der Monographie über die Bürgermeister in der Besatzungszeit.

2007 rief ich in Zusammenarbeit mit meiner Kollegin Ismee Tames am NIOD das Forschungsprojekt *The Longlasting Legacies of Collaboration* ins Leben. Die Grundfrage der vier Teilprojekte war die nach dem Grad der Integration und Exklusion der niederländischen Nazis in die beziehungsweise aus der Gesellschaft während und nach der

Besatzung. Das führte uns auch zu einer überstaatlichen Interpretationsebene, so etwa zur Frage nach innerfamiliären Spannungen bezüglich politischer Orientierungen oder der In- beziehungsweise Exklusion in der Nachbarschaft. Denn diese Mechanismen waren gar nicht so eindeutig, wie es die gesellschaftliche Erinnerung und die konventionelle Geschichtsschreibung gemeinhin darstellten. Es gibt viele Beispiele für eine »gelungene« Integration ehemaliger Kollaborateure in ihr näheres Umfeld. So gab es etwa Nazis, die in ihrem Dorf als »anständige« Mitmenschen mit einer etwas abweichenden politischen Auffassung durchaus geschätzt wurden. Natürlich gab es aber auch gegenteilige Beispiele. Gelernt haben wir durch unser Projekt, dass man die existierenden Pauschalurteile ganz stark relativieren muss.

Kriegs- und Besatzungsgeschichte

Kommen wir zu Ihrer einflussreichen Studie über die niederländischen Bürgermeister während der Besatzungszeit. Darin zeigen Sie, in welche Zwangssituationen diese Menschen unter nationalsozialistischer Herrschaft gerieten und wie sie sich verhielten. Die Mehrheit der Bürgermeister passte sich dem neuen System an, um Konflikte zu vermeiden. Können Sie aus Ihrer Studie allgemeine Schlussfolgerungen zum Verhalten von Amtsträgern unter einer Besatzungsherrschaft ziehen?

Ich habe die Bürgermeister als Funktionselite betrachtet, denn sie werden in den Niederlanden von den Zentralbehörden ernannt – und nicht gewählt. Viele dieser Bürgermeister reagierten in akuten Konfliktsituationen mit einer Art paternalistischem Reflex zum Schutz der einheimischen Bevölkerung. Es ging ihnen darum, chaotische Verhältnisse zu vermeiden. Besonders in der ersten Hälfte der Besatzungszeit glaubten viele Bürgermeister, es gebe eine gewisse Konvergenz zwischen ihren Interessen und denen der deutschen Behörden. Dieses Grundgefühl erklärt, warum viele dieser Funktionäre den eingeschlagenen Weg der Kollaboration immer weiter gingen. Bis Mitte 1943 sorgten die niederländischen Behörden jedenfalls ziemlich erfolgreich dafür, dass sich die Mehrheit der Bevölkerung der Besatzungsmacht gegenüber folgsam zeigte.

Sind Sie auch hier – ähnlich wie bei den deutschen Funktionseliten – auf das Argument gestoßen, dass man mitgemacht habe, um Schlimmeres zu verhindern?

Ja, durchaus – aber was sollte dieses »Schlimmere« sein? Die Funktionseliten betrachteten die niederländischen Nationalsozialisten als größte Bedrohung für Land und Volk; sie galten ihnen als Gesindel und Profiteure. Diese Bedrohungswahrnehmung wurde später, in den Debatten um die Säuberungen, zu einem Argument gemacht – sogar schon vor Kriegsende: Wer ahnte, wozu die Säuberungsverfahren nach der Befreiung führen würden, verteidigte seine Position mit dem Argument, dass man doch versucht habe, »zu retten, was zu retten war«. Auch nach dem Krieg wurde dieses Argument weiter vorgebracht, wenn es etwa darum ging, seinen Posten nicht zu verlieren. Das war das eigentliche Leitmotiv der »verpfuschten« Säuberung der öffentlichen Verwaltung.

Ihr historisches Urteil dazu ist ja im Grunde ein salomonisches: Ihre Analyse jener Zwangssituationen ist zwar durchaus von Verständnis geprägt, aber Sie kommen dennoch zu dem Schluss, dass früher oder später jeder nicht nur die Legitimität seiner Position, sondern auch seine Selbstachtung verlieren musste, der im Amt verblieb und den Anweisungen der Besatzer Folge leistete.

Ich habe versucht, die Situation der Menschen zunächst zu verstehen, um zu erklären, warum sie in dieser oder jener

Lage so oder so gehandelt haben. Ihre Überlegungen und Motivlagen waren natürlich viel differenzierter und komplizierter, als dies in der Öffentlichkeit wahrgenommen und diskutiert wurde.

Darin liegt auch die Stärke Ihrer Erzählung, denn Sie machen für den Leser nachvollziehbar, wieso sich die jeweiligen Funktionsträger so oder so verhalten haben. Man spürt in Ihrem Buch einen Abwehrreflex gegen starre Kategorisierungen und Bewertungen, die letztlich nichts erklären können.

Für mich ist Dynamik unglaublich wichtig. Die Geschichtsschreibung über die Besatzungszeit neigte sehr oft dazu, das schlimmste Beispiel auszuwählen, um davon ausgehend ein pauschalisierendes Urteil zu fällen. So wurde etwa der damalige Staatssekretär im Innenministerium, Karel Johannes Frederiks, immer als eine Art Halbverrückter dargestellt, aber das trifft nicht den Kern. Er war starrsinnig und beschränkt, und es mangelte ihm durchaus an politischem Sachverstand. Vor allem aber war er ein ausgesprochen unpolitischer Mensch, und daran ist er gescheitert. Das war damals ein generelles Problem der niederländischen Bürgermeister und Amtsträger. Sie übten zuallererst eine amtliche Funktion aus, weniger eine politische. Sie waren lediglich durch die Zentralbehörden legitimiert – und versuchten folglich, sich unter den veränderten Bedingungen auch nach den deutschen Zentralbehörden zu richten.

Mein Buch über die Bürgermeister konnte freilich keine Enzyklopädie der über 1000 Gemeinden werden. Manchmal riefen mich Menschen an und fragten, wieso ich denn nichts über den Bürgermeister ihres Dorfes geschrieben hätte. Methodisch ging ich so vor, dass ich vor allem nach Reibungspunkten und Konflikten suchte, an denen die Probleme der Zeit besonders gut deutlich wurden: Konflikte mit den deutschen Behörden, mit der Aufsichtsverwaltung, innerhalb der einheimischen Verwaltung oder mit den Amtskollegen in der Nachbargemeinde, aber auch Konflikte mit lokalen Nationalsozialisten oder mit der Zivilgesellschaft vor Ort. Ausgehend von diesem Material, konnte ich meiner Erzählung Dynamik verleihen. Die konkreten Probleme und Konflikte waren zwar immer wieder andere, aber die Grundfrage meiner Akteure blieb stets die gleiche: Wie weit und wie lange mache ich das mit? Ich suchte auch nach vorbildhaften Bürgermeistern, die sich zum Beispiel der Politik der Judenverfolgung widersetzt hatten, wurde dabei aber meistens enttäuscht. Sehr oft rechtfertigten diese Männer auch ihre Beteiligung an der Verfolgungspolitik mit dem Argument, sie hätten doch nur Schlimmeres zu verhindern versucht.

Gab es aus Ihrer Sicht fundamentale Unterschiede zwischen der deutschen Besatzungsherrschaft in West- und in Osteuropa?

Ein wesentliches Merkmal der Besatzung im Westen waren die unterschiedlichen Gestaltungsmöglichkeiten der einheimischen Bevölkerung, nicht nur in Bezug auf das private, sondern auch auf das öffentliche Leben. Das ist abseits der ethnischen Säuberungen oder Massentötungen für mich ein wichtiger Faktor. Denn wenn man einer Gesellschaft die Identität nimmt und somit die Möglichkeit, sich auszudrücken, dann nimmt man ihr auch die Möglichkeit, sich wiederaufzurichten. Aus diesem Grund würde ich die Besatzung im Osten als zerstörerischer für die einheimische Bevölkerung und Nation im Allgemeinen bezeichnen. Hier wurde das Menschsein in Bezug auf die Möglichkeit zur Bildung einer eigenen Gesellschaft einfach negiert, während den Bevölkerungen im Westen – ausgenommen die Juden, Sinti und Roma – diese Möglichkeit in den Grenzen der Nazifizierung noch irgendwie gelassen wurde. Meine Utrechter Kollegin Geraldien von Frijtag Drabbe Künzel hat kürzlich eine Studie über die niederländische Beteiligung an der Kolonisation im Osten veröffentlicht.[2] Auch Niederländer haben sich dort schnell den lokalen »Sitten« des NS-Herrschaftssystems angepasst und mitgemacht. Das ist erschütternd. Aus diesem Grund ist die Besatzungsherrschaft im Osten eben eine europäische Geschichte. Aber auch in Westeuropa drohten die Auflösung der unabhängigen Nationalstaaten und deren Einbindung in die NS-Herrschaftsstrukturen. Dazu zählte auch die Einbeziehung der einheimischen Nationalsozialisten in die Praktiken der ungehemmten Machtausübung.

Waren die Goebbels'schen Visionen der letzten Kriegsmonate von einem Untergang des Abendlandes also nicht nur verzweifelte Propaganda eines untergehenden Dritten Reiches?

Nein, nicht unbedingt. Denn die selbsterklärte Krise des Abendlandes fand unter dem Druck der Besatzung und auch der Kultur- und Wissenschaftspolitik doch deutlich mehr Widerhall in den westlichen Staaten, als man es später wahrhaben wollte. Das erklärt auch, warum in der Nachkriegszeit so viele Menschen bestrebt waren, all das zu verharmlosen, ungeschehen zu machen oder zu verdecken. Es wäre spannend, diese kulturelle Dynamik in vergleichender Perspektive zu erforschen, auch unter Einbeziehung der skandinavischen Staaten.

Könnte man provokant sagen, dass es schon unter nationalsozialistischer Vorherrschaft einen ersten Anlauf zu einer »europäischen Gemeinschaft« gegeben hat, der dann aber abgebrochen und nach dem Krieg wiederaufgegriffen wurde – unter neuen geopolitischen Vorzeichen und mit neuen ideologischen Argumenten?

Das kann man so sagen, aber tatsächlich wurden manche Politiker, die 1940/41 in der »Niederländischen Union« Anpassung an das Besatzungsregime gepredigt hatten, in den Nachkriegsjahren Teil des europäischen Projekts. Es gab zu jener Zeit ein gewisses Potenzial für eine paneuropäische Neuorientierung, das aber an der nationalsozialistischen Gewaltausübung scheiterte, nicht an der Idee einer hegemonialen Stellung Deutschlands in Europa. Fürsprecher eines Europas unter deutscher Führung gab es aber nicht nur in den Niederlanden, sondern auch in anderen west- und nordeuropäischen Staaten. Nach ein bis zwei Jahren unter deutscher Besatzung wurde diesen Fürsprechern allmählich bewusst, dass sich dieses Projekt so nicht verwirklichen ließ. Unter anderen Umständen hätten sie sich einer deutschen Herrschaft in Europa unterworfen, aber nicht dieser von Unterdrückung und Massengewalt geprägten Herrschaft.

Dann kann man gleich weiter provokant fragen: Hätten es die Deutschen in ihrer Besatzungsherrschaft im Westen »klüger« angestellt, hätten sie diese »erste« europäische Einigung dann realisieren können?

Die Besatzungspolitik in den Niederlanden wurde gerne als Hegemonismus bezeichnet – und damit entpolitisiert und relativiert. Der Nationalsozialismus wurde zuallererst als »Übel« wahrgenommen, weniger als Politikum. Was die Niederländer abseits der alltäglichen Repressionen vor allem störte – und ich glaube, dass es in anderen westlichen Ländern ähnlich gewesen ist –, war gerade das *politische* Projekt der deutschen Besatzer: die Nazifizierung der einheimischen Gesellschaft. Dieses Projekt kollidierte mit den Werten und Mechanismen der zuvor etablierten Zivilgesellschaft. Aber eine »klügere« Besatzungspolitik hätte es schlichtweg nicht geben können, denn dies hätte dem kompromisslosen Charakter der nationalsozialistischen Herrschaft widersprochen. In Osteuropa, etwa in der besetzten Ukraine oder im Baltikum, konnte man dies sehr deutlich sehen.

Vor etwa zehn bis fünfzehn Jahren begann eine Debatte über die Schuld der niederländischen Gesellschaft im Zweiten Welt-

krieg. Der Wortführer dieser Gegenbewegung zur kritischen Geschichtsschreibung ist Chris van der Heijden,[3] der argumentiert, es gebe kein »richtig« oder »falsch« in der Geschichte. Die große Mehrheit der Niederländer seien weder Juden noch Widerstandskämpfer gewesen. Er kritisiert die zentrale erinnerungskulturelle Bedeutung des Holocaust in der gegenwärtigen Gesellschaft – denn dieser spiegele nicht die Erfahrung der damaligen Mehrheitsgesellschaft wider. Betrachten Sie Van der Heijdens Argumente als Geschichtsrevisionismus?

Nicht als Revisionismus im klassischen Sinne, das heißt als Negation des Holocaust. Seine Argumente sind vor allem Ausdruck des Unvermögens, zu akzeptieren, dass der Holocaust nur im Kontext der allgemeinen gesellschaftlichen Entwicklung sinnvoll historisiert werden kann. Van der Heijden erweckt manchmal den Eindruck, dass er die Verfolgung und Deportation der Juden am liebsten aus der Besatzungsgeschichte ausklammern wolle, um – so glaubt er – das Verhalten der Niederländer gegenüber den Besatzern besser verstehen zu können. Aber damit blendet er aus, dass Antisemitismus, Verfolgung und Massenmord zum Kern der nationalsozialistischen Politik gehörten – auch wenn sich diese Politik nicht in gleichem Maße auf das Leben aller Niederländer auswirkte. Es gibt eine spezifisch niederländische Art der Historisierung des Nationalsozialismus mittels der Alltagsgeschichte. Van der Heijden greift in seiner Arbeit eigentlich auf einen Ansatz aus den sechziger Jahren zurück, wonach es an den Rändern der niederländischen Gesellschaft zwei kleine Minderheiten – Widerständler und NSBler – gegeben habe und es oft Zufall gewesen sei, auf welcher Seite man stand. Die Mehrheit der Bevölkerung sei dagegen »grau« geblieben. Er kritisiert den widerstandsorientierten Moralismus, dabei ist seine Perspektive ebenso moralistisch. Damit zelebriert er in gewisser Weise den Aktivismus derjenigen, die sich nicht passiv über Wasser gehalten haben. Das Verleumden der »großen grauen Mehrheit« ist Moralismus *par excellence* und liefert keine tiefschürfenden Erkenntnisse zur Besatzungsgeschichte.

Einer jüngeren Generation von Historikern, darunter Bart van der Boom, wurde in dieser Debatte vorgeworfen, die niederländische Mehrheitsgesellschaft entlasten zu wollen. Van der Boom argumentiert in seiner auf Tagebüchern basierenden Studie,[4] *dass ein Großteil der Niederländer sich des Ausmaßes der Judenverfolgung nicht bewusst gewesen sei und der jüdischen Bevölkerung daher nicht ausreichend geholfen habe. Hätten sie die Details der Vernichtung gekannt, so Van der Boom, hätten sie sich auch mehr gegen die Judenverfolgung gewehrt.*

Ich kann seine Positionen zunächst besser nachvollziehen als die Van der Heijdens. Van der Boom ist aber davon überzeugt, anhand einer Analyse von 164 Tagebüchern eine erschöpfende Antwort auf die Frage nach der Mitverantwortung der niederländischen Gesellschaft an der Ermordung der niederländischen Juden gefunden zu haben. Darin sehe ich ein methodologisches Problem: Kann man solche Selbstzeugnisse wörtlich nehmen? Und wie kann man sie überhaupt analytisch auswerten? Auch seinem Argument, die Bevölkerung habe nichts vom systematischen Massenmord gewusst, kann ich so nicht folgen. Denn bereits die Politik der Judenverfolgung, wie sie in den Niederlanden stattfand, hatte einen sehr verbrecherischen und destruktiven Charakter. Es bedarf nicht der Gewissheit, dass Menschen gezielt getötet werden sollen, um diesen Mitmenschen zu helfen – und das hat Van der Boom nicht in seine Analyse mit einbezogen. Er glaubt, er könne durch die Tagebücher in die Köpfe ihrer Verfasser schauen, und dieser Gedanke an sich ist sehr spannend. Wenn aber jemand am Abend in der Küche über seinen Tag reflektiert und dies zu Papier bringt, dann ist das zwar eine persönliche, innere Geschichte – aber sie bleibt ohne Kontext.

Geschichtskultur und Vergangenheitspolitik

Worin sehen Sie Unterschiede zwischen der deutschen und der niederländischen Zeitgeschichtsforschung – in Bezug auf Zugriffsweisen, Methoden und Narrative?

Die begriffsgeschichtliche Orientierung der (west-)deutschen Historiographie ist viel ausgeprägter als in den Niederlanden – nicht nur in der Zeitgeschichtsforschung, sondern in der Geschichtswissenschaft überhaupt. Eine auf festen methodischen Fundamenten aufgebaute Geschichtskultur, wie ich sie aus Deutschland kenne, wurde in den Niederlanden seit dem Zweiten Weltkrieg vernachlässigt und durch den angloamerikanischen Narrativismus ersetzt. Dabei ist es gerade für jene problematische Periode, die wir als Zeithistoriker erforschen, besonders wichtig, zu wissen und zu definieren, worüber wir schreiben, welche Begriffe und welche Methoden wir verwenden – erst recht vor dem Hintergrund einer immer intensiveren interdisziplinären Zusammenarbeit. In den Niederlanden neigt die Zunft eher dazu, gute Geschichten zu erzählen, um beim Publikum gut anzukommen. So ist es auch bei den Studierenden, die populäre Geschichtsbilder und historische Meinungen prägen wollen. Das allerdings erfordert nicht nur von Mittzwanzigern ein außergewöhnliches Talent – und solche Talente gibt es durchaus. Inzwischen wird man bei uns aber in vier oder vielleicht fünf Jahren durch das Geschichtsstudium gehetzt. Manche Studierende sind schon mit 26 promoviert. Sie arbeiten für ihr Alter wirklich gut, verstehen Sie mich nicht falsch, aber sie sind meist sehr spezialisierte Wissenschaftler, die ihr Forschungsspektrum unbedingt erweitern müssten. Stimulierend finde ich aber, dass man in den Niederlanden die Möglichkeit hat – und das sollten wir noch besser nutzen –, zwischen unterschiedlichen Geschichtskulturen zu pendeln und daraus jeweils das Spannende mitzunehmen. Auch die französische

Geschichtskultur, die etwas mehr philosophisch und sozialgeschichtlich orientiert ist, sollte unserer Inspiration dienen.

Kommen wir zu Ihrem zweiten großen Forschungsinteresse – der Kolonialgeschichte. Woran liegt es, dass die Auseinandersetzung der Niederländer mit ihrem kolonialen Erbe in den letzten Jahren immer intensiver geworden ist? Würden Sie diese neue Aufmerksamkeit in eine Tradition postkolonialer Kritik einordnen?

Es gibt dafür ein ganzes Bündel von Erklärungen. Zunächst bildeten die unterschiedlichen Teilnehmer des Kolonialkriegs gewissermaßen gesellschaftliche Subgruppen. Die wehrpflichtigen Soldaten hatten nach ihrer Rückkehr aus dem verlorenen Krieg in Indonesien keine Lust, sich noch einmal mit der historischen Realität dieses Krieges auseinanderzusetzen. Diese Jahrgänge der zwischen 1918 und 1928 Geborenen konnten generell kein normales Leben führen – so auch mein Vater, der in Indonesien stationiert war. Er besuchte noch bis in die sechziger Jahre hinein die Abendschule, um seinen durch die Teilnahme am Kolonialkrieg entstandenen Wissensrückstand aufzuholen. So erging es den meisten ehemaligen Soldaten: Sie fühlten sich an den Rand gedrängt und äußerten sich meist erst im Alter über ihre Erfahrungen. Das hing wiederum mit der Abschaffung der Wehrpflicht in den Niederlanden Anfang der neunziger Jahre zusammen. Nach der Gründung einer reinen Berufsarmee erkannte man auf Regierungsebene, dass es der neuen Militärpolitik zugutekommen würde, sich mehr um die Veteranen zu kümmern. Den neuen Berufssoldaten wollte man signalisieren, dass die Nation ihren Einsatz auch später einmal wertschätzen werde. Daraufhin bekamen all diejenigen, die bis dato nur nominal als Veteranen gegolten hatten, eine Uniformjacke, eine Mütze und einen Veteranenpass. Zugleich wuchs in Wissenschaft und Öffentlichkeit das Interesse an der Erforschung der von niederländischen Truppen in Indonesien verübten Massengewalt und Kriegsverbrechen. Erst seit relativ kurzer Zeit dürfen diese auch so bezeichnet werden. Noch Ende der achtziger Jahre wurde der Historiker Loe de Jong dazu gezwungen, die Formulierung »systematische Kriegsverbrechen« durch »Gewaltexzesse« zu ersetzen.[5] Danach aber war die Diskussion darüber nicht mehr aufzuhalten.

In der Bundesrepublik gab es seit den sechziger Jahren eine zunehmend kritische Forschungsdiskussion über die Kriegsführung der Wehrmacht. Wieso nicht in den Niederlanden?

1969 gab es zwar eine staatliche Untersuchung der Massengewalt im Kolonialkrieg, aber sie thematisierte die strukturellen Kriegsverbrechen der niederländischen Streitkräfte nur in beschränktem Maße.[6] Die Befunde dieses Berichts wurden damals unmittelbar politisiert, denn die Veteranen wehrten sich energisch gegen den Vorwurf, sie hätten sich »wie die SS benommen«. Dieser Vergleich war im Grunde schon seit Kriegsende ein »Diskussionskiller«. Die damalige Regierung solidarisierte sich mit den Veteranen und erklärte, dass es sich lediglich um Zwischenfälle und nicht um Kriegsverbrechen gehandelt habe, »nur« um »exzessive Gewalt« im Einzelfall. Diese Debatte um Begrifflichkeiten hat die eigentlich viel wichtigere Auseinandersetzung mit den harten Fakten übertönt. Einen inneren und äußeren Druck zur Aufarbeitung der NS-Vergangenheit wie in der Bundesrepublik gab es in den Niederlanden nicht. Denn auch die indonesischen Behörden bemühten sich nicht um eine Aufarbeitung der Kolonialvergangenheit. Bei der Übertragung der Souveränität 1949 hatten beide Seiten vereinbart, dass sie sich gegenseitig keiner Kriegsverbrechen bezichtigen und keine Strafverfolgung einleiten würden. So konnten die Niederlande das Problem nicht aufgearbeiteter Kriegsverbrechen anderen Nachkriegsgesellschaften zuschieben. Auch die niederländische Historikerschaft muss sich hier Versäumnisse vorwerfen lassen.

Aber gegenwärtig gibt es diesen inneren Druck und ein Bedürfnis zur kritischen Aufarbeitung der niederländischen Kriegsverbrechen?

Inzwischen ist das nicht mehr eine Frage des inneren Aufarbeitungsdrucks, sondern eine machtpolitische Frage. Zum einen fürchtet die niederländische Regierung Entschädigungsforderungen in Millionenhöhe für die von ihren Truppen begangenen Kriegsverbrechen. Zum anderen hat die indonesische Regierung weiterhin kein Interesse an einer Aufarbeitung der Kolonialkriege, da ein kritischer Blick auf das Handeln der Staatsväter den etablierten Gründungsmythos gefährden würde. Denn auch aufseiten der indonesischen Truppen war es zu Kriegsverbrechen gekommen: Deren irreguläre Kriegführung hatte zur Eskalation der Gewalt beigetragen. Das NIOD bemüht sich seit einigen Jahren in Kooperation mit zwei anderen Forschungsinstituten um finanzielle Unterstützung der Regierung für ein großangelegtes Forschungsprojekt zur Geschichte von Krieg und Massengewalt. Selbstverständlich sollte das ein vom Staat unabhängiges Projekt sein.

Auftragsforschung

Zwischen 1997 und 2002 sind Sie gemeinsam mit Hans Blom, dem ehemaligen Direktor des NIOD, für einen von der Regierung in Auftrag gegebenen Bericht über den Einsatz der niederländischen UNO-Truppen in Bosnien und vor allem während des Massakers von Srebrenica im Juli 1995 verantwortlich gewesen.[7] *Wie gestaltete sich die Arbeit an dieser Auftragsarbeit für Sie als Zeithistoriker?*

Die Arbeit daran war sehr spannend, aber auch sehr schwierig. Das Spannende war natürlich die öffentliche Brisanz und Aktualität des Themas, das unbedingt erforscht werden musste. Unsere Arbeitsbedingungen waren sehr gut, da wir Zugang zu allen Quellen hatten, die notwendigen finanziellen Mittel erhielten und uns unsere Zeit frei einteilen konnten. Im Parlament war zuvor keine Mehrheit für die Einrichtung einer Untersuchungskommission zustande gekommen, und daher hatte die Regierung beschlossen, den Auftrag an ein unabhängiges Institut – das NIOD – zu vergeben. Das Forschungsprojekt begann zwei Jahre nach dem Massaker und dauerte fünfeinhalb Jahre.

Anfänglich gab es drei, am Ende dann 15 Mitarbeiter und Mitarbeiterinnen im Projekt, das aufgrund der sehr umfangreichen Quellenbestände stetig wuchs. Die wichtigsten Akten lagerten im Verteidigungs- und im Außenministerium, waren allerdings noch völlig unsortiert und nicht verzeichnet. Dies nachzuholen war die umfangreichste Arbeit und erschwerte den Einstieg in das Projekt. Auch die Kommunikation mit den Behörden und Archiven war alles andere als einfach. Als wir beispielsweise mit der UN über den Zugang zum Archiv des *Department of Peace Keeping Operations* verhandelten, stellte sich heraus, dass die zuständigen Stellen überhaupt nicht wussten, wo sich die Akten befanden. Erst ein Dreivierteljahr vor der Veröffentlichung unseres Berichts erhielten wir Bescheid, dass die Akten in einem Seecontainer im Hafengebiet von New York/New Jersey gefunden worden seien. Sie wurden uns immerhin noch so rechtzeitig übergeben, dass wir einige Informationen daraus in unseren Bericht einfließen lassen konnten.

Neben Fragen des Projektmanagements war es auch schwierig, unsere professionellen Standards einzuhalten. Aus Gründen der Geheimhaltung durften wir unsere Ergebnisse vor der Veröffentlichung des Berichts nicht mit anderen, unbeteiligten Kollegen diskutieren. Auch erwartete man von uns eine sehr detaillierte Berichterstattung – denn alle Einzelheiten waren potenziell brisant. Bei der Formulierung des Narrativs war es uns kaum möglich, zwischen wichtig und unwichtig zu unterscheiden, bestimmte Aspekte zu bündeln oder andere auszublenden. Für gewöhnlich treffen Historiker eine Auswahl an Episoden und Quellen, um daran entlang ihre Argumentation zu entwickeln. In diesem Fall aber problematisierten Öffentlichkeit und Politik sämtliche Details der Vorkommnisse, und das Ergebnis war eine endlose Erzählung aus Vorgeschichte, Geschehen und Nachgeschichte. Die politisierte Atmosphäre rund um das Projekt machte alles noch zusätzlich kompliziert: Jede Andeutung eines Scheiterns oder Versagens der eigenen Truppen oder der verantwortlichen Minister konnte zu einem politischen Stolperstein werden. Nach und nach wurde außerdem klar, dass der unbegrenzte Zeitraum, der uns versprochen worden war, sehr wohl begrenzt war. Regierung und Öffentlichkeit verloren recht schnell die Geduld: Schon nach drei Jahren wurden wir aufgefordert, das Projekt rasch zum Abschluss zu bringen. Und schließlich erwies sich auch die Frage der Urteilsbildung als problematisch. Nach intensiven Diskussionen entschieden wir, so viele Tatsachen wie möglich zu präsentieren und daraus unsere Schlussfolgerungen als Historiker zu ziehen. Die *politischen* Schlussfolgerungen und Konsequenzen sollten jedoch die Politiker ziehen. Aus all den genannten Gründen war es bei diesem Projekt sehr schwierig, unsere fachlichen Standards zu wahren. Dennoch bin ich letztlich sehr stolz auf unsere Dokumentation der Ereignisse von Srebrenica.

War es nicht auch ein wenig naiv, zu glauben, dass das Projekt reibungslos funktionieren würde? Denn schließlich handelte es sich um ein Thema der unmittelbaren Gegenwart. Anders als das erwähnte Projekt über den Kolonialkrieg war Srebrenica noch so präsent, dass es auch ein akutes Bedürfnis zur Aufarbeitung in Politik und Öffentlichkeit gab. Der Bericht hatte strafrechtliche Relevanz, und parallel zu Ihrer Arbeit daran tagte das Jugoslawientribunal. War das Forschungsdesign unter diesen Umständen nicht zum Scheitern verurteilt?

Im Nachhinein betrachtet, halte ich das für eine realistische Einschätzung. Ich bin mir nicht sicher, ob man unser Verhalten naiv nennen kann, aber wir haben vielleicht zu sehr an das aufklärerische Potenzial unserer Arbeit geglaubt. Die verbreitete Stimmung im Land war so, dass nur eine völlig negative Beurteilung der Truppen in Srebrenica sowie der verantwortlichen Behörden als akzeptabel galt. Kurz nach der Veröffentlichung des Berichts trat die Regierung Kok zurück – obwohl 1995 die Vorgängerregierung verantwortlich gewesen war. Der Rücktritt zeigte, dass es den Ministern nicht nur um die Frage von Schuld und Verantwortung ging, sondern auch darum, sich aus Gründen des Kalküls betroffen zu zeigen. Gerade zu dieser Zeit, 2002, hatte sich ja auch der Populist Pim Fortuyn als Kritiker der »Technokraten« in der politischen Klasse profiliert.

Unser Bericht enthielt mindestens drei Ergebnisse, die zu Einsichten hätten führen müssen, in der Öffentlichkeit aber kaum diskutiert wurden. Da war erstens das Problem des unzureichenden Mandats der UN-Truppen: Willentlich und wissentlich akzeptierte die damalige Regierung dieses Mandat trotzdem, um die internationale Einsatzbereitschaft der neuen Berufsarmee zu demonstrieren. Das war eine fatale Entscheidung, denn die Truppen, deren Auftrag es war, den Waffenstillstand zu überwachen, waren dafür viel zu leicht bewaffnet. Das zweite Untersuchungsergebnis betraf die besondere Grausamkeit des Massenmords von Srebrenica: Die Opfer wurden nicht einfach an Ort und Stelle erschossen, sondern zu großen Teilen auf der Flucht Richtung Tuzla hingerichtet. Ein anderer Teil wurde zunächst in einem Radius von 80 bis 100 Kilometern verschleppt und dann über mehrere Tage hinweg hingerichtet. Aus Sicht der Internationalen Gemeinschaft ist das niederländische Militär nicht formell im Sinne des Mandats gescheitert, wohl aber moralisch. Deprimierend war auch, wie katastrophal schlecht die Vereinten Nationen als Organisation gearbeitet hatten. Der Bosnien-Einsatz war im Grunde eine »Koalition der Nichtwilligen«, und dafür war meiner Meinung nach die gescheiterte Koalitionspolitik der UN verantwortlich. Drittens schließlich hatte die niederländische Heeresleitung ihren eigenen Minister belogen, um ihre Fehlentscheidungen zu vertuschen. In Reaktion auf dieses Forschungsergebnis trat nicht nur die Regierung zurück, sondern auch der Oberbefehlshaber des Heeres. Dessen Rücktritt wurde in der Öffentlichkeit allerdings kaum thematisiert, obwohl er eigentlich viel bemerkenswerter war als der Rücktritt der Regierung.

Wurden in der öffentlichen Diskussion über die Rolle des niederländischen Bataillons in Srebrenica Vergleiche zu niederländischen oder deutschen Kriegsverbrechen im Zweiten Weltkrieg gezogen?

Nicht zu den niederländischen Kriegsverbrechen in Indonesien – aber tatsächlich schrieben ausländische Journalisten und Wissenschaftler, dass das »Land der Anne Frank« jetzt wieder Opfer produziere. Und auch ein anderer Vergleich wurde gezogen: Das Bataillon wurde, ähnlich wie zuvor die Indonesienveteranen, zunächst regelrecht heroisiert. Die niederländischen Truppen seien ohne eigenes Verschulden in eine kritische Situation geraten, in der sie keinerlei Handlungsspielraum besessen hätten. Diese situationistische Deutung des Scheiterns war weit verbreitet und erinnerte in gewisser Weise an die Banalisierung der militärischen Situation im Indonesienkrieg.

Das inzwischen geschlossene Militärmuseum in Delft thematisierte das Massaker von Srebrenica allein durch einen mit schwarzen Vorhängen begrenzten Raum inmitten der Ausstellung – eine Art schwarzes Loch der niederländischen Militärgeschichte, das jeder umgehen konnte, der den Vorhang nicht öffnete. Welche Konsequenzen können Zeithistoriker aus der Srebrenica-Erfahrung ziehen?

Wir Zeithistoriker dürfen die politische Dimension solcher Forschungsprojekte nicht ausblenden. Die Überzeugungskraft der kritischen Vernunft hängt immer auch von politischen Interessen ab, und daher werden die Erkenntnisse nicht nur als Expertise wahrgenommen, sondern auch unmittelbar politisch eingeordnet und nutzbar gemacht. Von uns wurden auch Antworten auf Fragen erwartet, wie »Sollte es ein Strafverfahren gegen den Kommandanten geben?« oder »Sollte der Verteidigungsminister zurücktreten?«. Ernüchternd war auch, dass Srebrenica bei uns vor allem als eine niederländische Angelegenheit betrachtet wurde. Der internationale Kontext und die größeren Zusammenhänge des Bosnienkrieges spielten kaum eine Rolle. Wir Historiker sollten uns nicht zum Zweck einer Entpolitisierung problematischer Vergangenheiten instrumentalisieren lassen, das habe ich aus dem Srebrenica-Projekt gelernt.

In Deutschland expandiert die Zeitgeschichte immer weiter; andere Forschungsbereiche der Geschichtswissenschaft fühlen sich zunehmend an den Rand gedrängt. Ist das in den Niederlanden auch zu beobachten?

Dort verhält es sich ein wenig anders. Die Zeitgeschichte ist bei uns heute in Forschung und Lehre doppelt so umfangreich wie noch zu meiner Studienzeit. Sie ist allerdings nicht ganz klar begrenzt: Die Geschichte des 20. Jahrhunderts wird bis jetzt als eine zusammenhängende Epoche betrachtet. Manche Themen sind dabei schon sehr lange dominant: die Geschichte und Nachgeschichte des Zweiten Weltkriegs, das Verhältnis von Staat und Zivilgesellschaft oder der gesellschaftliche Wandel in den sechziger Jahren. Andere Themen haben erst viel später Aufmerksamkeit bekommen, so etwa der Holocaust, die Dekolonisierung oder der Erste Weltkrieg. Auch gibt es weiterhin viel Interesse an der Geschichte der Niederlande im Mittelalter und in der Frühen Neuzeit. Als Disziplin ist die Zeitgeschichte in den Niederlanden eher eine

Art diffuse politische Geschichte, da die Grundlagen dieses Fachbereichs nie präzise formuliert worden sind.

Während meiner Zeit als Geschäftsführer der Niederländischen Forschungsakademie für Politische Geschichte an der Universität Amsterdam in den neunziger Jahren wurde mir klar, dass Politikgeschichte in den Niederlanden nur eine sehr randständige Rolle spielt. Der Fokus liegt viel eher auf der Kultur- und Sozialgeschichte. Mittlerweile haben zwar auch neuere Forschungsansätze wie die Geschlechtergeschichte oder die *E-Humanities* Einzug in die niederländische Geschichtswissenschaft gehalten. Aber wir sollten uns in der Zeitgeschichte viel selbstbewusster über die Grundlagen unserer Arbeit verständigen, gerade weil so viele externe Einflüsse und Interessen auf die historische Forschung einwirken. Die Geschichte ist zum Dienstleister der Sozial- und Politikwissenschaft geworden: So können etwa bei der Europäischen Kommission Forschungsanträge gestellt werden, die dann interdisziplinär in speziellen Fachbereichen der Geschichte bearbeitet werden. Das finde ich sehr problematisch, weil die Historiker immer öfter nur noch als Lieferanten der Kasuistik einbezogen werden. Zudem wurde Politikgeschichte lange Zeit vor allem als Institutionengeschichte verstanden. Was wir brauchen, ist eine selbstbewusste Politikgeschichte, die sich als die Geschichte der lebenden Gesellschaften und ihrer Institutionen versteht und sich aktiv an den methodologischen Debatten und Innovationen in den Sozial- und Kulturwissenschaften beteiligt.

In Ihren Arbeiten stößt der Leser auf Begriffe wie »vaterländische Geschichte« und »Heritage Studies«. Es scheint, dass Geschichte in den Niederlanden auf dem Konzept des Vaterlandes beruht und deshalb grundsätzlich immer auf Jahrhunderte orientiert ist. Einen solchen Bruch, wie ihn die deutsche Geschichtswissenschaft nach 1945 verarbeiten musste, gab es in den Niederlanden nicht. Haben die Niederländer ein positiveres Verhältnis zur eigenen Geschichte – dem nur die zunehmend kritische Zeitgeschichte nicht »gerecht« wird?

Die gesellschaftliche Legitimation unserer Geschichtsschreibung liegt im niederländischen Nationalstaat: Das Vaterland benutzt die Geschichtswissenschaft zur Rechtfertigung seiner historischen Existenz – gerade in Zeiten des Umbruchs, wie nach dem Zweiten Weltkrieg. Das NIOD ist aus diesem Grund entstanden. Noch vor Kriegsende wurde beschlossen, nach der Befreiung ein Institut zu gründen, welches das materielle und immaterielle Erbe der Kriegserfahrungen verarbeiten und an die nächsten Generationen weitergeben sollte. Die Gründung des Instituts für Zeitgeschichte in Westdeutschland war eng mit dem Gedanken einer Förderung des demokratischen Staatsbürgerschaftsverständnisses verbunden. Dieser erzieherische Impetus blieb bei uns eher ein »Nebenprodukt«, er war im Grunde automatisch inbegriffen. Die Niederländer verstanden sich ja längst als vorbildliche Demokraten – die nur kurzzeitig auf heimtückische Weise vom Bösen überwältigt worden waren. Nach diesem Verständnis galt es als Aufgabe der Geschichtswissenschaft, jenen Kampf von Gut gegen Böse in seinem ganzen Ausmaß zu vermitteln, vor allem durch die *Heritage Studies*, die das nationale Erbe betonen und den Nationalstaat in spezifischer Weise präsentieren. Gegenwärtig ist diese Nationalgeschichte wieder im Aufwind, als Ausdruck wachsenden Widerstands gegen die Idee der europäischen Integration und eines Bedürfnisses nach Rückbesinnung auf den Nationalstaat. Auch die niederländische Zeitgeschichte kennt also Konjunkturen: Sie fordert uns immer wieder heraus, Zusammenhänge neu zu betrachten und nichts als unveränderlich zu begreifen.

Das Gespräch mit Peter Romijn führten Norbert Frei und Christina Morina am 27. Januar 2015.

_1 Beispiele in: Peter Romijn/Erik Schumacher, Transitional Justice in the Netherlands after World War II, in: Nico Wouters (Hg.), Transitional Justice and Memory in Europe (1945-2013), Cambridge, Antwerp, Portland 2014, S. 151-156. _2 Geraldien von Frijtag Drabbe Künzel, Hitlers Brudervolk. The Dutch and the Colonization of Occupied Eastern Europe 1939-1945, New York, London 2015. _3 Chris van der Heijden, Grijs verleden. Nederland en de Tweede Wereldoorlog, Amsterdam 2001; vgl. auch Christina Morina, The »Bystander« in Recent Dutch Historiography«, in: German History 32 (2014), H. 1, S. 101-111. _4 Bart van der Boom, »Wij weten niets van hun lot«. Gewone Nederlanders en de Holocaust, Amsterdam 2012; vgl. auch Christina Morina, Schwierige Zeugnisse. Tagebuchforschung und Holocaust-Geschichtsschreibung am Beispiel der Niederlande, in: Sybille Steinbacher/Frank Bajohr (Hg.), »... Zeugnis ablegen bis zum letzten«. Tagebücher und persönliche Zeugnisse aus der Zeit des Nationalsozialismus und des Holocaust, Göttingen 2015, S. 122-141. _5 Peter Romijn, Myth and Understanding. Recent Controversy in Dutch Historiography on the Netherlands-Indonesian Conflict, in: Robert S. Kirshner (Hg.), The Low Countries and Beyond, Lanham 1993, S. 219-231. _6 Zur sogenannten »Excessennota« [Bericht über exzessive Gewalt] der niederländischen Regierung von 1969 vgl. Peter Romijn, Learning on »the job«. Dutch war volunteers entering the Indonesian war of independence, 1945-1946, in: Bart Littikhuis/A. Dirk Moses (Hg.), Colonial Counterinsurgency and Mass Violence. The Dutch Empire in Indonesia, London, New York 2014, S. 92. _7 Der vollständige Bericht auf Englisch unter www.niod.knaw.nl/en/srebrenica-report/report.

Auswahlbibliographie

Abernathy, David B.: The Dynamics of Global Dominance. European Overseas Empires 1415-1980, New Haven, London 2000.

Aerts, Remieg: Civil Society or Democracy? A Dutch paradox, in: Klaas van Berkel/Leonie de Goei (Hg.), The International Relevance of Dutch History – BMGN The Low Countries Historical Review Vol. 125, 2-3 (2010), S. 215 f.

Bauman, Zygmunt: Modernity and the Holocaust, Cambridge, Oxford 1989.

Bayly, Christopher/Harper, Tim: Forgotten Wars. The End of Britain's Asian Empire, London 2007.

Berghahn, Volker R.: Europe in the Era of Two World Wars. From Militarism and Genocide to Civil Society 1900-1950, Princeton, Oxford 2006.

Blom, Johannes C.H./Cahen, Jael: Jewish Netherlanders, Netherlands Jews, and Jews in the Netherlands, 1870-1940, in: Johannes C.H. Blom/Renate Fuks-Mansveld/Ivo Schöffer (Hg.), The History of the Jews in the Netherlands, Oxford, Portland, 2002, S. 293-296.

Braber, Ben: This cannot happen here. Integration and Jewish Resistance in the Netherlands 1940-1945, Amsterdam 2013.

Buettner, Elizabeth: Europe after Empire. Decolonization, Society, and Culture, Cambridge 2016.

Buruma, Ian: '45. Die Welt am Wendepunkt, München 2014.

Coles, Harry L./Weinberg, Albert K.: Civil Affairs. Soldiers become Governors, Washington, D.C., 1986.

Flim, Bert Jan: Saving the Children. History of the Organized Effort to Rescue Jewish Children in The Netherlands 1942-1945, Bethesda, MD, 2005.

Foray, Jennifer L.: Visions of Empire in the Nazi-Occupied Netherlands, Cambridge 2012.

Friedman, Philip: Problems of Research on the Holocaust. An Overview (1957), in: ders., Roads to Extinction. Essays on the Holocaust, New York, Philadelphia 1980.

Frijtag Drabbe Künzel, Geraldien von: Hitlers Brudervolk. The Dutch and the Colonization of Occupied Eastern Europe 1939-1945, New York, London 2015.

Führer, Harald: Nachspiel. Die niederländische Politik und die Verfolgung von Kollaborateuren und NS-Verbrechern, 1945-1989, Münster u.a. 2005.

Gallin, Isabel: Rechtsetzung ist Machtsetzung. Die deutsche Rechtsetzung in den Niederlanden 1940-1945, Frankfurt am Main 1999.

Gerlach, Christian: Extremely Violent Societies. Mass Violence in the Twentieth-Century World, Cambridge 2010.

Haan, Ido de: An Unresolved Controversy. The Jewish Honor Court in the Netherlands, 1946-1950, in: Laura Jokusch/G.N.Finder (Hg.), Jewish Honor Courts. Revenge, Retribution, and Reconciliation in Europe and Israel after the Holocaust, Detroit 2015, S. 105-136.

Haan, Ido de: Imperialism, Colonialism and Genocide, in: Klaas van Berkel/Leonie de Goei (Hg.), The International Relevance of Dutch History. Special issue of The Low Countries Historical Review, Vol. 125, 1, 2-3, 2010, S. 301-327.

Hertog, Johan den/Kruizinga, Samuël (Hg.): Caught in the Middle. Neutrals, Neutrality and the First World War, Amsterdam 2011.

Hirschfeld, Gerhard: Fremdherrschaft und Kollaboration. Die Niederlande unter deutscher Besatzung 1940-1945, Stuttgart 1984.

Hirschfeld, Gerhard: Niederlande, in: Wolfgang Benz (Hg.), Dimension des Völkermords. Die Zahl der jüdischen Opfer des Nationalsozialismus, München 1991, S. 165.

Jong, Louis de: Het Koninkrijk der Nederlanden in de Tweede Wereldoorlog [Das Königreich der Niederlande während des Zweiten Weltkrieges], 14 Bände, Den Haag, Amsterdam 1969-1991.

Jong, Louis de: The Collapse of a Colonial Society. The Dutch in Indonesia during the Second World War, Leiden 2002.

Kalyvas, Stathis N.: The Logic of Violence in Civil War, New York, 2006.

Keizer, Madelon de/Tames, Ismee (Hg.): Small Nations. Crisis and Confrontation in the 20th Century, Zutphen 2008.

Koll, Johannes: Arthur Seyß-Inquart und die deutsche Besatzungspolitik in den Niederlanden (1940-1945), Wien, Köln, Weimar, 2015.

Kroener, Bernhard R./Müller, Rolf-Dieter/Umbreit, Hans: Das Deutsche Reich und der Zweite Weltkrieg, Organisation und Mobilisierung des deutschen Machtbereichs, 5/1 Erster Halbband: Kriegsverwaltung, Wirtschaft und Personelle Ressourcen 1939-1941 und Zweiter Halbband, 1942-1944/5, Stuttgart 1988/1999.

Kwiet, Konrad: Reichskommissariat Niederlande. Versuch und Scheitern nationalsozialistischer Neuordnung, Stuttgart 1968.

Lagrou, Pieter: The Legacy of Nazi Occupation. Patriotic Memory and National Recovery in Western Europe, 1945-1965, Cambridge 1999.

Lebow, Richard Ned u.a. (Hg.): The Politics of Memory in Postwar Europe, London, Durham, NC, 2006.

Lijphart, Arend: The Politics of Accommodation. Pluralism and Democracy in the Netherlands, Berkeley, Los Angeles, London, 1985.

Luttikhuis, Bart/Moses, A. Dirk (Hg.): Colonial Counterinsurgency and Mass Violence, London, New York 2014.

Marrus, Michael/Paxton, Robert O.: The Nazis and the Jews in Occupied Western Europe, in: Journal of Modern History 54 (1982), S. 687-714.

Milward, Alan S./Brennan, George/Romero, Frederico: The European Rescue of the Nation-State, London 1992.

Moore, Robert M.: Refugees from Nazi-Germany in the Netherlands 1933-1940, Dordrecht, Boston, Lancaster 1986.

Morina, Christina: Schwierige Zeugnisse. Tagebuchforschung und Holocaust-Geschichtsschreibung am Beispiel der Niederlande, in: Sybille Steinbacher/Frank Bajohr (Hg.), »… Zeugnis ablegen bis zum letzten«. Tagebücher und persönliche Zeugnisse aus der Zeit des Nationalsozialismus und des Holocaust, Göttingen 2015, S. 122-141.

Morina, Christina: The »Bystander« in Recent Dutch Historiography«, in: German History 32 (2014), H. 1, S. 101-111.

Reichskommissariat Niederlande: Verordnungsblatt für die besetzten niederländischen Gebiete, Bd I-V, Den Haag, 1940-1944.

Ritz, Christian: Schreibtischtäter vor Gericht. Das Verfahren vor dem Münchener Landgericht wegen der Deportation der niederländischen Juden (1959-1957), Paderborn 2012.

Schulte Nordholt, Henk: A Geneology of Violence in Indonesia, in: Freek Colombijn/J. Thomas Lindblad (Hg.), Roots of Violence in Indonesia. Contemporary Violence in Historical Perspective, Leiden 2002, S. 33-61.

Shipway, Martin: Decolonization and its Impact. A Comparative Approach to the End of the Colonial Empires, Oxford 2008.

Sijes, Benjamin A.: The position of the Jews during the German Occupation of the Netherlands. Some Observations, in: Michael R. Marrus (Hg.), The Nazi Holocaust IV. The »Final Solution« outside Germany, Westport, London 1989.

Teitel, Ruti G.: Humanity's Law, Oxford, New York 2011.

Totani, Yuma: The Tokyo War Crimes Trial. The Pursuit of Justice in the Wake of World War II, Cambridge, MA, 2008.

Warmbrunn, Werner: The Dutch under German Occupation, Stanford 1963.

Wielenga, Friso: Die Niederlande. Politik und politische Kultur im 20. Jahrhundert, Münster 2008.

Zara, Muhammad Yuanda: Voluntary Participation, State Involvement: Indonesian Propaganda in the Struggle For Maintaining Independence, 1945-1949, Amsterdam 2016.

Zwarte, Ingrid de: Coordinating Hunger. The Evacuation of Children during the Dutch Food Crisis, 1945, in: War and Society Vol. 35:2 (May 2016), S. 132-149.

Bibliographie Peter Romijn

Monographien

Snel, streng en rechtvaardig. De afrekening met de ›foute‹ Nederlanders, Houten 1989; Amsterdam 2002 (2. Aufl.).

Burgemeesters in oorlogstijd. Besturen tijdens de Duitse bezetting, Amsterdam 2006.

Herausgeberschaften

(mit Jan Bank) (Hg.) Het Koninkrijk der Nederlanden in de Tweede Wereldoorlog, Deel 14: Reacties SDU, Den Haag 1991.

(mit J.C.H.Blom) (Hg.) Srebrenica een ›veilig‹ gebied. Reconstructie, achtergronden, gevolgen en analyses van de val van een Safe Area [Srebrenica, a ›Safe Area‹, Reconstruction, Backgrounds, Aftermath, and Analyses of the Fall of a UN Safe Area], Amsterdam 2002; www.niod.knaw.nl/en/srebrenica-report/report

(mit Martin Conway) (Hg.) The War on Legitimacy in Politics and Culture, Oxford 2008.

(mit Giles Scott-Smith und Joes Segal) (Hg.) Divided Dreamworlds? The Cultural Cold War in East and West, Amsterdam 2012.

(mit Stefan-Ludwig Hoffmann, Sandrine Kott und Olivier Wieviorka) (Hg.), Seeking Peace in the Wake of War. Europe, 1943-1945, Amsterdam 2015

Aufsätze (Auswahl)

Internering, berechting en reclassering, in: J. Zwaan/Zondergeld-Hamer (Hg.), De Zwarte Kameraden. Een geïllustreerde geschiedenis van de NSB, Weesp 1984, S. 215-237.

Herbeleving en herinterpretatie. Recente literatuur over Nederland en de tweede wereldoorlog, in: Bijdragen en Mededelingen betreffende de Geschiedenis der Nederlanden, Deel 102 (1987), 2, S. 211-228.

(mit Gerhard Hirschfeld) Die Ahndung der Kollaboration in den Niederlanden, in: Klaus-Dietmar Henke/Hans Woller (Hg.), Politische Säuberung in Europa. Die Abrechnung mit Faschismus und Kollaboration nach dem Zweiten Weltkrieg, München 1991, S. 281-310.

Fifty Years Later. Historical Studies of the Netherlands and the Second World War, in: N. C. F. van Sas/E. Witte (Hg.), Historical Research in the Low Countries, Den Haag 1992, S. 101-110.

Op Timor wordt nog gevochten. De guerrilla van het KNIL op Timor (1942) in het licht van het Nederlandse politieke en militaire beleid in de Pacific, in: Oorlogsdocumentatie '40-'45. Derde Jaarboek van het Rijksinstituut voor Oorlogsdocumentatie, Zutphen 1992, S. 40-74.

(mit D. Tamm, J.-P. Azéma und E.H. Kossmann) Collaboratie en repressie. Een blik over de grenzen, in: Onze Alma Mater. Driemaandelijks tijdschrift van de Vlaamse Leergangen, Leuven Jaargang 46, nr. 1 (februari 1992), S. 90-122.

De Nederlandse volksgemeenschap in de Germaanse levensruimte. Nationaal-socialistische interpretaties van de Nederlandse identiteit, in: Ex Tempore. Historisch Tijdschrift Katholieke Universiteit Nijmegen Jaargang 11 (1992), S. 217-227.

Myth and Understanding. Recent Controversy about Dutch Historiography on the Netherlands-Indonesian Conflict, in: Robert S. Kirshner (Hg.), The Low Countries and Beyond, Lanham 1993, S. 219-232.

»La plaie puante«. La résistance aux Pays-Bas entre l'expulsion et la ré-integration des membres de la NSB, in: La Résistance et les Européens du Nord/Het verzet en Noord-Europa. Communications présentées lors du colloque de Bruxelles, 23-25 novembre 1994/ Bijdragen voor het colloquium te Brussel, 23-25 november 1994, Brüssel 1998.

The Image of Collaboration in post-war Dutch society, in: 1945. Consequences and Sequels of the Second World War, Bulletin of the International Committee for the History of the Second World War, no 27/28 (1995), S. 311-324.

The Synthesis of the Political Order and the Resistance Movement in the Netherlands in 1945, in: Gill Bennett (Hg.), The End of the War in Europe 1945, London 1996, S. 139-147.

De oorlog, 1940-1945, in: J. C. H. Blom/R. Fuks-Mansfeld/I. Schöffer (Hg.), De geschiedenis van de joden in Nederland, Amsterdam 1995 (2. Aufl. 2004), S. 313-347.

»Pastors and perpetrators«. Dutch Churches and the reintegration of Nazi-collaborators, in: Journal of European Studies xxvi (1996), S. 373-387.

Did Soldiers Become Governors? Liberators, Resistance and the Reconstruction of Local Government in the Liberated Netherlands, 1944-1945, in: Charles F. Brower IV (Hg.), World War II in Europe, the Final Year, New York 1998, S. 265-288.

Die Nazifizierung der lokalen Verwaltung in den besetzten Niederlanden als Instrument bürokratischer Kontrolle, in: Wolfgang Benz/ Johannes Houwink ten Cate/Gerhard Otto (Hg.), Die Bürokratie der Okkupation. Strukturen der Herrschaft und Verwaltung im besetzten Europa, Berlin 1998, S. 93-120.

Politische Justiz und die Auswirkungen der Nachkriegsprozesse in den Niederlanden, in: Claudia Kuretsidis-Haider/Winfried Garscha (Hg.), Keine »Abrechnung«. NS-Verbrechen, Justiz und Gesellschaft in Europa nach 1945, Leipzig, Wien 1998, S. 257-264.

Niederlande – Synthese, Säuberung und Integration, in: Ulrich Herbert/Axel Schildt (Hg.), Kriegsende in Europa. Vom Beginn des deutschen Machtzerfalls bis zur Stabilisierung der Nachkriegsordnung 1944-1948, Essen 1998, S. 207-224.

Frederiks. Op de bres – een ambtelijke apologie, in: Oorlogsdocumentatie '40-'45. Tiende jaarboek van het Nederlands Instituut voor Oorlogsdocumentatie, Zutphen 1999, S. 140-164.

Restoration of Confidence. The Purge of Local Government in the Netherlands as a Problem in Postwar Reconstruction, in: Istvan Deak/Jan Gross/Tony Judt (Hg.), The Politics of Retribution in Europe. World War II and its Aftermath, Princeton 2000, S. 173-193.

La résistance néerlandaise. L'unité dans la diversité ou l'auto-limitation maîtrisée, in: Jean-Pierre Azéma (Hg.), Jean Moulin face à l'Histoire, Paris 2000, S. 269-285.

Lokale Verwaltung, Aufrechterhaltung der öffentlichen Ordnung und Polizeiwesen in den besetzten Niederlanden, 1940-1941, in: J. Houwink ten Cate/Alfons Kenkmann (Hg.), Deutsche und holländische Polizei in den besetzten niederländischen Gebieten, Münster 2002, S. 9-29.

The War, 1940-1945, in: J. C. H. Blom/R. Fuks-Mansfeld/I. Schöffer (Hg.), The history of the Jews in the Netherlands, Oxford, Portland 2002, S. 296-335.

Boosaardig bestuur. Inaugural Lecture as Professor of History of the 20th Century, in particular the History of Public Governance in Times of War and Crisis, at the Universiteit van Amsterdam, 21. November 2002, Amsterdam 2003.

Politiek geweld op straat. Succes en falen van de Weerafdeling van de NSB, in: Conny Kristel u. a. (Hg.), Met alle geweld. Botsingen en tegenstellingen in burgerlijk Nederland, Amsterdam 2003, S. 94-115.

Kein Raum für Ambivalenzen. Der Chef der niederländischen inneren Verwaltung K. J. Frederiks, in: Gerhard Hirschfeld/Tobias Jersak (Hg.), Karrieren im Nationalsozialismus. Funktionseliten zwischen Mitwirkung und Distanz, Frankfurt am Main 2004, S. 147-172.

(mit Martin Conway) (Guest Editors) Special Issue ›Political Legitimacy in Mid-Twentieth Century Europe‹, Contemporary European History Vol. 13, Part 4 (November 2004), S. 377-492.

Reichskommissariat Niederlande oder Gau Westland?, in: Johannes Bähr/Ralf Banken (Hg.), Das Europa des »Dritten Reichs«. Recht, Wirtschaft, Besatzung, Frankfurt am Main 2005, S. 123-140.

Local Government in the Occupied Netherlands, in: H. van Goethem/ B. deWever/N. Wouters (Hg.), Local Government in Occupied Europe, Antwerpen 2006, S. 33-66.

(mit Martin Conway) Belgium and the Netherlands, in: Robert Gerwarth (Hg.) Twisted Paths. Europe 1914-1945, Oxford 2008, S. 84-110.

(mit Ido de Haan) Nieuwe geschiedschrijving van collaboratie. Introductie bij het thema, in: BMGN/Low Countries History Review, Vol. 124 (2009) no. 3, S. 323-328.

(mit Remco Raben) States of Transition. Modernisation, Performance, and Meaning of State and Authority in the Era of Decolonization, in: Itinerario. International Journal on the History of European Expansion and Global Interaction Vol. XXXIII (2009) 2, S. 83-92.

Het bestuur tijdens de bezetting, in: H. Amersfoort u.a. (Hg.), De Tweede Wereldoorlog in Nederland verteld door Nederlands beste historici, CD 2, Diemen 2011.

The »Lesser Evil« – The case of the Dutch local authorities and the Holocaust, in: Wichert ten Have (Hg.), The Persecution of the Jews in the Netherlands, 1940-1945, Amsterdam 2012, S. 13-26.

Managing the integration of the occupied Dutch territories in Hitler's Empire, in: Peter Eigner/Herbert Matis/Andreas Resch (Hg.), Entrepreneurship in schwierigen Zeiten. Unternehmertum, Karrieren und Umbrüche während der ersten Hälfte des 20. Jahrhunderts, Wien, Berlin 2013, S. 309-330.

(mit Erik Schumacher) Transitional Justice in the Netherlands after World War II, in: Nico Wouters (Hg.), Transitional Justice and Memory in Europe (1945-2013), Cambridge, Antwerpen, Portland 2014, S. 133-171.

De Dames Jolink. Godsvruchtige dames bieden toevluchtsoord, in: Jaap Cohen/Hinke Piersma (Hg.), Moedige Mensen. Helden in oorlogstijd, Amsterdam 2014, S. 28-32.

Learning on »the job«. Dutch war volunteers entering the Indonesian war of Independence, 1945-46, in: Bart Luttikhuis/A. Dirk Moses (Hg.), Colonial Counterinsurgency and Mass Violence. The Dutch Empire in Indonesia, London, New York 2014, S. 91-110 (zuvor veröffentlicht in: Journal of Genocide Research, Vol. 14, no. 3-4, September-November 2012, S. 317-336.

Keine orangene Revolution, in: 1945 Auschwitz, Berlin, Hiroshima.

Die Welt zwischen Krieg und Frieden, Zeit Geschichte, Nr. 1, 2015, S. 74 f.

»Liberators and Patriots«. Military interim Rule and the Politics of Transition in the Netherlands, 1944-1945, in: Stefan-Ludwig Hoffmann/Sandrine Kott/Peter Romijn/Olivier Wieviorka (Hg.), Seeking Peace in the Wake of War. Europe, 1943-1945, Amsterdam 2015, S. 117-142.

Joodse ambtenaren, ambtenaren en joden, in: Remco Ensel (Hg.), Sjacheren met stereotypen. Essays over »de Jood« als sjabloon, Amsterdam, Menasse Ben Israel Instituut: Studies no. XII (2016), S. 46-51.

Dilemma's van gezagsdragers in zware tijden – Nationale Viering Bevrijding, Haarlem 2017.

De oorlog (1940-1945), in: J. C. H. (Hans) Blom/David J. Wertheim/Hetty Berg/Bart T. Wallet (Hg.), Geschiedenis van de Joden in Nederland, Amsterdam 2017 (überarb. Aufl.), S. 360-406.

De Brand van Middelburg. Enige beschouwingen aan de hand van het eindrapport van het NIMH, in: De Wete gedaan aan de leden van de Heemkundige Kring Walcheren, Vol. 46, No. 3 (Juli 2017), S. 3-7.

Nachwort

Es war keinem Länderproporz geschuldet, wenn das *Jena Center Geschichte des 20. Jahrhunderts* im Wintersemester 2014/15 – nach 14 Gastprofessorinnen und -professoren aus den USA, aus Israel, Frankreich, Großbritannien und Russland – mit Peter Romijn erstmals einen niederländischen Historiker in dieser Rolle begrüßte, sondern das längst überfällige Resultat unserer guten Beziehungen nach Amsterdam. Denn zwischen dem Duitsland Instituut an der Universität Amsterdam und dem Lehrstuhl für Neuere und Neueste Geschichte beziehungsweise dem *Jena Center* gibt es seit 2012 eine Kooperationsvereinbarung über ein Austauschprogramm für Masterstudierende und Promovierende unseres Fachs in Form von Gruppenexkursionen wie auch in Gestalt individueller Studien- und Forschungsaufenthalte. Insgesamt fünf Mal war seither eine Gruppe von Amsterdamer Studierenden in Jena zu Besuch, einer von ihnen hat mittlerweile bei uns seinen Master in »Geschichte und Politik des 20. Jahrhunderts« gemacht; im Gegenzug hat einer unserer hiesigen Studierenden ein Auslandssemester in Amsterdam verbracht.

Peter Romijn ist Forschungsdirektor des Niederländischen Instituts für Kriegs-, Holocaust- und Genozidforschung – kurz NIOD –, einer sehr renommierten, 1945 als »Reichsinstitut für Kriegsdokumentation« gegründeten Einrichtung in Amsterdam. Dorthin kam er bereits Mitte der achtziger Jahre, nach seinem Geschichtsstudium an der Universität Groningen. Ungefähr zu dieser Zeit sind wir uns, wenn ich mich richtig erinnere, auch zum ersten Mal begegnet. In Groningen hatte er kurz zuvor mit einer preisgekrönten Dissertation über die Strafverfolgung und Reintegration niederländischer Nationalsozialisten nach dem Ende der deutschen Besatzung promoviert. Die Säuberungspolitik nach dem Zweiten Weltkrieg in Europa war denn auch das Thema, welches uns damals zusammenführte.

Die Forschungsabteilung des NIOD leitet Peter Romijn nun schon seit 18 Jahren; seit 2002 lehrt er außerdem an der Universität Amsterdam als Professor für die Geschichte des 20. Jahrhunderts mit einem Schwerpunkt auf der Geschichte öffentlicher Verwaltung in Kriegs- und Krisenzeiten. Mit seinen Veröffentlichungen zur Geschichte der Niederlande im Zweiten Weltkrieg sowie zur vergleichenden Geschichte von Regimewechseln und der Aufarbeitung von Massenverbrechen hat sich Peter Romijn einen internationalen Namen gemacht, so etwa mit einer Monographie über die Rolle der niederländischen Verwaltung unter deutscher Besatzung (*Burgemeesters in oorlogstijd. Besturen onder Duitse bezetting,* 2006) und mit dem Forschungsprojekt über *Long-Lasting Legacies of Collaboration* (2008-2013). Gefragt ist Romijns Expertise aber auch und gerade in der Auseinandersetzung mit kriegerischen Konflikten und Massenverbrechen der jüngeren Vergangenheit: Mit Hans Blom, dem ehemaligen Direktor des NIOD, gab er 2002 im Regierungsauftrag einen Bericht über den Einsatz niederländischer UNO-Truppen in Bosnien 1995 und ihre unrühmliche Rolle während des Massakers von Srebrenica heraus.

Fellowships und Gastprofessuren führten Peter Romijn mehrfach ins englischsprachige Ausland: an die Oxford University, nach Canberra und wiederholt nach New York, wo er Forschungsaufenthalte an der NYU und an der Columbia University verbrachte. Seit dem Sommer 2014 war er für drei Jahre von seinen Aufgaben am NIOD entbunden, um an seinem aktuellen Buchprojekt zu arbeiten: *Zehn Jahre Krieg! Die Niederlande, die Niederländer und die Massengewalt, 1940-1949*. Dass Peter Romijn diesen dreijährigen Rückzug in die konzentrierte Forschung ausgerechnet in Jena beginnen ließ, war für uns eine ganz besondere Freude. Und ich glaube, ich spreche im Namen sowohl seiner Zuhörer anlässlich seines öffentlichen Vortrags *(Die Verbrechen der anderen. Die Niederlande, der Zweite Weltkrieg und die Kontinuitäten der Gewalt)* als auch im Namen der Teilnehmer an den Seminartagen unserer Doktorandenschule und aller Kolleginnen und Kollegen am Lehrstuhl für Neuere und Neueste Geschichte, wenn ich meinen Dank an ihn mit der Feststellung verbinde: Es war für uns alle schön und oft auch amüsant, mit Peter mehr über unsere westlichen Nachbarn zu lernen!

Danken möchte ich auch all jenen, die zur Entstehung dieses Buches beigetragen haben: Christine Kausch für die Übersetzung aus dem Niederländischen, Julian Kusebauch für die Transkription des Interviews mit Peter Romijn, Dr. Kristina Meyer für das sorgfältige Lektorat sowie Hajo Gevers und Martin Wiegand im Wallstein Verlag für die bewährt professionelle Drucklegung. PD Dr. Christina Morina – langjährige Mitarbeiterin am Lehrstuhl für Neuere und Neueste Geschichte und inzwischen DAAD-Lektorin in Amsterdam – gilt mein besonderer Dank: nicht nur für das gemeinsam geführte Interview, sondern auch für ihre wesentlichen Verdienste um die Etablierung des Austauschprogramms mit Amsterdam.

Dr. Nicolaus-Jürgen und Dr. Christiane Weickart gilt unser Dank für die anhaltende Förderung des *Jena Center*, und damit auch unserer Gastprofessur und dieses Bandes.

Jena, im Sommer 2017 Norbert Frei

Abkürzungen

ARP	Anti-Revolutionaire Partij
CPN	Communistische Partij van Nederland
EGKS	Europäische Gemeinschaft für Kohle und Stahl
ENKA	Nederlandse Kunstzijdefabriek
HSSPF	Höherer SS- und Polizeiführer
IKB	Centraal Interkerkelijk Bureau
KLM	Koninklijke Luchtvaart Maatschappij
KNIL	Koninklijk Nederlandsch-Indisch Leger
KVP	Katholieke Volks Partij
KZ	Konzentrationslager
LiRo	Lippmann-Rosenthal & Co-Sarphatistraat
LKP	Landelijke Knokploegen
LO	Landelijke Organisatie voor Hulp aan Onderduikers
MG	Militair Gezag
NATO	North-Atlantic Treaty Organization
NICA	Netherlands Indies Civil Administration
NIOD	Instituut voor Oorlogs-, Holocaust- en Genocide Studies
NSB	Nationaal Socialistische Beweging
NSDAP	Nationalsozialistische Deutsche Arbeiterpartei
NSV	Nationalsozialistische Volkswohlfahrt
PKI	Partai Komunis Indonesia
PNI	Partai Nasional Indonesia
SD	Sicherheitsdienst des Reichsführers SS
SDAP	Sociaal-Democratische Arbeiderspartij
SHAEF	Supreme Headquarters of the Allied Forces in Europe
SS	Schutzstaffel der NSDAP
TNI	Tentara Nasional Indonesia
UdSSR	Union der Sozialistischen Sowjetrepubliken
UNO	United Nations Organisation
USA	United States of America
WUV	Wet Uitkeringen Vervolgingsslachtoffers

Namenverzeichnis